조식
언행록

曺植 言行錄

KB193039

⊙
이 책은 박인(朴絪)의
<남명선생 언행총록
(南冥先生言行總錄)>을
번역한 것입니다.

사람을 사랑하고 선비를 좋아했습니다. 화려한 수를 놓아 옷감을 꾸미는 것처럼 겉으로 자신을 치장해서 자랑하려 하지 않았습니다. 개심탄회(開心坦懷)—, 솔직하게 마음을 열고 거리낌없이 상대방을 대했습니다. 호방한 기운은 견줄 만한 사람이 없었고 주장하는 의론(議論)은 꿋꿋하고 의젓했습니다. '비루한 자'나 시골의 야인(野人)에 이르기까지 모두 조식 선생의 명성을 알고 있었습니다. 학인(學人), 선비, 벼슬아치들은 선생과 친분이 있든 없든 모두 선생을 칭송했습니다. 반드시 '추상열일(秋霜烈日)'과도 같다고 말했습니다.

<사람을 사랑하고 선비를 좋아하여>, 56절목 중에서

목차

이 〈조식 언행록〉을
우리가 읽어야 하는 이유

조식은 실천을 강조한 학자로 유명합니다. 그렇다면 조식은 자신의 생각을 어떻게 실천했을까요? 일상생활에서 조식이 실제로 보여준 모습은 어땠을까요? 이 〈조식 언행록〉은, 공부한 것과 행동한 것을 일치시키고자 하는 조식의 모습이 구체적으로 어떤 것이었는지 보여줍니다. 마음을 집중하는 방법, 경서를 읽고 공부하는 자세, 벼슬에 나아가고 물러나는 출처(出處)의 기준, 제자들을 가르치고 벗들과 교유하는 도리, 집안 식솔들을 대하는 태도 등에 대해 알려줍니다.

바르고 큰 학자 박인(朴絪)의 편찬 작업

이 〈조식 언행록〉의 원래 제목은 〈남명선생 언행총록(南冥先生言行總錄)〉입니다. 인조 때의 학자 박인(朴絪 ; 1583~1640)이 편찬했습니다. 박인은 일생 동안 벼슬에 뜻을 두지 않고 합천군 용강(龍岡 ; 현재의 용주면 손목리)의 향리에 머물며 학문에 몰두했던 인물입니다. '바르고 큰(正大)' 학문으로 이름이 났습니다. 조식의 재전제자(再傳弟子 ; 제자의 제자)입니다. 조식의 제자 중 첫손가락에 꼽히는 정인홍(鄭仁弘)에게서 배웠습니다. 젊은 시절 "티끌 먼지가 별안간 오장 안에 생겨난다면 지금 당장 배를 갈라 이 냇물에 흘려보낼 것

一(塵土倘能生五內 直令刳腹付歸流)"이라는, 조식의 칠언시 구절을 읽고 깊은 감명을 받았습니다.

박인이 이 언행록을 편찬한 것은 조식의 아들 조차마(曺次磨)의 부탁을 받고서였습니다. 1628년 조차마는 박인을 찾아와 조식의 연보와 사우록 편찬을 부탁했습니다. 이 무렵은 1623년의 인조반정으로 정인홍이 이끄는 대북 정권이 몰락한 이후 조식의 제자들이 크게 위축되어 있을 때였습니다.

조식은 글을 쓰는 일을 그리 좋아하지 않았습니다. 이런 이유로 조식에 관한 자료는 그 학문적 위상에 비해 그리 많은 것은 아니었습니다. 조식의 재전제자였던 박인은 얼굴 한 번 본 적 없는 조식의 모습을 그리며, 조식 관련 자료 수집과 언행록 편찬 작업에 혼신의 힘을 쏟았습니다. 박인은 이렇게 말했습니다. "스스로 능력을 헤아리지 못하고 참람하게 이 일을 했습니다. 이에 여러 선생들의 문집을 참고하고 또 여러 사람들이 듣고 본 일을 두루 조사했습니다. 선생의 남아 있는 행적을 찾았습니다. 一(無狀僭不自揣 乃考諸先生文集 旁搜聞見遺事) 一<산해사우연원록 서문(山海師友淵源錄序)>" 그리고 박인은 또 뜻을 함께 하는 조임도(趙任道 ; 1585~1664), 임진부(林眞怤 ; 1586~1658), 하홍도(河弘度 ; 1593~1666) 등과 이 일에 대한 의견을 나누었습니다. 이들은 또한 조식의 학문을 흠모하는 당대의 학자들이었습니다.

박인은 특히 조식의 벗 성운(成運)이 쓴 <남명선생 묘갈문(南溟先生墓碣)>, 제자 정인홍(鄭仁弘)이 쓴 <남명 조선생 행장(南冥曹先生行狀)>, 제자 김우옹(金宇顒)이 쓴 <남명선생 행장(南冥先生行狀)>과 <남명선생 언행록(南冥先生言行錄)> 등에 관심을 기울였습니다. 김우옹의 <남명선생 언행록> 같은 경우는 그 내용을 거의 대부분 가져와 이 언행록에 반영했습니다. 그리고 조차마의 부탁을 받은 지 8년 후인 1636년, 마침내 <남명선생 연보>, <산해사우연원록(山海師友淵源綠)>과 함께 이 언행록 작업을 마무리했습니다.

조식(曺植) 후학들의 학문 지침서, 인생 교과서

이 언행록은 조식이라는 한 인물의 구체적인 말과 행동을 통해, 유학의 이념을 묘사합니다. 학자가 추구하는 이상적인 학문, 학자가 추구해야 하는 당위의 삶을 확인해 줍니다.

조식의 삶에는 정명도(程明道), 정이천(程伊川), 장횡거(張橫渠), 주희(朱熹) 등과 같은 송나라 학자들의 삶이 겹쳐져 있습니다. 그리고 정여창(鄭汝昌), 김굉필(金宏弼), 조광조(趙光祖) 등과 같은 우리나라 사림파 학자들의 생각이 강하게 스며들어 있습니다. 이 <조식 언행록>은 종종 이전 시대 현자(賢者)들의 삶에 견주어 조식의 삶을 말합니다. 예를 들면 조식 또한 정명도와 같이 행동하고, 조식 또한 주희와 같은 모습을 보여주었다고 말하는 것입니다.

조식은 김굉필과 같이 <소학> 읽기를 강조했습니다. 또 정명도, 정이천, 주희와 같이 <논어> <맹자> <대학> <중용>을 학문의 실마리로 삼았습니다. 송나라 학자들의 성리학 교과서라 할 수 있는 <근사록(近思錄)>을 손에서 놓지 않았습니다. 또 성리학 총서라 할 만한 <성리대전>을 즐겨 읽었습니다. 조식은 단지 이와 같은 경전을 읽고 암송하는 데 머물지 않았습니다. 조식에게 읽기와 암송하기보다 중요한 것은 스스로 터득하고 이를 실행하는 일이었습니다. 조식은 당시의 학자들이 읽기와 암송하기는 잘하지만 터득하기와 실행하기는 신경을 쓰지 않는다고 보았습니다. 경전의 진실은 넘쳐나는데 현실에서의 적용은 터무니없을 만큼 부족하다고 생각했던 것입니다. 경전에 해결책이 없어서 현실에 문제가 발생하는 것이 아닙니다. 조식은 이론과 실천, 이해와 행동 사이에는 '아주 넓은 강'이 가로놓여 있다고 생각했습니다. 그리고 조식에게 학문하는 자의 삶은 바로 이 강을 건너는 일이었습니다. 조식은 앞 시대 현자들과 같은 삶을 살고자 했습니다. 경전에서 말하는 당위를 따르고자 했습니다. 물론 넓은 강 건너의 현실은 이와는 아주 다른 모습이었습니다. 이 언행록은 당위와 현실을 오가는 조식의 모습을 한 장면, 한 장면 전달해 줍니다.

언행록을 만드는 목적은 위대한 업적을 남긴 인물을 기리기 위해서입니다. 그리고 후세 사람들이 장차 인생을 살아가면서 본받아야 할 전범(典範)으로 삼기 위해서입니다. 박인이 편찬한 <조식 언행록>도 마찬가지입니다. 이 언행록은 1700년 간행된 <남명별집>에 실림으로써 세상에 널리 알려졌습니다. 이후 조식을 기리고 조식의 학문과 삶을 따르고자 하는 후학들은 이 언행록을 인생 교과서와도 같이 읽었습니다.

현재의 독자들도 알기 쉬운 조식 입문서

지금도 조식을 연구하는 학자들은 이 언행록을 자기 주장의 근거로 인용하는 경우가 많습니다. 물론 <남명집(南冥集)>보다 자주 인용하는 것은 아닙니다. 하지만 <남명집>은 시편, 편지, 묘지(묘갈문), 상소문, 기록문(記文) 등을 포함하고 있고, 전체 분량 또한 이 언행록보다 훨씬 더 많습니다. 이를 감안하면 이 언행록은 조식을 연구하는 학자들이 가장 즐겨 인용하는 것이라고 할 수 있습니다.

그런데 아직까지 이 언행록은, 쉽게 구할 수 있는 번역서가 나와 있지 않습니다. 아마도 이 언행록을, 조식의 저술이 아니라고 보기 때문일 듯합니다. 그러나 이는 몹시 안타까운 일입니다. 이 언행록을 조식의 책이 아니라고 말할 수는 없습니다. 한 구절 한 구절 조식의 말과 행동이 아닌 것이 없습니다. 무엇보다도 이 언행록은 조식 학문의 핵심을 알기 쉽게 보여줍니다. 1600년대에 편찬한 것이기는 하지만, 현재의 독자들이 조식의 학문을 이해하는 길잡이로 삼는데도 조금도 부족함이 없습니다. 최근 연구자들이 쓴 글을 넘어서는 깊이와 넓이를 가지고 있습니다.

유학자들이 강조하는 극기복례(克己復禮)는 자신의 사사로운 욕심을 억제하고 예를 회복하는 일을 말합니다. 여기서 예(禮)는 '자연스러운 세계의 질서'이자 인간이 지켜야 할 도리입니다. 조식 또한 이와 같은 극기복례를 학문의 본령으로 삼았는데, 조식은 특히 일상생활 속에서 구체적인 말과 행동으로 이를 체현(體現)하고자 했습니다.

번역자는 이번 번역에서, 현재의 독자들이 이 언행록을 어렵지 않게 이해할 수 있도록, 한 글자 한 글자 가능한 한 자세하게 풀이하고자 했습니다. 어느 구절이 어떤 전고(典故)와 일화를 함축하고 있는지, 이런 이야기의 유래는 무엇인지 구체적으로 설명하고자 했다는 것입니다. 이 번역서가 '극기복례의 학문을 체현하는' 조식의 삶을 좀 더 실감나게 전달할 수 있기를 바랍니다.

———————————————— 2024년 9월, 주해하여 옮기며
이상영이 씁니다.

이 책을 읽기 전에 기억해 둘 사람들

조식의 인물 관계

스승으로 섬겼던 학자들

(기원전551~기원전479) 중국 춘추시대의
학자이다. "정치를 하면 반드시 명칭을 바로잡겠다
(必也正名)"고 말했다. 유학(儒學)의 문을 열었다.
그가 문을 연 유학은 이후 한문자(漢文字) 국가의
학문, 정치, 문화에 절대적인 영향을 미쳤다.

공자

(張橫渠 ; 1020~1077) 송나라 성리학의 기반을
마련했다. "도(道)에 뜻을 두고 정밀하게
생각하며 잠시라도 쉰 적이 없었다"고 한다.

장횡거

(程明道 ; 1032~1085) 성즉리설
(性卽理說)을 바탕으로 하는 송나라
성리학의 기틀을 마련했다. 동생
정이천과 함께 정자(程子)로 불린다.

정명도

(程伊川 ; 1033~1107) 이기론(理氣論)을
체계화했다는 평가를 받는다. "하나의 사물에는
반드시 하나의 이(理)가 있다 (一物須有一理)"고
말했다. <주역> 주해서인 <역전>을 썼다.

정이천

(朱熹 ; 1130~1200) 송나라 성리학을
집대성한 인물이다. 송나라 성리학 전체를
주자학(朱子學)이라 부르기도 한다.
임종을 앞두고 제자들에게 "견고하게
발을 땅에 붙여야 앞으로 나아갈 수 있다
(牢固著足 方有進步處)"고 말했다.

주희

* 조식은 '네 성현의 초상(四聖賢遺像)'을 그려놓고 아침마다 예를 올렸는데,
  이 네 성현은 공자, 주돈이(周敦頤), 정명도, 주희이다.

현자로 여겼던 사림파 학자들

정여창

(鄭汝昌 ; 1450~1504) 김종직(金宗直)에게서 배운 사림파 학자이다. 조식이 "우리 유학의 실마리를 열어주었다(吾道有緒)"고 말했다.

김굉필

(金宏弼 ; 1454~1504) 스스로를 '소학동자'라 부를 만큼 <소학(小學)>에 심취했다. 조식이 <'경현록' 뒤에 붙인 글(書景賢錄後)>을 썼다.

조광조

(趙光祖 ; 1482~1519) 중종 때 사림의 영수로서 개혁을 이끌었다. 1519년의 기묘사화(己卯士禍) 때 죽임을 당했다. '백성의 생활을 먼저 생각하는' 성리학적 이상을 열정적으로 실천하고자 했다.

같은 시대의 벗과 제자들

성운

(成運 ; 1497~1579) 조식과 가장 절친했던 벗이다. 명종 때의 처사형 사림(士林)을 대표하는 인물이다. <남명선생 묘갈문 (南溟先生墓碣)>을 썼다.

정인홍

(鄭仁弘 ; 1536~1623) 조식의 제자 중 첫 손가락에 꼽힌다. 광해군 때 북인의 영수(領袖)로서 정국을 주도했다. <남명집> 간행을 주관했고, <남명 조선생 행장 (南冥曹先生行狀)>을 썼다.

김우옹

(金宇顒 ; 1540~1603) 조식의 제자이자 손녀사위 (外孫壻)이다. 조식이 자신의 성성자(惺惺子)를 줄 만큼 아꼈다. <남명선생 행장(南冥先生行狀)>과 <남명선생 언행록(南冥先生言行錄)>을 썼다.

정구

(鄭逑 ; 1543~1620) : 조식과 이황에게서 배웠다. 김굉필(金宏弼)의 증외손(曾外孫)이다.

일러두기

- 이번 번역은 <남명별집(南冥別集 ; 1700년)>에 실린 <남명선생 언행총록>을 바탕으로 했습니다. 그리고 박인의 <무민당집(无悶堂集 ; 1814년)>에 실린 <남명선생 언행총록>을 참조했습니다.

- 절목에 따라 조식의 <남명집(南冥集)>, 성운(成運)의 <남명선생 묘갈문(南溟先生墓碣)>, 정인홍(鄭仁弘)의 <남명 조선생 행장(南冥曺先生行狀)>, 김우옹(金宇顒)의 <남명선생 언행록(南冥先生言行錄)> 등과 대조하여 <남명선생 언행총록>의 원문을 수정한 경우가 있습니다. (이 번역서 끝에 수정 사항을 밝혀 놓았습니다.)

- <남명별집>의 <남명선생 언행총록>은 모두 114절목으로 이루어져 있습니다. 편집 과정에서 하나의 절목을 두 개 이상의 단락으로 나눈 경우가 있습니다. 절목 번호는 주해하여 옮긴 번역자가 부여한 것이며, <남명별집>의 <남명선생 언행총록> 순서를 따랐습니다.

- <남명선생 언행총록> 전체 절목을 12편으로 나누어 편집합니다. 이는 독자의 이해를 돕기 위한 것으로, 주해하여 옮긴 번역자가 구분한 것입니다.

- 인물의 이름, 자(字), 호(號) 등은 이름만 쓰는 것을 원칙으로 합니다. 다만 이름보다 자나 호가 독자에게 더 익숙하다고 여겨질 경우에는 자나 호를 쓰기도 합니다. 군(郡)이나 현(縣)과 같은 지방 지명은 원칙적으로 화제가 다루어지는 시대(조선시대)를 기준으로 씁니다.

- 책 제목, 글 제목 등을 비롯한 한문 어구(語句)는 종종 한글로 풀어서 씁니다. 이때 한문 어구는 괄호 안에 넣어서 밝혀 줍니다. 따라서 괄호 밖의 풀어 쓴 말이 한문 독음과 다를 경우가 있습니다.

●
어떻게 공부할 것인가? 어떻게 살 것인가?

이 그림은 평상시에 조식이 입었을 것으로 보이는
심의(深衣)를 표현한 것입니다. 국립중앙박물관의
〈채용신 필 최익현 초상〉을 바탕으로, 장정가 송희찬이
다시 그렸습니다. 이 그림은 표지에도 사용했습니다.

一

젊은 시절

구애받지 않았던

무엇에도

부귀(富貴)와
재물을 보면
마치 쓸모없는
풀 조각이나
더러운 오니
(汚泥)와도 같이
멸시했습니다.

1 先生氣宇淸高 兩目烱耀 望之知其非塵世間人物

此記 先生氣質之粹美

기운이 맑고 높았습니다.❶ 두 눈은 밝게 빛났습니다. 바라보면 이 티끌세상의 눈이 아니라는 것을 알 수 있었습니다.❷

이것은 선생의 기질에 대해 기록한 것입니다. 선생의 기질은 순수하고 아름다웠습니다.

❶ 유학자들은 사람의 기질은 함양(涵養)을 통해 변화시킬 수 있다고 생각했다. 송(宋)나라 학자 정이천(程伊川)은 다음과 같이 말한 일이 있다. "물이 차츰차츰 스며들 듯 함양하면 마음을 기르는 일이 곧 맑고, 밝고, 높고, 원대한 곳에 이릅니다. ―(涵養著落 養心便到淸明高遠) ―<하남정씨유서(河南程氏遺書)> <이천선생어(伊川先生語)>" 조식의 기운이 맑고 높았다는 것은, 그만큼 조식이 함양하는 일을 극진하게 했다는 말이다.

❷ 원문의 진세(塵世)는 혼탁한 인간 세계를 가리키는 말로 종종 쓰인다. 이 진세는 거짓말, 죄악, 부패, 고통 따위의 티끌로 가득하다.

2 先生未冠 豪勇不羈 以功名文章自期 有駕一世軼千古之意 讀書喜左柳文字 製作好奇高 不屑爲世體 累捷發解 名震士林

此下記 先生少時不羈之志

아직 관례(冠禮)❶를 치르지 않았을 때는 호쾌하고 용감했습니다. 사소한 일에 구속당하는 경우가 없었습니다. 공을 세워 이름을 널리 알리고자 하는 일로써 일생의 목표로 삼았습니다. 또 문장을 쓰는 일에 대해 큰 자신감을 가졌습니다. 이로써 한 시대를 뛰어넘고 천 년 역사에 이름을 남길 의지를 가졌습니다. <춘추좌씨전(春秋左氏傳)>❷이나 유종원(柳宗元)❸의 글을 즐겨 읽었습니다. 글을 지을 때도 <춘추좌씨전>이나 유종원의 글과 같이 기특하고 고아한 고문(古文)❹을 좋아했습니다. 당시 세상에서 유행하는 문체를 탐탁하게 여기지 않았습니다. 향시에 여러 번 합격해❺ 선비들 사이에서 이름이 알려졌습니다.❻

이 아래에서는 선생의 어린 시절에 대해 기록했습니다. 선생은 어릴 때 사소한 일에 구속당하지 않았습니다.

❶ 관례(冠禮)는 성인으로 성장했다는 사실을 알리는 의식이다. 보통 스무 살에 이 의식을 행하는데, 일찍 결혼할 경우 혼례식과 함께 행하기도 했다. 남자는 상투를 틀고 여자는 쪽을 찐다.

❷ <춘추좌씨전(春秋左氏傳)>은 <춘추(春秋)>를 상세하게 풀이한 주해서이다. 기원전722년에서 기원전481년 사이의 중국 역사를 다룬다. 고대 중국인의 사유 방식과 생활 문화를 자세하게 묘사하고 있다.

❸ 유종원(柳宗元 ; 773~819) : 당(唐)나라의 문인이다. 한유(韓愈)와 함께 단순명쾌한 내용을 중시하는 고문(古文) 운동을 제창했다. 합리주의를 기반으로 한 논설과 자연 묘사에 뛰어난 시로 유명하다. 당송팔대가(唐宋八大家)의 한 사람이다. 문신 관료로서 집현전정자, 감찰어사, 예부원외랑(禮部員外郎) 등을 지냈다. 자는 자후(子厚)이다. <하동선생집(河東先生集)>, <유하동집(柳河東集)> 등의 책이 남아 있다.

❹ 고문(古文)은 분명한 의미 전달을 목표로 하는 문장을 말한다. <맹자>, <사기(史記)> 등의 문장이 가진 단순함, 명쾌함을 산문 문장의 이상이라고 여긴다. 겉으로 화려하게 꾸미는 남북조시대의 변려문(駢儷文)에서 벗어나려는 의도를 가지고 있다. 제자 김우옹(金宇顒)은 <남명선생 언행록(南冥先生言行錄)>에서 스승 조식의 문장에 대해 다음과 같이 쓴다. "비록 고개를 숙이고 과거장에 나아갔지만 또한 우리나라 사람들의 속되고 저급한 문장은 잠시 동안이라도 보려고 하지 않았습니다. 시를 지을 때도 또한 고문을 본받고자 애썼습니다. ―(雖俯就場屋 亦不肯暫看東人俗下文字 其爲詩 亦刻意慕古) ―<동강집(東岡集)> <남명선생 언행록(南冥先生言行錄)>"

❺ 원문의 발해(發解)는 지방의 향시(鄕試)에 합격한 사람을 서울의 복시(覆

試)에 참여하도록 하는 일을 말한다. 과거 시험에서 향시는 1차 시험, 복시
는 2차 시험에 해당한다.

❻ 벗 성운(成運)은 <남명선생 묘갈문(南溟先生墓碣)>에서 다음과 같이 쓴
다. "경치를 읊고 사실을 기록할 때는 애초에 큰 신경을 쓰지 않은 듯해도
문장이 엄격하고 뜻이 정밀했습니다. 나무가 줄지어 늘어선 것과 같이 엄
정한 법도가 있었습니다. 나라에서 책문으로 선비들을 뽑을 때 글을 지어
시험관에게 올리자 시험관이 이 글을 보고 크게 놀랐습니다. 이에 2등이나
3등으로 뽑은 것이 세 번이었습니다. 고문을 배우려는 자들은 경쟁적으로
암송하여 다른 사람에게 전달했습니다. 이로써 이 글을 법식으로 여겼습니
다. ―(詠物記事 初不似經意 而辭嚴義密 森然有律度 因國策士 獻藝有司
有司得對語大驚 擢置第二第三者 凡三焉 學古文者爭相傳誦 以爲式) ―<
대곡집(大谷集)> <남명선생 묘갈문(南溟先生墓碣)>"

3　先生自言 余受氣甚薄 又無師友之規
　　　惟以傲物爲高 非但於人有所傲
　　　於世亦有所傲 其見富貴貨利 蔑如草泥
　　　僄忽矯擧 浩嘯攘臂 常若有遺世之像焉

선생은 스스로 이렇게 말했습니다. "나는 타고난 기(氣)가 매우 얄
팍합니다.❶ 게다가 스승과 벗들의 규제도 무시했습니다. 오로지 이
런저런 것들을 업신여기는 일로써 내가 높아진다고 여겼습니다. 단
지 다른 사람들에게 오만한 마음을 가지는 것뿐만이 아니었습니다.
세상에 대해서도 또한 오만한 마음을 가졌습니다. 그 부귀(富貴)와
재물을 보면 마치 쓸모없는 풀 조각이나 더러운 오니(汚泥)와도 같
이 멸시했습니다.❷ 나는 경솔할 뿐만 아니라 거짓을 일삼았습니다.
교만하게 휘파람을 불고 팔을 걷어 올리며 스스로를 뽐냈습니다.
마치 세상을 버린 것과 같은 모습을, 늘 가지고 있었습니다."

❶ 정이천(程伊川)은 제자 장역(張繹 ; 1071~1108)에게 다음과 같이 말한 일이 있다. "나는 타고난 기가 매우 얄팍합니다. 서른 살이 지나서야 점차 왕성해졌습니다. 마흔 살, 쉰 살 이후에야 튼튼해졌습니다. ―(吾受氣 甚薄 三十而浸盛 四十五十而後完) ―<근사록> <간직하고 기르는 일(存養)>" 존양(存養)은 존심양성(存心養性)을 줄인 말이고, 존심양성은 '선한 심성을 간직하고 기르는 일'을 말한다.

❷ 부귀와 재물에 대한 욕망을 이겨내는 일은, 이것만으로도 쉬운 일은 아니다. 그러나 조식은 이런 일로써 다른 사람을 멸시하는 오만함 또한 '소인의 일'일 뿐이라고 스스로 반성한다. 조식은 <송인수가 선물한 '대학'의 책가위 안에(書圭菴所贈大學冊衣下)>에서 다음과 같이 쓴다. "그때 내 뜻을 펼칠 기회(관직)를 얻었다면 나 자신이 비뚤어졌을 뿐만 아니라 나라 또한 비뚤어지게 만들었을 것입니다. 비록 말년에 이르러 후회하더라도 어찌 속죄할 수 있겠습니까? 지금 이 일을 생각해 보면 나도 모르게 혀가 앞으로 쑥 빠져 나옵니다. 비록 평범한 사람을 만나더라도 모두가 나보다 훌륭한 사람인 듯합니다. 다시 다른 사람에게 오만하게 굴고자 해도 오만하게 굴 수 없습니다. 앞의 오만한 생각을 따른다면 소인일 것이고, 나중의 겸손한 생각을 따른다면 도를 터득한 사람일 것입니다. 한 치만큼의 낌새를 옮김에 따라 천 리만큼 어긋납니다. ―(當日得志 不啻誤身 應亦誤國 雖至末老有悔 能有贖乎 於今思之 不覺舌出 雖遇庸人 皆若勝己者然 更欲傲物 不可得也 由前則爲小人 由後則爲聞道之人 轉移一寸之機 謬於千里) ―<남명집> <송인수가 선물한 '대학'의 책가위 안에(書圭菴所贈大學冊衣下)>"

4 先生一日讀書 得許魯齋之言
惕然覺悟 自是篤志實學 堅苦刻厲
不復爲俗學所撓 飛揚不羈之志
一頓點化 動靜語默 非復舊時樣子

此下記 先生變化氣質

1525년의 어느 날 <성리대전(性理大全)>을 읽다가 원(元)나라 학자 허형(許衡)의, 다음과 같은 말을 접했습니다.❶ "벼슬에 나아가면 세상을 위해 자신의 포부를 실행해야 하고 벼슬에서 물러나면

자신의 신념을 지켜야 합니다." 이 대목을 보고 선생은 모골이 송연해질 만큼 큰 두려움을 느꼈습니다.❷ 그리고 이전까지의 공부가 잘못되었음을 깨닫고 어찌할 바를 몰랐습니다.❸ 이로부터 뜻을 굳게 세워 '실질적인 학문'❹에 힘썼습니다. 씀바귀를 씹듯 괴로움을 이겨내고 숫돌에 연장을 갈듯 힘썼습니다. 이렇게 해서 다시는 세상의 저속한 학문에 휘둘림을 당하지 않았습니다. 거들먹거리며 어떤 것에도 구속당하지 않으려고 했던 마음을 단번에 고쳐 새롭게 했습니다. 움직일 때나 멈추어 있을 때나 언제나, 말할 때나 말하지 않을 때나 늘, 과거의 잘못을 반복하지 않았습니다.

이 아래에서는 선생이 기질을 변화시킨 일에 대해 기록했습니다.

❶ 조식이 <성리대전>에서 허형의 글을 접한 것은 1525년 조식이 스물다섯 살 때의 일이다. (이 시기가 1531년이라는 주장도 있다.) <성리대전(性理大全)>은 조선시대 성리학의 교과서와 같았던 책이다. 1415년 명(明)나라 영락제(永樂帝)가 호광(胡廣) 등의 학자들에게 명하여 편찬하도록 했다. 주돈이(周敦頤), 정명도(程明道), 정이천(程伊川), 주희(朱熹) 등 송나라 성리학자들의 중요한 저술을 모아놓고 있다. 허형(許衡 ; 1209~1281)은 원나라 학자이다. 성리학이 원나라의 주류 학문으로 자리잡도록 하는 데 공헌했다. 자는 중평(仲平), 호는 노재(魯齋)이다.

❷ 원문의 득허노재지언(得許魯齋之言)을 풀이한 것이다. 허형이 벼슬에 나아가고 물러나는 출처(出處)에 대해 말한 부분을 읽고 새로운 깨달음을 얻었다는 말이다. 조식은 <송인수가 선물한 '대학'의 책가위 안에(書圭菴所贈大學冊衣下)>에서 다음과 같이 말한다. "책을 펼쳐 보다가 원나라 유학자 허형의 글을 만났습니다. 이런 말이 있었습니다."벼슬에 나아가면 자신의 포부를 실행해야 하고 벼슬에서 물러나면 자신의 신념을 지켜야 합니다. 대장부는 마땅히 이와 같이 해야 합니다. 벼슬에 나아가 포부를 실행하지 못하고 벼슬에서 물러난 후에도 자신의 신념을 지키지 못한다면 뜻을 둔 것과 공부한 것을 장차 어디에 쓰겠습니까?" 이 대목을 읽다가 나는 문득 모골이 송연해지는 것을 느꼈습니다. 그리고 이전의 나를 돌아보았습니다. ―(閱至許氏之說 有曰 出則有爲 處則有守 大丈夫當如此 出無所爲 處無所守 所志所學 將何爲 輒竦然自省) ―<남명집> <송인수가 선물한 '대학'의 책가위 안에(書圭菴所贈大學冊衣下)>"

❸ 조식이 허형의 이 말을 접했던 일은 조식의 삶을 크게 바꾸어 놓는다. 조식이 <성리대전>을 읽었던 것은 과거 공부를 위해서였다. 고문(古文)을 본받고자 했던 자신의 문체가 과거문의 형식에는 맞지 않다고 판단하고, 평범한 책을 구하다가 <성리대전>을 보았던 것이다. 그렇지만 조식은 <성리대전>에서 허형의 이 말을 읽고 큰 충격을 받았다. 이로부터 조식은 도학(道學 ; 성리학)을 자신이 가야 할 길이라고 여긴다.

❹ 원문의 '실학(實學)'을 풀이한 것이다. 실학은 자신이 실천할 수 있을 뿐만 아니라 현실 사회에도 적용할 수 있는 실제의 학문을 말한다. 조식은 독서록 <학기(學記)>에 다음과 같은 주희(朱熹)의 말을 적어 놓는다. "배우는 일의 실질은 직접 자신의 발로 밟아보는 일에 달려 있습니다. 다만 알기만 하고 실행하지 않는다면 진실로 배우지 않는 것과 다를 것이 없습니다. ─ (爲學之實 固在踐履 苟徒知而不行 誠與不學無異) ─<학기유편(學記類編)> <학문하는 일의 요체(爲學之要)>" <학기(學記)>는 조식이 경전이나 역사서를 읽으며 자신에게 절실하다고 여겨지는 구절을 뽑아 놓은 독서록이다. 조식이 죽은 후 제자 정인홍이 이 독서록을 편집해 <학기유편(學記類編)>이라는 책으로 펴냈다.

5 先生聽鷄晨興 冠頂帶腰 正席尸坐 肩背竦直 望之若圖形刻像

선생은 닭 울음소리가 들리는 새벽이면 일어났습니다. 심의(深衣)를 입은 후 머리에 치관(緇冠)과 복건을 쓰고 허리띠를 맸습니다.❶ 그리고 자리를 정돈한 후 시동(尸童)❷과도 같은 모습으로 앉아 있었습니다.❸ 어깨와 허리를 그윽하게 세우고 있는 것이, 바라보면 마치 그림 속의 형상과도 같았습니다. 조각상과도 같았습니다.

❶ 원문의 관정대요(冠頂帶腰)를 풀이한 것이다. 주희의 <주자가례(朱子家禮)>에서는 학자의 평상복으로 심의(深衣)를 추천하는데, 심의는 위와 아래가 하나로 연결되어 있고 가장자리에 검은 선을 두른 흰색 베옷이다. <주자가례>에서는 또 심의와 함께 대대(大帶 ; 심의를 입을 때 허리에 매는 띠), 치관(緇冠 ; 머리카락이 흩어지지 않도록 감싸는 검은 관), 복건(幅巾),

혹리(黑履 ; 검은 신발) 등을 소개한다. 조식은 예법과 관련해서는 대체로 주희의 <주자가례>를 따랐으므로 옷차림 또한 이와 같이 갖추어 입었을 것으로 보인다. (1천원짜리 지폐에서, 이황이 착용한 심의와 복건을 볼 수 있다.)

❷ 시동(尸童)은 제사를 지낼 때 신위를 대신하여 앉히던 어린아이를 말한다. <소학> <몸가짐을 조심하는 일(敬身)> 편에 "앉아 있을 때는 시동처럼 앉는다 ─(坐如尸)"는 말이 나온다. 이 말에 대해 집설(集說)에서는 다음과 같이 부연한다. "시동이 신의 자리에 앉아 있을 때는 반드시 반듯하고 장중해야 합니다. 앉아 있는 일은 반드시 시동과 같이 해야 합니다. ─(尸居神位 坐必矜莊 坐法 必當如尸之坐)"

❸ 주희(朱熹)의 제자 황간(黃榦)은 <주자행장(朱子行狀)>에서 스승 주희에 대해 다음과 같이 말한다. "해가 뜨기 전에 일어나 심의(深衣)를 입고 복건을 씁니다. 모난 신발을 신고 가묘에 가서 절하고 그 이전의 성인들에게도 절합니다. 서재로 물러나 앉아 있을 때는 책상을 바르게 놓고 책과 지필묵을 정돈했습니다. ─(未明而起 深衣幅巾方履 拜於家廟 以及先聖 退坐書室 几案必正 書籍器用必整)"

6 先生操履果確 動循繩墨 目無淫視 耳無側聽 莊敬之心 恒存乎中 惰慢之容 不形于外

황간(黃榦)❶은 스승 주희(朱熹)❷의 행장(行狀)을 쓰면서 "열매처럼 알차고 돌처럼 단단하다"❸고 했습니다. 선생 또한 마음으로 지키는 지조와 몸으로 행하는 행실❹이 열매처럼 알찼습니다. 품고 있는 것이 겉으로 드러나는 모습은 돌처럼 확실했습니다. 일상생활에서의 모든 행동이 나무에 긋는 먹줄을 따르는 듯 가지런했습니다. 눈으로는 곁눈질하여 보는 일이 없었고 귀로는 남의 말을 몰래 엿듣는 일이 없었습니다. 항상 장중하면서도 절제하는 마음을 간직했습니다. 나태하고 오만한 모습을 밖으로 드러내는 경우가 없었습니다.❺

❶ 황간(黃榦 ; 1152~1221) : 송나라 학자이다. 주희(朱熹)에게서 배웠는데 주희가 그 능력을 인정하여 학문을 전수했다. 주희가 죽은 후 <주자행장(朱子行狀)>을 썼다. 벼슬에 나아가 적공랑(廸功郞), 안경지부(安慶知府)를 지냈으며 벼슬에서 물러난 이후 백록동서원(白鹿洞書院)에서 강학하며 생애를 마쳤다. 자는 직경(直卿), 호는 면재(勉齋)이다. 흔히 면재황씨(勉齋黃氏)로 불린다.

❷ 주희(朱熹 ; 1130~1200) : "본성이 곧 이(理)"라는 성즉리(性卽理)를 주장했다. 송나라 성리학을 집대성한 인물로 여겨진다. 주희의 성리학은 우리나라를 비롯한 한문자(漢文字) 국가의 정치와 학문에 절대적인 영향을 미쳤다. 흔히 주자(朱子)라는 존칭으로 불린다. 송나라 성리학 전체를 주자학(朱子學)이라 부르기도 한다. 약 9년 동안 지방관으로 일했으며 세금 및 부역 감면, 가뭄 대책, 서원 재건 등에서 놀라운 성과를 보여주었다. 천문학, 역법, 지리학, 병기(兵機) 등의 분야에도 정통했다. 80여 종에 이르는, 방대한 양의 저술이 있다. <논어>, <맹자>, <대학>, <중용>의 주해(注解)를 달고 사서(四書)라는 이름으로 묶었다. 여조겸(呂祖謙)과 함께 <근사록>을 편집했다. 시문(詩文)과 서화(書畫)에도 뛰어났다. 자는 원회(元晦)·중회(仲晦) 등이고, 호는 회암(晦庵)·회옹(晦翁)·운곡산인(雲谷山人) 등이다.

❸ 황간은 <주자행장(朱子行狀)>에서 다음과 같이 말한다. "선생(주희)의 명철함은 미세한 것을 살피기에 충분했고, 선생의 강건함은 중대한 일을 책임지기에 충분했습니다. 선생의 넓은 국량은 광범위한 일을 처리하기에 충분했고 선생의 굳센 의지는 떳떳한 도리(常道)를 다하기에 충분했습니다. 선생이 벼슬에 나아가지 않고 공부하고 있을 때는 텅 비어 있는 듯 고요했습니다. 그러나 선생이 벼슬에 나아가 뜻을 펼칠 때는 '열매처럼 알차고 돌처럼 단단했습니다'. 선생이 사람을 부릴 때는 사건에 대응하고 일에 적용하는 데 부족함이 없었습니다. 선생이 벼슬에서 물러나 있을 때는 변고를 만나고 험난함을 겪어도 신념을 바꾸지 않았습니다. ㅡ(明足以察其微 剛足以任其重 弘足以致其廣 毅足以極其常 其存之也虛而靜 其發之也果而確 其用之也應事接物而不窮 其守之也歷變履險而不易)"

❹ 원문의 조리(操履)는 마음으로 지키는 지조와 몸으로 나타내는 행실을 말한다.

❺ <소학> <몸가짐을 조심하는 일(敬身)> 편에 다음과 같은 <예기(禮記)>의 말이 나온다. "남몰래 엿듣지 말고 고함쳐서 응답하지 말라. 곁눈질하여 보지 말라. 게으르고 방종하게 굴지 말라. 거만한 자세로 나다니지 말라. 한쪽 발에 의지하여 서 있지 말고 두 다리를 뻗어 비스듬하게 앉지 말라. ㅡ(毋側聽 毋噭應 毋淫視 毋怠荒 遊毋倨 立毋跛 坐毋箕) ㅡ<소학> <몸가짐을 조심하는 일(敬身)> ㅡ<예기(禮記)> <곡례(曲禮)>"

7 先生威儀容止 舒遲閒雅 自有準則
雖在忽卒驚擾之間 不失常度

위의(威儀)는 움직일 때마다 드러나는, 예의 있는 몸가짐을 말합니다.❶ 앞 시대의 현자 김굉필(金宏弼)❷은, "위의를 잃는 일은 학문하는 자의 큰 병통"❸이라고 말했습니다. 말할 것도 없습니다. 선생의 위의는 늘 침착하고 품위가 있었습니다. 선생의 행동거지는 고요하고 여유로웠습니다. 스스로 표준으로 삼는 규칙을 가지고 있었는데, 마치 새가 물 위를 곧게 날아가는 것과 같았습니다. 비록, 별안간 소란스러운 일을 당해도 일정한 법도를 잃지 않았습니다.❹

❶ <소학> <옛일을 자세히 살피는 일(稽古)> 편에 다음과 같은 말이 나온다. "동작, 예의, 위의(威儀)에는 모두 자연의 법칙이 있습니다. 이것을 지나치는 것도 중도가 아니고 이것에 미치지 못하는 것도 중도가 아닙니다. 동작은 몸으로 움직이는 일을 말하고, 예의는 이치를 가지고 말합니다. 위의는 이 이치가 밖으로 드러나는 것을 가지고 말합니다. ―(動作禮義威儀 皆有自然之則 過之非中也 不及亦非中也 動作以身言 禮義以理言 威儀以著於外者言)"

❷ 김굉필(金宏弼 ; 1454~1504) : 조식이 현자로 여겼던 학자이다. 김종직(金宗直)에게서 배웠고, 김종직의 학맥을 잇고 조광조(趙光祖)에게 학문을 전수해 주었다는 평가를 받는다. 스스로를 '소학동자'라 부를 만큼 <소학(小學)>에 심취했다. 성종 때인 1494년 천거로 벼슬에 나아가 남부참봉(南部參奉), 사헌부감찰, 형조좌랑 등을 지냈다. 1498년의 무오사화(戊午士禍) 때 귀양을 갔고 1504년 갑자사화(甲子士禍) 때 죽임을 당했다. 그 행적을 모아 편찬한 <경현록(景賢錄)> <경현속록(景賢續錄)> 등이 있다. 조식이 '경현록' 뒤에 붙인 글(書景賢錄後)>을 썼다. 자는 대유(大猷), 호는 한훤당(寒暄堂)·사옹(簑翁)이다.

❸ 김굉필이 학자를 경계하기 위해 지은 <한빙계(寒氷戒)>에 다음과 같은 말이 나온다. "관모를 바르게 쓰지 않은 자를 보면 버리고 떠나는 사람이 있습니다. 비스듬히 걸터앉아 있는 것을 보면 이를 마음에 담아두는 사람이 있습니다. 위의를 잃는 일은 학문하는 자의 큰 병통입니다. ―(冠不正 有去之者 箕踞而坐 有唧之者 威儀之失 爲學之大病) ―<경현부록(景賢附錄)> <한빙계(寒氷戒)>"

❹ 정이천(程伊川)은 정명도(程明道)의 행장에서 다음과 같이 쓴다. "다른 사람이 모두 얽매이는 일을 선생(정명도)은 여유롭게 처리했습니다. 여러 사람이 매우 어렵게 여기는 일을 선생은 왕성하게 해냈습니다. 비록 갑작스러운 일을 당해도 목소리와 얼굴빛을 바꾸지 않았습니다. ─(人皆病於拘礙 而先生處之綽然 衆憂以爲甚難 而先生爲之沛然 雖當倉卒 不動聲色) ─<명도선생 행장(明道先生行狀)> ─<근사록> <성현의 진면목(觀聖賢)>"

二

경(敬)하는 공부를

위주로 한 까닭

선한 심성을
간직했습니다.
마음을 하나로
집중하여,
밝게 깨어
있도록 하고
어두워지지
않도록 했습니다.

8 先生拂床開卷 心眼俱到 默觀而潛思
口不作吾伊之聲 齋房之內 寂然若無人

此下記 先生學問之功 存養之密

선생이 책을 읽는 모습은 이러했습니다. 책상을 정돈하고 자리에
앉습니다. 책을 펼치고는, 눈으로 읽고 또 마음으로 함께 읽었습니
다. 묵묵히 관찰하면서❶ 깊이 생각했습니다. 입으로 웅얼웅얼 글
읽는 소리❷를 내지 않았으므로, 서재(書齋) 안이 아주 적연(寂然)
했습니다.❸ 마치 아무도 없는 것 같았습니다.

**이 아래에서 기록한 것은 선생의 학문하는 공효(功效)에 대한 것입니다. 본래
의 선한 심성을 간직하고 기르는 선생의 학문은 촘촘하여 허술한 부분이 없었
습니다.**

❶ 원문의 묵관(黙觀)을 풀이한 것이다. <근사록>에 다음과 같은 정이천(程伊
川)의 말이 나온다. "감동함이 있으면 반드시 대응함이 있습니다. 대응한 것
은 다시 감동으로 변하고, 감동한 것은 다시 대응으로 변합니다. 감동
하고 대응하여 통하는 이치가 그치지 않는 이유는 바로 이것입니다. 도를
아는 사람은 이 같은 이치를 묵묵히 관찰하는 것이 옳습니다. ―(感則必有
應 所應復爲感 所感復有應 所以不已也 感通之理 知道者黙而觀之可也) ―
<근사록> <도의 본체(道體)>" 여기서 감동함은 '책을 읽다가 느낌을 받는
다'는 말이고 대응함은 '책에서 감동한 것으로 자신을 수양한다'는 말이다.

❷ 원문의 오이(吾伊)는 글 읽는 소리를 형용하는 말이다. 오이(唔咿)라고도
하고, 이오(伊吾)라고도 한다.

❸ 적연(寂然)하다는 말은 조식이 경(敬)하는 공부에 집중하는 모습을 묘사한
것이다. <근사록집해(近思錄集解)> <간직하고 기르는 일(存養)> 편에 다
음과 같은 말이 나온다. "경(敬)이란 마음을 하나로 집중하는 일입니다. 마
음이 이곳저곳으로 산만하게 달아나지 않도록 하는 일입니다. 고요하면서,
마음을 하나로 집중하면 아주 적연하여 움직이지 않습니다. 마음이 이리저
리 흩어져서 동쪽으로 가거나 서쪽으로 가지 않습니다. 항상 가운데 머물
러 있습니다. ―(敬者 心主乎一 無放逸也 靜而主乎一 則寂然不動 不散之
東西)"

9 先生獨處書室 整齊瀟灑 書冊器用
安頓有常 終日端坐
未嘗見其隳墮傾倚之時

선생이 서재에 홀로 머물러 있을 때의 모습은 이러했습니다. 주변을 정돈하여 가지런하게 하고❶ 또 깨끗하게 청소했습니다. 서책과 기물을 항상 제자리에 두었습니다. 송나라 학자 정이천(程伊川)❷은 "주변을 정돈하여 가지런하게 하면 마음을 하나로 집중할 수 있다"❸고 말한 일이 있습니다. 선생은 곧 이와 같이 했습니다. 그리고 종일토록 단정하게 앉아 있었습니다. 일찍이 바닥에 눕거나 벽에 기대어 있으면서, 방만하게 널브러진 모습❹을 보인 적이 단 한번도 없습니다.❺

❶ 정제(整齊)를 풀이한 것이다. 정제는 정제엄숙(整齊嚴肅)을 줄여서 말한 것인데, 안으로는 마음을 하나로 집중하여 잡념이 생기지 않도록 하고 밖으로는 몸가짐을 정돈하여 바르게 하는 일을 말한다.

❷ 정이천(程伊川 ; 1033~1107) : 송나라 학자이다. 성리학의 이기론(理氣論)을 체계화했다. 이기론은 이(理)와 기(氣)의 원리를 통해 자연과 인간의 존재와 운동, 생성과 변화와 소멸을 설명하는 이론 체계이다. "하나의 사물에는 반드시 하나의 이(理)가 있다 一(一物須有一理)"고 말했다. 스물일곱 살 때 과거에 낙방한 이후 다시 과거에 응시하지 않았다. '경전을 연구하고 깨달음을 구하는 독서구도(讀書求道)'를 자신의 소임으로 여겼다. <주역>에 대해 깊이 연구한 후 <역전(易傳)>을 썼다. 이로써 <주역> 64괘를, 미래를 예측하는 도구로 보는 대신 도덕적 의미를 함축한 원리로 보았다. 형인 정명도(程明道)와 함께 이정자(二程子) 또는 정자(程子)라고 불린다. 이천(伊川)은 호이고 이름은 이(頤)이다. 자는 정숙(正叔)이다.

❸ 정이천은 경(敬) 공부를 설명하면서 다음과 같이 말한다. "마음을 하나로 집중하는 방법에는 다른 것이 없습니다. 다만 주변을 정돈하여 가지런하게 하고 엄숙하게 하면 곧 마음을 하나로 집중할 수 있습니다. 하나로 집중하면 자연스럽게 사악하고 편벽된 것이 끼어들 수 없습니다. 一(一者無他 只是整齊嚴肅 則心便一 一則自是無非僻之干) 一<근사록> <간직하고 기

르는 일(存養)>"

❹ '방만하게 널브러진 모습'은 퇴타(隤墮)를 풀이한 것이다. 주희는 스승 이통(李侗 ; 1093~1163)이 공부하는 모습에 대해 다음과 같이 묘사한 일이 있다. "선생은 하루 종일 무릎을 꿇고 앉아 있었습니다. 정신과 풍채가 반듯하고 깨끗해서 방만하게 널브러신 기색이 없었습니다. ─(李先生終日危坐 而神彩精明 略無隤墮之氣) ─<주자어류> <이원중(李愿中)>" 이원중(李愿中)은 주희의 스승 이통의 자이다.

❺ <근사록> <간직하고 기르는 일(存養)> 편에 다음과 같은 내용이 나온다. "누군가 물었습니다. "사람이 한가할 때 몸가짐은 게으르고 불경스러운데 마음은 건방지지 않는 일이 가능합니까?" 정이천(程伊川)이 대답했습니다. "비스듬히 쭈그려 앉거나 제멋대로 걸터앉아 있으면서 마음이 건방지지 않은 경우가 어디에 있겠습니까?" ─(問人之燕居 形體怠惰心不慢者 可否 曰 安有箕踞 而心不慢者)" 이는 대체로, 조식이 혼자 공부할 때의 모습을 묘사한 것이다.

10 先生 常潛居幽室 足不躡門墻之外 雖連棟而居者 罕得見其面

고요한 방에 물속에서와 같이 잠잠하게 가라앉아 있었습니다. 발로 문과 담장 밖의 땅을 밟지 않았습니다.❶ 비록 지붕이 잇닿아 있는 이웃들조차 선생의 얼굴을 거의 볼 수 없었습니다.❷

❶ '문과 담장(門墻)' 밖의 땅을 밟지 않았다는 말은, 그만큼 학문에 몰두했다는 뜻일 것이다. 하지만 이 말은 또한 유학의 가르침을 벗어나지 않았다는 의미를 함축하고 있을 듯하다. '문과 담장(門墻)'은 흔히 공자와 맹자의 가르침을 비유하는 말로 쓰인다. <논어>에 다음과 같은 말이 나온다. "공자의 담장은 두어 길에 이릅니다. 그 문을 통해 들어가지 않으면 종묘의 아름다움과 백관의 풍부함을 볼 수 없습니다. ─(夫子之墻數仞 不得其門而入 不見宗廟之美 百官之富) ─<논어> <자장(子張)>"

❷ 당대의 유학자들조차 조식의 학문을 제대로 알지 못했다는 말일 듯하다. 황간이 쓴 <주자행장>에 다음과 같은 말이 나온다. "진나라와 한나라 이

래로 썩은 유자들과 굽은 학자들은 모두 선생(주희)의 울타리와 담장도 바라보기 힘들 정도였습니다. 최근의 여러 유학자들로서 공자, 맹자, 주돈이, 정명도, 정이천의 학문에 뜻을 둔 자들 또한 어찌 선생의 문지방에라도 다가가 볼 수 있었겠습니까? —(秦漢以來 迂儒曲學 旣皆不足以望其藩牆 而近代諸儒 有志乎孔孟周程之學者 亦豈能以造其闡域哉)" 또 제자 정구(鄭逑 ; 1543~1620)는 조식에 대해 다음과 같이 말한다. "세상에는 선생을 알아보는 자가 이미 드물었습니다. 스스로 선생을 안다고 말하는 자들도 '산림(山林)에 숨어 사는 은자 부류'라고 말하는 정도였습니다. 알지 못하는 자들은 함부로 선생을 흉보면서 불손한 말까지 내뱉었습니다. 이와 같이 하면서도 조금도 꺼리는 것이 없었습니다. 으아! 선생은 탁월한 식견과 견해와 뚜렷한 절개를 가지고 있었습니다. 우뚝한 학문과 깊은 도량을 가지고 있었습니다. 하지만 저들이 어찌 그 만 가지 중에 한 가지라도 헤아릴 수 있었겠습니까? 그렇다 하더라도 선생의 한량없이 넓은 덕을 저들이 또한 어찌 조금이라도 더하거나 덜 수 있었겠습니까? —(世之知先生者 旣鮮 其自謂知之者 不過曰山林隱逸之流而已 而不知者 輒復詆訶 至有加以不遜之辭而無所忌憚焉 噫 於先生卓卓之見 磊磊之節 欽欽之學 渾渾之量 彼烏可窺測其萬一 而於先生曠然之德 亦何足爲加損哉) —<한강집(寒岡集)> <남명 조선생을 조상하는 글(祭南冥曺先生文)>"

11 先生讀書 不曾章解句折 或十行俱下 到切己處 便領略過

송나라 학자 정명도(程明道)❶는 "일찍이 한 문장씩 읽고 풀이하지 않고 다만 시간을 두고 여유롭게 그 깊은 뜻을 곱씹어 보았다"❷고 합니다. 선생이 책을 읽을 때도 이와 같았습니다. 한 문장 읽고 해석하고 한 구절 보고 판단하는 법이 없었습니다. 혹은 열 줄을 한 번에 읽어 내려갔습니다. 그리고 자신에게 절실한 대목에 이르면 곧 그 뜻을 오래 생각해 보고 깊이 깨달은❸ 다음에야 넘어갔습니다.❹

❶ 정명도(程明道 ; 1032~1085) : 송나라 학자이다. 성리학의 이기론(理氣論)

을 체계화했다. 선악의 구별은 타고난 본성(性)에 의한 것이 아니라 후천적인 원인에 의한 것이라 보았다. 문신 관료로서 스물여섯 살 때 호현(鄠縣 ; 현재의 섬서성 소재) 고을의 주부로 벼슬에 나아갔다. 진성현(晉城縣 ; 현재의 산서성 소재) 고을의 수령으로 일했는데, "백성 살피기를 다친 사람 돌보는 것처럼 한다 (視民如傷)"는 말을 좌우명으로 삼았다. 백성들이 부모처럼 따랐다. 동생인 정이천(程伊川)과 함께 정자(程子) 또는 이정자(二程子)로 불린다. 명도(明道)는 호(號)이다. 이름은 호(顥)이다. 자는 백순(伯淳)이다.

❷ <근사록>에 다음과 같은 사양좌(謝良佐 ; 1050~1103)의 말이 나온다. "정명도 선생은 <시경>에 대한 해설을 잘했습니다. 시를 한 덩어리로 이해하여 일찍이 한 문장을 해석하고 한 구절을 풀이한 적이 없었습니다. 다만 여유롭게 어슬렁거리면서 그 뜻을 깊이 곱씹어 본 후, 응얼응얼 읊으며 위로 올라갔다가 다시 아래로 내려오곤 했습니다. —(明道先生 善言詩 他又渾不曾章解句釋 但優游玩味 吟哦上下) —<근사록> <지식을 확실하게 만드는 일(致知)>" 사양좌(謝良佐)는 정명도의 제자이다.

❸ 원문의 영략(領略)은 깊이 생각하여 깨닫는다는 말이다. <심경부주> <경이직내장(敬以直內章)>에 다음과 같은 말이 나온다. "배우는 자들이 한 구절을 질문하면 성인(공자)은 바로 이 구절에 대해 답해주었습니다. 그리고 배우는 자들은 곧 깊이 깨달아 장차 이 내용을 간직하고서, 실제로 온 힘을 다해 이를 실행했습니다. —(聖門學者問一句 聖人答他一句 便領略將去 實是要行)" 경이직내(敬以直內)는 "경하고 이로써 마음 안을 곧게 한다"는 말이다.

❹ 이 절목은 조식의 독서법을 말한 것이다. 정이천(程伊川)은 자신의 독서와 관련하여 다음과 같이 말한 일이 있다. "내가 경전의 뜻을 해석한 것은 스무 살 때와 지금이 다를 바 없습니다. 그러나 지금 터득한 의미를 생각해 보면, 젊었을 때 터득한 것과 서로 다른 부분이 있습니다. —(某年二十時 解釋經義 與今無異 然思今日覺得意味 與少時自別) —<근사록> <지식을 확실하게 만드는 일(致知)>" 조식 또한 자신의 처지에 따라 책의 의미가 달라질 수 있다고 생각했다. 한 문장씩 읽지 않고 열 줄을 한 번에 읽었다는 말은, 단순한 해석을 위해 읽었다는 말이 아니다. 이 자신의 처지에 따라 달라진 의미를 찾고 재차 확인하기 위해 읽었다는 말이다.

12 先生嘗曰 學者無多著睡
其思索工夫 於夜尤專

일찍이 이렇게 말했습니다. "학문하는 자(學者)는 밤에 꾸벅꾸벅 졸고 있어서는 안 됩니다.❶ 사물의 이치를 찾는 공부는 밤에 더욱 오로지할 수 있습니다."❷

❶ 무다저수(無多著睡)를 풀이한 것이다. 무다저수는 밤에 잠을 많이 자지 말라는 말이 아니다. 또 밤늦도록 등불을 켜고 있으면서 책을 읽어야 한다는 말이 아니다. 조식의 제자 성여신(成汝信)은 다음과 같이 말한 일이 있다. "배우는 공부는 밤중에 생각하는 것이 가장 좋습니다. 아침과 낮에 터득한 것을 밤에 돌이켜 생각해보면 마음을 오로지 하나로 집중할 수 있습니다. 이에 쉽게 깨달을 수 있습니다. 옛날에 내 증조부 교리공(校理公)이 밤에 등불을 켜지 않은 것은 바로 이런 이유에서였습니다. —(爲學之工 最宜夜思 朝晝所得 夜而仰思 則心專一 易以開悟 昔我曾王父校理公 夜不用燈者 此也) —<부사집(浮査集)> <성여신 선생 언행록(言行錄)>" 또 이 절목에서와 같은 조식의 말을 인용하며 다음과 같이 말한다. "학문을 할 때는 밤에 꾸벅꾸벅 졸고 있어서는 안 됩니다. 꾸벅꾸벅 졸고 있어서는 점차 나태한 곳으로 빠질 뿐입니다. 사물의 이치를 찾는 공부는 밤에 더욱 오로지 할 수 있습니다. —(學無多着睡 多睡則漸至於怠惰矣 思索工夫 於夜尤專) —<부사집> <성여신 선생 언행록>"

❷ 조식은 독서록 <학기(學記)>에 다음과 같은 주희(朱熹)의 말을 적어 놓는다. "도리를 살필 때 다만 생각나는 대로 아무렇게나 한 번 말하고 나면 대개 도리를 살필 수 없습니다. 모름지기 항상 생각하고 헤아려야 비로소 터득할 수 있습니다. 충분히 생각하고 헤아려도 꿰뚫지 못하면 또한 잠시 내려놓고 생각이 맑아질 때까지 기다렸다가 다시 살펴야 합니다. 이와 같이 오래도록 하면 자연스럽게 이해하는 것이 환하게 밝아집니다. 나의 스승 이통(李侗)은 일찍이 이렇게 말한 일이 있습니다. "도리는 모름지기 낮에 이해해야 합니다. 깊은 밤에는 도리어 고요한 곳으로 나아가 앉아서 생각하고 헤아려야 합니다. 이렇게 하면 비로소 터득할 수 있습니다." —(看道理 若只恁地說過一遍 則都不濟事 須是常常把來思量 始得 十分思量不透 又且放下 待意思好時 又把起來看 恁地 將久自然解透徹 延平先生嘗言 道理須是日中理會 夜裡却去靜處 坐地思量 方始有得) —<학기유편> <지

경(敬)하는 공부를 위주로 한 까닭

식을 확실하게 만드는 일(致知)>" 주희의 <주자어류(朱子語類)> <자론위학공부(自論爲學工夫)>에 이와 비슷한 말이 나온다. 자론위학공부(自論爲學工夫)는 "스스로 공부하는 방법이 맞는지 따져 본다"는 뜻이다.

13 先生博求經傳 旁通百家 然後斂煩就簡
反躬造約 而自成一家之學

경서(經書)와 주해서를 깊이 탐구했습니다. 제자백가의 학설을 널리 이해했습니다. 이렇게 한 연후에 번잡한 것을 간추려 핵심적인 것으로 나아갔습니다.❶ 그리고 이를 기준으로 자신을 돌이켜 보면서 요점을 얻었습니다. <맹자(孟子)>에는 이런 말이 나옵니다. "널리 배우고 상세하게 말하는 것은 장차 이로써 자신에게 돌이켜보고 요약한 것을 말하기 위해서입니다."❷ 선생은 바로 이와 같은 공부를 통해 스스로 대가(大家)의 학문을 이루었던 것입니다.❸

❶ 염번취간(斂煩就簡)을 풀이한 것이다. 제자 김우옹은 <남명선생 행장(南冥先生行狀)>에서 다음과 같이 말한다. "선생의 학문은 가지와 잎을 생략하고 몸통과 허리를 취했습니다. 마음에서 터득하는 일을 귀하게 여겼으며, '실질적인 이용(致用)'과 실천을 긴급한 것으로 보았습니다. ─(其爲學也 略去枝葉 要以得之於心爲貴 致用踐實爲急) ─<동강집> <남명선생 행장(南冥先生行狀)>"

❷ 반궁조약(反躬造約)을 풀이한 것이다. 조식은 다양한 분야의 책을 많이 읽기도 했지만, 이를 자신의 것으로 받아들이는 일을 좀더 중요하게 생각했다. <맹자(孟子)> <이루하(離婁下)> 편에 다음과 같은 맹자의 말이 나온다. "널리 배우고 상세하게 말하는 것은 장차 이로써 자신에게 돌이켜보고 요약한 것을 말하기 위해서입니다. ─(博學而詳說之 將以反說約也)" 주희(朱熹)는 집주에서, 이 말에 대해 또 다음과 같이 덧붙여 설명한다. "글을 널리 배우고 이 이치를 상세하게 설명하는 이유는 많음을 자랑하고 화려함을 다투기 위해서가 아닙니다. 자세하게 이해하고 이치를 꿰뚫어, 자신에게 돌이켜보고 지극한 요점을 말하고자 해서입니다. ─(所以博學於文 而

詳說其理者 非欲以誇多而鬪靡也 欲其融會貫通 有以反而說到至約之地耳)” 또 제자 하항(河沆 ; 1538~1590)은 스승 조식의 학문하는 법에 대해 다음과 같이 말한다. “처음부터 널리 배우고 이를 기준으로 자신을 돌이켜 보면서 요약했습니다. 오래도록 지식과 노력을 쌓고 또 쌓았습니다. ―(旣博以文 反躬造約 眞積力久) ―하항의 <각재집(覺齋集)> <남명선생을 조상하는 글(祭南冥先生文)>”

❸ 조식은 당시의 학풍에 대해 비판적인 입장을 가지고 있었다. 여러 차례의 사화(士禍)가 지나간 이후 선비들은 아예 성리학 공부 자체를 꺼리는 경우가 많았다. 또 성리학을 공부하는 이들조차 '성(性)과 천리(天理)'를 먼저 말하며, 형이상학적인 방향으로 흐르는 경향이 있었다. 조식은 이와 같은 학문은 현실과는 동떨어진 공허한 학문이 될 수밖에 없다고 생각했다. 이에 조식은 일상생활을 기반으로 공부하고 실천하는 학문을 강조했다.

14 ① 先生以爲學莫要於持敬
故用工於主一 惺惺不昧 收斂身心

주희는, “학문은 경(敬)을 유지하는 지경(持敬)보다 중요한 것이 없다”❶고 말합니다. 선생 또한 이와 같이 생각했고, 경(敬)하는 공부에 온 힘을 쏟았습니다. 정이천은 경하는 공부에 대해 이렇게 말합니다. “경하는 일이란 다만 마음을 하나로 집중하는 '주일(主一)'일 뿐입니다. 마음을 하나로 집중하면 마음은 동쪽으로도 가지 않고 서쪽으로도 가지 않습니다.”❷ 정자(程子)의 제자 사양좌(謝良佐)❸는 “경이란 마음이 항상 또랑또랑 깨어있도록 하는 상성성법(常惺惺法)”❹이라고 말합니다. 또한 정자에게서 배운 윤돈(尹焞)❺은 “경이란 달아나는 마음을 거두어들이는 기심수렴(其心收斂)”이라고 말합니다.❻ 선생은 이와 같은 말을 자신의 것으로 받아들여 실행했습니다. 마음을 하나로 집중하여, 밝게 깨어 있도록 하고 어두워지지 않도록 했습니다. 달아나려는 몸과 마음을 거두어들였습니다.❼

❶ <주자어류(朱子語類)>에 다음과 같은 주희의 말이 나온다. "학문은 경을 유지하는 일보다 중요한 것이 없습니다. 이런 까닭에 정이천은, 경하면 자신이 극복해야 할 것이 없다고 말했습니다. 경하면 번잡한 일을 줄여서 단축할 수 있다고 말했습니다. —(學莫要於持敬 故伊川謂 敬則無己可克 省多少事) —<주자어류> <마음을 잡아 지키는 일(持守)>" 제자들이 또 경은 어떻게 유지하느냐(持敬)고 묻자 주희는 다음과 같이 대답한다. "만약 밖에서 바람이 부는 것과 풀이 움직이는 것을 본다면 이는 마음이 여기에서 저기로 떠나서 다른 것을 엿보는 일입니다. 마음을 하나로 집중한다면 또 어디에서 수많은 마음을 얻어서 다른 것에 호응하겠습니까? —(若看見外面風吹草動 去看覷他 那得許多心去應他) —<주자어류> <문인들에게 가르친 말(訓門人)>"

❷ <근사록> <간직하고 기르는 일(存養)> 편에 이와 같은 정이천의 말이 나온다. "—(敬 只是主一也 主一則旣不之東 又不之西)" 또 주희는 이와 관련하여 다음과 같이 설명한다. "경하려면 모름지기 마음을 하나로 집중해야 한다는 말은 이런 뜻입니다. 처음에 하나의 일이 있는데 여기에 다시 하나의 일을 첨가한다면 곧 둘이 되어서 마음이 둘로 나누어집니다. 원래 하나만 있다가 여기에 두 개를 첨가한다면 곧 셋이 되어서 마음이 셋으로 나누어집니다. 동쪽으로 가다가 서쪽으로 가지 말고 남쪽으로 가다가 북쪽으로 가지 말라는 말은 이런 뜻입니다. 단지 하나의 마음을 가지고 동쪽으로 가다가 또 서쪽으로 가고 남쪽으로 가다가 북쪽으로 간다면, 이는 모두 마음을 하나로 집중하는 일이 아닙니다. 앞의 말은 마음을 둘, 셋으로 나누지 말라는 것이고 뒤의 말은 마음을 산만하게 달아나도록 내버려 두지 말라는 것입니다. —(敬須主一 初來有一箇事 又添一箇 便是來貳他成兩箇 元有一箇 又添兩箇 便是來參他成三箇 不東以西 不南以北 只一心做東去 又要做西去 做南去 又要做北去 皆是不主一 上面說箇心不二三 下面說箇心不走作) —<주자어류> <주자이(朱子二)> <경재잠(敬齋箴)>"

❸ 사양좌(謝良佐 ; 1050~1103) : 송나라 학자이다. 정명도(程明道)와 정이천(程伊川)에게서 배웠으며 정문사선생(程門四先生 ; 정자 제자 중에서 가장 훌륭한 네 사람) 중 한 사람으로 여겨졌다. 인(仁)을 각(覺), 생의(生意)라고 주장했고 이 때문에 주희로부터 선(禪)불교의 생각을 가지고 있다는 비판을 받았다. 자는 현도(顯道), 시호는 문숙(文肅)이다. 상채선생(上蔡先生)으로 불린다.

❹ 사양좌(謝良佐)는 경하는 일을 설명하면서 이와 같이 말한다. "—(敬 是常惺惺法)" 이 말에 대해 주희는 다음과 같이 부연한다. "지금 사람들은 경을 설명하면서 정제엄숙을 말합니다. 진실로 옳은 설명입니다. 그러나 마음이 만약 어둡고 어리석다면 이치를 밝히는 것이 분명하지 않을 것입니다. 그렇

다면 비록 억지로 마음을 붙잡고 있다고 한들 어찌 경하는 일이라고 할 수 있겠습니까? ㅡ(今人說敬 以整齊嚴肅言之 固是 然心若昏昧 燭理不明 雖强把捉 豈得爲敬) ㅡ<심경부주(心經附註)> <경이직내장(敬以直內章)>” 경이직내(敬以直內)는 “경하고 이로써 마음 안을 곧게 한다”는 뜻이다.

❺ 윤돈(尹焞 ; 1071~1142) : 송나라 학자이다. 정이천에게서 배웠다. 내성함양(內省涵養)을 중시하고 박람을 추구하지 않았으며 오로지 경(敬)을 위주로 삼아 공부했다. 평생 벼슬하지 않다가 만년에 예부시랑(禮部侍郞)・시강(侍講)을 지냈다. 자는 언명(彦明), 덕충(德充)이다. 송나라 흠종(欽宗)으로부터 화정처사(和靖處士)라는 사호(賜號 ; 황제나 임금이 내린 별호)를 받았다. 흔히 화정윤씨(和靖尹氏)로 불린다.

❻ 윤돈(尹焞)은 경하는 일에 대해 다음과 같이 말한다. “경이라는 것은 그 마음을 수렴하여 단 하나의 외물도 받아들이지 않는 일을 일컫는 말입니다. ㅡ(敬者 其心收斂 不容一物之謂) ㅡ<심경부주> <경이직내장(敬以直內章)>” 주희는 제자들이 ‘공부를 시작하는 방법(下手工夫)’에 대해 묻자 다음과 같이 대답한다. “단지 마음을 수렴하여야 하고 이 마음이 달아나지 않도록 해야 합니다. 달아나버리면 이것은 경하는 공부가 아닙니다. ㅡ(只是 要收斂此心 莫要走作 走作便是不敬) <주자어류> <문인들에게 가르친 말(訓門人)>” 수렴한다는 것은 곧 이곳저곳으로 산만하게 달아나는 마음을 하나의 지점으로 거두어들이는 일을 말한다.

❼ 주일(主一), 상성성법, 기심수렴 등은 유학자들이 경하는 공부를 말할 때 가장 자주 쓰는 표현이다. 주희는 <대학혹문(大學或問)>에서 경하는 공부에 대해 다음과 같이 요약하여 말한다. “정이천은 일찍이 주일무적(主一無適)이라고 말하고, 또 정제엄숙(整齊嚴肅)이라고 말했습니다. 그리고 사양좌의 설명 중에는 상성성법(常惺惺法)이라고 일컫는 것이 있습니다. 또 윤돈의 설명 중에는 기심수렴(其心收斂) 불용일물(不容一物)이라고 일컫는 것이 있습니다. 이 몇 가지 설명을 살펴보면 경하는 공부를 위해 어떻게 힘써야 하는지 충분히 알 수 있을 것입니다. ㅡ(程子於此 嘗以主一無適 言之矣 嘗以整齊嚴肅 言之矣 至其門人謝氏之說 則又有所謂常惺惺法者焉 尹氏之說 則又有所謂 其心收斂不容一物者焉 觀是數說 足以見其用力之方矣) ㅡ<대학혹문(大學或問)> <앞머리 글(篇題)>”

14 ⑪ 學莫先於寡欲 故致力於克己 滌淨查滓 涵養天理

경(敬)하는 공부를 위주로 한 까닭

그리고 "학문하는 일은 욕심을 줄이는 일보다 우선으로 삼아야 할
일이 없다"❶고 생각했습니다. 이런 까닭에 자신의 사사로운 욕심
을 이겨내는 극기(克己)❷ 공부에 힘을 쏟았습니다. 아직 없어지지
않은 마음의 때와 찌꺼기❸를 깨끗하게 씻어냈습니다.❹ 물이 차츰
차츰 스며들 듯, 천리(天理)를 함양했습니다.❺

❶ <맹자> <진심하(盡心下)> 편에 다음과 같은 말이 나온다. "마음을 기르는
　데는 욕심을 줄이는 것보다 좋은 것이 없습니다. 그 사람됨이 욕심이 적으
　면 비록 선한 마음을 간직하지 못하는 일이 있다 하더라도 적을 것입니다.
　그 사람됨이 욕심이 많으면 비록 선한 마음을 간직하는 일이 있다 하더라
　도 적을 것입니다. ―(養心莫善於寡欲 其爲人也寡欲 雖有不存焉者寡矣
　其爲人也多欲 雖有存焉者寡矣)" 성운은 <남명선생 묘갈문>에서 이 구절
　을 응용하여 "학문하는 일은 욕심을 줄이는 것보다 좋은 것이 없다고 생각
　했다 ―(以爲學莫善於寡欲)"고 말한다. 조식은, 곧 학문하는 일은 선한 마
　음을 기르는 일과 같다고 생각했다.

❷ 극기(克己)란 자신의 사사로운 욕심을 극복하는 일을 말한다. <논어> <안
　연(顔淵)> 편에, 공자가 인(仁)에 대해 다음과 같이 설명하는 장면이 나온
　다. "자신의 사사로운 욕심을 극복하고 예로 돌아가는 것이 인(仁)입니다.
　하루라도 사사로운 욕심을 이기고서 예로 돌아가면 온 세상 사람들이 인으
　로 돌아올 것입니다. 그러므로 인은 자기 자신에게 달려 있습니다. ―(克己
　復禮 爲仁 一日克己復禮 天下歸仁焉 爲仁由己)" 그리고 이 말의 집주(集
　註)에 사양좌(謝良佐)의 다음과 같은 말이 나온다. "자신을 이겨내는 일은
　모름지기 성질이 치우쳐 이기기 어려운 곳부터 이겨나가야 합니다. ―(克
　己 須從性偏難克處克將去)"

❸ '마음의 때와 찌꺼기'는 사재(查滓)를 풀이한 것이다. 곧 아직 없어지지 않
　은 사사로운 생각과 인간의 욕망을 비유한 말이다. <근사록> <학문하는 일
　(爲學)> 편에 다음과 같은 주희의 말이 나온다. "때와 찌꺼기는 사사로운
　생각과 인간의 욕망이 아직 없어지지 않은 것입니다. 사람은 본래 천지와
　더불어 한 몸입니다. 그런데 사람과 천지 사이에 간격이 있는 것은 단지 때
　와 찌꺼기를 아직 제거하지 못했기 때문입니다. 만약 때와 찌꺼기를 없앤
　다면 곧 천지와 더불어 몸을 하나로 할 수 있을 것입니다. ―(查滓 是私意
　人欲之消未盡者 人與天地本同體 只緣查滓未去 所以有間隔 若無查滓 便
　與天地同體)"

❹ 어떻게 자신의 사사로운 욕심을 극복할 수 있을 것인가? 조식은 독서록 <학

기>에 다음과 같은 주희의 말을 적어 놓는다. "자신을 극복하는 일에는 또한 특별하게 교묘한 방법이 있는 것은 아닙니다. 비유하자면 고립된 군부대가 갑자기 강한 적군을 만나면 단지 온힘을 다해 목숨을 걸고 앞으로 향해 나아가는 것과 같습니다. ─(克己亦別無巧法 譬如孤軍猝遇强敵 只得盡力 舍死向前而已 尙何問哉) ─<학기유편(學記類編)> <부지런히 실행하는 일(力行)> ─<주자어류> <논어이십삼(論語二十三)> <안연문인장(顏淵問仁章)>" 안연문인(顏淵問仁)은 "안연이 인에 대해 질문한다"는 뜻이다.

❺ 함양(涵養)은 물이 스며들 듯 차츰차츰 나아가는 공부를 말한다. 정이천은 "물이 차츰차츰 스며들 듯 함양하는 일을 오래 하면 천리가 자연스럽게 분명해진다 ─(涵養久之 則天理自然明) ─<근사록> <간직하고 기르는 일(存養)>"고 말한다.

15 先生 戒愼乎不覩不聞
省察乎隱微幽獨 知之已精而益求其精
行之已力而益致其力 以反躬體驗脚踏
實地 爲務 求必蹈夫闖域

자신이 무엇인가를 눈으로 보지 않고 자신이 무엇인가를 귀로 듣지 않을 때에도 경계하고 근신했습니다. 자신이 보지 않고 듣지 않을 때라는 것은 아직 아무 일도 일어나지 않아 고요할(靜) 때를 말합니다.❶ 어두운 곳에 있을 때나 작은 일이 일어날 때나, 다른 사람들은 알지 못하고 홀로 있을 때에도 스스로를 살피며 반성했습니다. 희로애락(喜怒哀樂)이 막 밖으로 드러날 때에 욕심을 막았다는 것입니다. 앞 시대의 김굉필은 "학문하는 일에서 정밀하게 쌓아서 오래도록 힘썼으면서도 오히려 미치지 못할까 두려워했다"❷고 합니다. 선생 또한 아는 것이 이미 정밀한데도 더욱 더 정밀하게 알고자 했습니다. 이미 힘써 실행하고 있는데도 더욱 더 힘을 쏟고자 했습니다. 반궁체험(反躬體驗)과 각답실지(脚踏實地)를 자신의 의무라고 생각했습니다. 반궁체험은 자신이 공부한 것을 자신에게 돌이켜 적용해보고 따져 보는 일입니다. 곧 몸으로 직접 체험해 보는 일을 말합니다. 각답실지는 두 발로 현실의 땅을 밟아보며 자신이 공부한 것을 확인하는 일입니다.❸ 이처럼 공부한 것을 직접 실행함으로써 반드시 학문의 밭두둑 끝을 살펴보고자 했습니다. 새로운 학문의 경계를 탐색하고자 했습니다.❹

❶ 계신호불도불문(戒愼乎不睹不聞)을 풀이한 것이다. 여기서 계신호(戒愼乎)는 계신공구(戒愼恐懼)를 줄인 말이다. <중용(中庸)> <성도교장(性道敎章)>에 다음과 같은 말이 나온다. "도라는 것은 잠시라도 떠날 수가 없습니다. 떠날 수 있다면 도가 아닙니다. 이런 까닭에 군자는 자신이 눈으로 보지 않을 때도 경계하고 근신합니다. 자신이 귀로 듣지 않을 때도 걱정하고 두려워합니다. ―(道也者 不可須臾離也 可離非道也 是故 君子戒愼乎其所不睹 恐懼乎其所不聞)" 곧 조식이 이와 같은 경전의 말을 자신의 것으로 체득하여 실천하는 모습을 표현한 것이다. 불도불문(不睹不聞)은 '다른 사람들이 나를 보지 않고 듣지 않을 때'로 풀이하는 경우도 있다.

❷ 기대승(奇大升 ; 1527~1572)이 쓴 <김굉필 선생 행장(金先生行狀)>에 다음과 같은 말이 나온다. "선생은 학문하는 일에서 정밀하게 쌓아서 오래도록 힘썼습니다. 그러나 오히려 미치지 못할까 두려워했습니다. 선생의 학문은 확고하면서도 정체되어 있지 않았습니다. 융통성이 있으면서도 시속의 흐름을 무작정 따르지 않았습니다. ―(先生爲學 精積力久 猶恐不及 確而不滯 通而不流) ―<속경현록(續景賢錄)>, 기대승의 <김굉필 선생 행장(金先生行狀)>"

❸ 각답실지(脚踏實地)는 직접 체험하고 확인해 본 후, 허풍 떨지 않고 실제의 일을 한다는 말이다. 송나라 역사가 사마광(司馬光 ; 1019~1086)이 방대한 역사서인 <자치통감(資治通鑑)>을 완성하자 그의 친구인 학자 소강절(邵康節 ; 1011~1077)이 다음과 같이 말한다. "사마광은 진실로 실제의 땅을 자신이 직접 밟아보는 사람입니다. ―(君實脚踏實地人也) ―<소씨문견전록(邵氏聞見前錄)>"

❹ 원문의 곤역(閫域)은 학문이 깊고 넓다는 말이다. 기존의 경계를 넘어 새로운 영역을 탐색한다는 말이다. 당나라 학자 한유(韓愈)는 <최군에게 주는 글(與崔群書)>에서 다음과 같이 말한다. "그를 보면 학문의 문지방이 깊습니다. 그 밭두둑 부근을 가늠해 볼 수 없을 만큼 학문의 범위가 넓습니다. ―(窺之 閫奧而不見畛域) ―<당송팔대가문초(唐宋八大家文抄)>"

16　先生特提敬義字 大書窓壁間 嘗曰
　　吾家有此二字 如天之有日月
　　洞萬古而不易 聖賢千言萬語
　　要其歸 都不出二字外也

특별히 '경(敬)' 자와 '의(義)' 자를 뽑아 창문 사이의 벽에 크게 써 두고 바라보았습니다.❶ 1572년 죽음을 앞두고 문인들에게 이렇게 말했습니다.❷ "우리집에 이 두 글자가 있는 것은 하늘에 해와 달이 있는 것과 같습니다.❸ 이는 일만 년의 역사를 꿰뚫어 보아도 변할 수 없는 것입니다. 성현(聖賢)의 말씀 천 마디와 만 마디라도 그 귀결처(歸結處)를 요약해 보면 모두 이 두 글자를 벗어나지 않습니다.❹"

❶ 경의(敬義)는 조식이 자신을 수양하는 공부의 기준으로 삼았던 것이다. 여기서 경(敬)은 자신의 마음을 밝히는 수단이고 의(義)는 일을 바르게 처리할 수 있는 기준이다. 정이천은 경과 의에 대해 다음과 같이 말한다. "경은 다만 자신을 잡도리하는 방법이고 의는 곧 옳고 그름을 판단하는 기준입니다. 사물의 이치에 따라 실행하는 일이 의를 실행하는 일입니다. 만약 단지 하나의 경만을 지키고 의를 쌓을 줄 모른다면 도리어 실천은 없는 것입니다. ―(敬只是持己之道 義便知有是有非 順理而行 是爲義也 若只守一箇敬 不知集義 却是都無事也) ―<근사록> <학문하는 일(爲學)>"

❷ 김우옹(金宇顒)의 <남명선생 행장(南冥先生行狀)>에 다음과 같은 내용이 나온다. "산천재(山天齋)에는 널빤지 창문이 있었습니다. 왼쪽에는 경(敬) 자를 쓰고 오른쪽에는 의(義) 자를 써 놓았습니다. 경 자 옆에는 옛 사람들이 경에 대해 이야기한 핵심적인 말들을 상세하게 적어 놓았습니다. 항상 눈으로 보면서 마음으로 생각했습니다. 병세가 위독한 때에 이르자 더욱 끊임없이 이 말들을 암송했습니다. ―(齋有板窓 左書敬字 右書義字 其敬字邊旁 細書古人論敬要語 常目擊而心念之 至於疾革之日 猶誦其語不絶口)" 이는 김우옹이, 1572년 초 죽음을 앞두고 병마에 시달리던 조식의 모습을 보고 기록한 것이다.

❸ 흔히 의(義)는 경(敬)을 바탕으로 한 것으로 보는 경우가 많다. 그런데 조식이 경과 의를 해와 달에 견주는 것은, 의를 경 못지않게 중요하게 여긴다는

말이다. 경과 의를 분리할 수 없는 한 덩어리처럼 여긴다는 말이다. 주희의 <주자어류(朱子語類)>에 경과 의에 대한, 다음과 같은 말이 나온다. "경과 의는 한 가지 일일 뿐입니다. 두 다리로 똑바로 서는 것은 경이고 조금이라 도 걷는 것은 의입니다. 눈을 감은 것은 경이고 눈을 뜨고 보는 것은 의입 니다. ―(敬義只是一事 如兩脚立定是敬 才行是義 合目是敬 開眼見物便 是義) ―<주자어류> <마음을 잡아 지키는 일(持守)>" 또 다음과 같은 말이 나온다. "아직 사건이 일어나지 않았을 때는 단지 경하고 이로써 마음 안 을 곧게 합니다. 만약 사건이 일어나고 물건이 생기면 마땅히 옳고 그름을 판별해야 합니다. 이는 대롱 속의 경만으로는 이룰 수 없는 일입니다. 경과 의는 두 개의 일이 아닙니다. (方未有事時 只得說敬以直內 若事物之來 當 辨別一箇是非 不成只管敬去 敬義不是兩事) ―<주자어류> <마음을 잡아 지키는 일(持守)>" 조식의 제자 성여신(成汝信 ; 1546~1632)은 또 다음과 같이 말한다. "경과 의는 두 개로 볼 수 없습니다. 경이 곧 의를 가지고 있 고 의가 곧 경을 가지고 있습니다. 고요할 때는 경과 불경(不敬)을 살피고 움직일 때는 의와 불의(不義)를 살핍니다. 당연히 경과 의를 함께 견지한 연후에야 안과 밖이 투철해집니다. ―(敬與義 不可作兩箇看 敬便有義 義 便有敬 靜則察其敬與不敬 動則察其義與不義 須敬義夾持然後內外透徹) ―<부사집(浮査集)> <침상에서의 짧은 생각(枕上斷編)>"

❹ <근사록>에 다음과 같은 정명도의 말이 나온다. "성현의 천 마디 말과 만 마디 말은 다만 이런 것일 뿐입니다. 사람들로 하여금 기왕에 잃어버린 마 음을 다잡아 다시 자신에게로 돌아가도록 하는 것일 뿐입니다. ―(聖賢千 言萬語 只是欲人將已放之心約之 使反復入身來) ―<근사록> <간직하고 기르는 일(存養)>" 여기서 잃어버린 마음은, 이리저리 달아나는 마음, 산만 한 마음을 뜻한다. "방심하지 말라"고 말할 때의 그 방심이다. 그리고 잃어 버린 마음을 다잡는 일은 또한 경하는 일을 말한다.

17 先生日 學而欠主敬工夫 則其爲學僞矣 孟子日 學問之道無他 收其放心而已 此是主敬工夫也

<송파자에게 보이는 글(示松坡子)>❶에서 이렇게 말했습니다. "학문 을 한다면서 경을 위주로 하는 공부가 부족하다면 그가 학문한다는

말은 가짜입니다.❶ 맹자(孟子)는 "학문하는 방법에는 다른 것이 없다"라고 말하고, 또 "잃어버린 마음을 되찾아 오는 일일 뿐" ❸이라고 말합니다. 맹자가 말한 이것이 바로 경을 위주로 하는 공부입니다."❹

❶ <송파자에게 보이는 글(示松坡子)>은 학문에 대한 조식의 생각을 보여주는 글이다. <대학(大學)>의 중요성, 사서(四書) 읽기의 방법, 경(敬)의 의미 등에 관한 내용을 담고 있다. 송파자(松坡子)라는 인물에게 주는 글인데, 송파자가 누구인지는 분명하지 않다.

❷ 조식은 1568년 선조에게 올린 <무진봉사(戊辰封事)>에서 다음과 같이 말한다. "경이라고 일컫는 것은 몸가짐을 정돈하는 정제엄숙과 마음이 항상 깨어있도록 하는 상성성을 가리킵니다. 마음을 하나로 집중하여 만 가지 일에 대응하는 일을 가리킵니다. 이는 곧 안을 곧게 하고 밖을 방정하게 하는 방법입니다. 공자가 경하는 일로써 자신을 수양한다고 말하는 것이 바로 이것입니다. 그러므로 경을 위주로 하지 않으면 자신의 마음을 간직할 수 없습니다. 마음을 간직하는 일이 아니면 세상의 이치를 궁구할 수 없습니다. 이치를 궁구하는 일이 아니면 사물의 변화를 제어할 수 없습니다. ―(所謂敬者 整齊嚴肅 惺惺不昧 主一心而應萬事 所以直內而方外 孔子所謂修己以敬者 是也 故非主敬 無以存此心 非存心 無以窮天下之理 非窮理 無以制事物之變) ―<남명집> <무진봉사(戊辰封事)>"

❸ <맹자> <고자상(告子上)> 편에 다음과 같은 맹자의 말이 나온다. "인(仁)은 사람의 마음이고 의(義)는 사람의 길입니다. 그러나 이 길을 버리고 따르지 않으며 이 마음을 잃어버리고 되찾을 줄 모르는 일이 많습니다. 안타깝습니다. 사람은 닭과 개를 잃어버리면 찾을 줄 압니다. 그런데 마음을 잃어버리고서는 되찾을 줄을 모릅니다. 학문의 방법에는 다른 것이 없습니다. 자신이 잃어버린 마음을 되찾아 오는 일일 뿐입니다. ―(仁人心也 義人路也 舍其路而不由 放其心而不知求 哀哉 人有鷄犬 放則求之 有放心而不知求 學問之道無他 求其放心而已矣)"

❹ 이 절목의 말은 <남명집> <송파자에게 보이는 글(示松坡子)>에 나오는 것이다. <송파자에게 보이는 글>에는 이 말에 앞서 다음과 같은 말이 나온다. "경(敬)이라는 것은 우리 성학(聖學 ; 유학)의 시작이자 끝입니다. 초학자들로부터 성인과 현자에 이르기까지 모두가 경하는 일을 위주로 하여 도에 나아가는 방법으로 삼습니다. ―(敬者 聖學之成始成終者 自初學以至聖賢 皆以主敬爲進道之方)" 주희 또한 다음과 같이 말한다. "경(敬)이라는 한 글자는 이상적인 유학의 시작을 이루어주고 끝을 완성시켜주는 것입니다. ―(敬之一字 聖學之所以成始而成終者也) ― <대학혹문(大學或問)> <앞머리 글(篇題)>"

경(敬)하는 공부를 위주로 한 까닭

三

말들

삼은 경계(警戒)의

삶의 원칙으로

"나는 색채
찬란한 비단을
짜다가 한 필도
완성하지
못했습니다.
이황은 희고
성긴 명주 깁을
짜다가 한 필을
완성했습니다."

18 先生以和恒直方 爲四字符
以格物致知 爲第一工夫

<대학(大學)>에서 말하는 격물치지(格物致知)❶를 첫 번째 공부라고 생각했습니다.❷ 격물(格物)은 사물(事物)의 이치를 한 가지 한 가지 궁구하는 일❸이고, 치지(致知)는 지식을 좀더 확실하게 만드는 일입니다.❹ 그리고 화(和), 항(恒), 직(直), 방(方)이라는 네 글자를 사자부(四字符)❺로 삼았습니다. 곧 조화를 귀하게 여기고, 말과 행동을 한결같이 하고, 홀로 있을 때도 마음을 곧게 하고, 나의 마음을 살펴 다른 사람의 마음을 헤아리는 일 등의 네 가지 일❻로 자신의 삶과 학문을 지키는 원칙으로 삼았다는 것입니다.

❶ <대학> <경일장(經一章)>에 다음과 같은 말이 나온다. "성의(誠意)를 이루고자 하는 자는 먼저 그 지식(知識)을 확실하게 해야 합니다. 지식을 확실하게 하는 치지는 사물의 이치를 한 가지 한 가지 연구하는 격물에 달려 있습니다. ─(欲誠其意者 先致其知 致知在格物)" 성의(誠意)란 "그 마음속에 처음 싹튼 생각을 선으로 가득 채운다"는 뜻이다.

❷ 격물치지(格物致知)를 첫 번째 공부로 생각했다는 것은, 이를 학문하는 일의 첫 단계로 삼았다는 말이다. 이는 자신을 함양하는 일보다도 앞서 이루어져야 할 공부이다. 조식은 독서록 <학기>에 다음과 같은 주희의 말을 적어 놓는다. "모름지기 지식을 확실하게 만드는 치지를 이룬 이후에 함양해야 합니다. ─(須先致知而後涵養) ─<학기유편> <지식을 확실하게 만드는 일(致知)> ─<주자어류> <학삼(學三)> <지식과 실천에 대하여(論知行)>" 주희는 또 다음과 같이 말한다. "옛사람의 학문은 지식을 확실하게 만드는 치지(致知)를 우선으로 삼았습니다. 지식을 확실하게 만드는 치지의 방법은 사물의 이치를 한 가지 한 가지 연구하는 격물(格物)에 달려 있습니다. ─(古人之學 以致知爲先 致知之方 在乎格物) ─<심경부주> <존덕성재명(尊德性齋銘)>" 존덕성재명(尊德性齋銘)은 "덕성 높이는 일을 강조한 명문"이라는 뜻이다.

❸ '격물(格物)'은 흔히 "사물의 이치를 한 가지 한 가지 연구한다"고 풀이하는데, 여기서 사물은 존재하는 모든 사건(事)과 물건(物)을 말한다. 즉 세상

에서 일어나는 일(事)과 물리적 인식의 대상(物)을 가리킨다. 하지만 유학자들이 관심을 가지는 것은 이 가운데서도 '사람과 사회에서 일어나는 일(事)'이다. 유학자들은 격물을 풀이하면서 종종 "격물의 물(物)은 일(事)과 같다 -(物猶事也)"고 말하는 것은 이런 이유에서이다. 격물을 먼저 말한다고 해서 격물이 치지보다 앞선다는 말은 아니다. 조식은 독서록 <학기>에 다음과 같은 주희의 말을 적어 놓는다. "치지와 격물은 단지 하나의 일일 뿐입니다. 오늘 격물하고서 내일 또 치지하는 것이 아닙니다. 격물은 사물의 이치를 가지고 말한 것이고 치지는 내 마음을 가지고 말한 것입니다. -(致知格物 只是一事 非是今日格物 明日又致知 格物以理言也 致知以心言也) -<학기유편> <지식을 확실하게 만드는 일(致知)> -<주자어류> <대학이(大學二)>"

❹ 정이천은 치지(致知)와 관련하여 다음과 같이 말한다. "대개 하나의 사물에는 하나의 이치가 있습니다. 당연히 이 이치를 끝까지 궁리해야 합니다. 이 궁리에는 또한 많은 실마리가 있습니다. 혹은 책을 읽어 의리를 밝히고, 혹은 옛 사람과 지금 사람을 논하여 시비를 가리고, 혹은 일을 처리하고 사람을 만날 때 그 마땅함을 분별합니다. 이런 방법이 모두 궁리입니다. -(凡一物上 有一理 須是窮致其理 窮理亦多端 或讀書 講明義理 或論古今人物 別其是非 或應接事物而處其當 皆窮理) -<근사록> <지식을 확실하게 만드는 일(致知)>"

❺ 사자부(四字符)란 '네 글자의 부절(符節)'을 말한다. 부절은 지방관이나 사신의 신표이다. 돌이나 대나무를 두 쪽으로 갈라서 하나는 조정에 보관하고 나머지 하나는 지방관이나 사신이 지니고 다녔다. 나중에 두 쪽을 맞추어 봄으로써 진위(眞僞)를 구별했다.

❻ <남명집> <신명사명(神命舍銘)>의 주(註)에 다음과 같은 말이 나온다. "조화롭고(和) 변함없고(恒) 곧고(直) 방정하도록(方) 해야 합니다. 조화롭다는 것은, 예를 사용할 때는 조화를 귀하게 여긴다는 말입니다. 여기서 조화는 절도에 맞는 것입니다. 변함없다는 것은 말과 행동을 신뢰할 수 있도록 해서 늘 변하지 않는다는 말입니다. 늘 변하지 않는다는 것은 또 유구하다는 말입니다. 곧다는 것은 신독(愼獨)을 말합니다. 신독은 홀로 있을 때도 자신의 마음을 곧게 하는 일입니다. 방정하다는 것은 혈구지도(絜矩之道)를 말합니다. 혈구지도는 마치 자로 잰 것처럼, 나의 마음을 살펴 다른 사람의 마음을 헤아리는 일입니다. -(和恒直方 禮之用和 和中節 庸信謹恒 恒攸久 謹獨 絜矩)"

19 先生 敬以心息相顧 幾以察識動微 爲主一謹獨法

마음과 호흡이 서로 의존하여 조화를 이룰 수 있도록 하여❶ 경(敬)을 공부했습니다. 미세한 단서를 살피고 또 식별하여❷ 낌새를 알아챘습니다. 이로써 한 가지에 집중하는 주일무적(主一無適)과 홀로 있을 때 삼가는 신독(愼獨)의 방법으로 삼았습니다.

❶ 심식상고(心息相顧)를 풀이한 것이다. 심식상고는 정좌(靜坐)하여 호흡을 조절함으로써 마음의 잡념을 없애는 도가의 수련법이다.

❷ 찰식동미(察識動微)를 풀이한 것이다. 찰식동미는 찰식단예설(察識端倪說)로 일컬어지는 송나라 학자 장식(張栻 ; 1133~1180)의 주장에서 나온 말이다. 장식은 학문하는 일에 대해 다음과 같이 말한다. "학문하는 자는 반드시 먼저 작은 단서가 발현하는 것을 살피고 식별해야 합니다. 이렇게 한 연후에 선한 심성을 간직하고 기르는 존심양성의 공부를 할 수 있습니다. ─(學者 先須察識端倪之發 然後可加存養之功) ─주희의 <주자전서(朱子全書)> <장흠부에게 답하는 글(答張欽夫)>" 조식은 <신명사명(神明舍銘)>에서 장식의 이 문구를 끌어와서 다음과 같이 말한다. "마음속에 사악함의 작은 단서가 생기자마자 용감하게 이겨내야 합니다. 나아가 섬멸하도록 해야 합니다. ─(已動微勇克 進敎廝殺) ─<남명집> <신명사명(神明舍銘)>" 장식(張栻)은 주희(朱熹)의 벗이다. 흔히 남헌장씨(南軒張氏)라고 부른다.

20 先生作金人銘 書塞兌字 爲謹言戒

'금인명(金人銘)'을 지었는데 "입을 세 번이나 꿰매 놓았다"❶는 구절이 들어 있었습니다. 금인(金人)은 주(周)나라 태묘에 있었던 쇠로 만든 사람으로, 그 등에는 "말을 삼가던 사람이다"라는 명문이 새겨져 있었다고 합니다. 또 '색태(塞兌)'라는 말을 써서 붙였습니다. 색태(塞兌)는 "욕망이 나오는 입을 막고 침묵한다"는 뜻입니다.❷ 선생은 이와 같은 일로써 말을 삼가는 경계로 삼았습니다.

❶ 조식의 <금인명(金人銘)> 전문은 다음과 같다. "굳세고 장중합니다. 그 덕을 아무도 감당할 수 없습니다. 이미 아무 말이 없는데 다시 입을 세 번이나 꿰매 놓았습니다. 태묘 앞에 자리잡고 있으면서 참배하는 사람들을 엄숙하게 합니다. ―(剛而重 德莫戡 已無言 緘復三 在太廟 肅鬼參) ―<남명집>" 공자가 주(周)나라 태묘(太廟)에 가서 본 금인(金人)의 등에는 다음과 같은 명문이 새겨져 있었다. "옛날에 말을 삼갔던 사람이니 경계로 삼아야 할 것이다. 말을 많이 하지 말라. 말을 많이 하면 잘못 또한 많아진다. 일을 많이 벌이지 말라. 일을 많이 벌이면 걱정 또한 많아진다. 편안하고 즐거운 때라도 반드시 경계해야 할 것이다. 후회할 일을 만들지 말라. ―(古之愼言人也 戒之哉 無多言 多言多敗 無多事 多事多患 安樂必戒 無所行悔) ―<공자가어(孔子家語)> <관주(觀周)>"

❷ <노자도덕경(老子道德經)> <제52장>에 다음과 같은 말이 나온다. "욕망이 나오는 입, 눈, 코, 귀의 구멍을 막습니다. 욕망이 나오는 문을 닫습니다. ―(塞其兌 閉其門)" 조식은 이 "구멍을 막는다"는 말에서 특히 "입을 막는다"는 뜻을 취한다.

21 先生常佩金鈴 以自警省 號曰惺惺子 蓋喚醒之工也

延平李先生 亦嘗佩之

항상 쇠방울 주머니를 차고 다녔는데, 이로써 스스로 경계하고 반성했습니다.❶ 이 쇠방울을 '성성자(惺惺子)'❷라고 불렀습니다. 대개 흐리멍덩한 마음을 환하게 각성시키는 공부에 쓰는 것이었습니다. 흐리멍덩한 마음을 환하게 각성시키는 공부는 곧 경(敬)하는 공부를 말합니다.

주희의 스승 이통(李侗)❸ 선생 또한 일찍이 이와 같은 쇠방울을 차고 다녔습니다.

❶ <처사 조식의 졸기(卒記)>에 다음과 같은 말이 나온다. "조식은 항상 무릎을 꿇고 방 안에 앉아 있었습니다. 검으로 턱을 받치고 허리에 쇠방울을 차고서 스스로를 경계했습니다. ―(常危坐一室 以劍拄頤 佩鈴以自警) ―<선조수정실록> 1572년 1월 기사 <처사 조식의 졸기(卒記)>"

❷ 조식은 성성자(惺惺子)를 소중한 보물로 여겼다. 1563년 김우옹이 배우러 오자 이 성성자를 주면서 다음과 같이 말한다. "이 물건은 성성자입니다. 맑은 소리가 사람을 경계하고 반성하도록 합니다. 이것을 옷섶에 차고 있으면 깨닫는 공부가 매우 잘됩니다. 내가 소중한 보물로 여기는 이것을 그대에게 줍니다. 그대는 이것을 잘 지니고 다닐 수 있겠습니까? ―(此物惺惺子 淸響解警省人 佩之覺甚佳 吾以重寶與汝 汝其堪保此否) ―박인의 <남명선생 연보(南冥先生年譜)> 63세(1563년) 조"

❸ 이통(李侗 ; 1093~1163) : 송(宋)나라 학자이다. 여산(廬山) 아래에서 40년 동안 오로지 정좌(靜坐)하여 천리(天理)를 체득하는 공부에 힘썼다고 한다. 정자(程子 ; 정명도, 정이천 형제를 높여 부르는 말)의 삼전제자(三傳弟子)로 주희에게 학문을 전수했다. 주희가 그 인품을. '얼음 호리병 속의 맑은 달(氷壺秋月)'과 같다고 말했다. 자는 원중(愿中)이고, 호는 연평(延平)이다.

22 先生常束革帶 銘曰 舌者泄 革者結 縛生龍 藏漠沖

허리에 매는 가죽띠에, 다음과 같은 '혁대 명문(革帶銘)'을 새겨 자신을 함양하는 경계로 삼았습니다.❶ "혀는 새지만 가죽은 묶습니다. 살아 있는 용처럼 꿈틀거리는 뜻(志)❷을 붙잡아 맵니다. 이 꿈틀거리는 뜻을 광막하고 텅 빈 마음자리❸에 앉혀 놓습니다."❹

❶ 유학자들에게 명문(銘文)은 자신을 함양하는, 좋은 방법으로 여겨졌다. 선

한 심성을 간직하고 기르는 존심양성(存心養性)의 방법을 묻는 질문에 대해 정명도(程明道)는 다음과 같이 대답한다. "옛 사람들은 귀로 음악을 듣거나 눈으로 예도(禮道)를 볼 때 스스로를 경계하는 잠언(箴言)이 있었습니다. 그리고 앉고 일어서는 곳 좌우의 소반, 주발, 안석, 지팡이에도 명문을 새겼습니다. 이에 움직일 때나 쉴 때니 두루 함양하는 깃이 있었습니다. 그런데 지금은 이런 것이 모두 없어졌으니, 오직 사물의 이치와 마땅함을 가지고 마음을 함양할 수 있을 뿐입니다. ─(古之人 耳之於樂 目之於禮 左右起居盤盂几杖 有銘有戒 動息皆有所養 今皆廢此 獨有理義之養心耳) ─<근사록> <간직하고 기르는 일(存養)>"

❷ 생룡(生龍)은 꿈틀거리는 용처럼 붙잡아 두기 힘든 뜻(志)을 가리킨다. 조식은 <학기(學記)>에 다음과 같은 주희의 말을 적어 놓는다. "<대학> <경일장>에서는 "멈출 곳을 안 이후에 뜻(志)이 향할 곳을 정할 수 있다" 고 말합니다. ─여기서 멈출 곳은 과녁과도 같습니다.─ 멈출 곳을 알지 못한다면 이 뜻은 꿈틀꿈틀 살아 있는 용이나 펄쩍펄쩍 뛰어오르는 호랑이와 서로 비슷해서, 한 곳에 붙잡아 둘 수 없습니다. ─(知止 ─如的─ 而後有定 不然 如生龍活虎相似 更把捉不得) ─<학기유편> <학문하는 일의 요체(爲學之要)> ─<주자어류> <정자지서일(程子之書一)>" 또 조식의 제자 정인홍은 마음을 용과 호랑이에 빗대어 말한 일이 있다. "사람의 마음은 꿈틀거리는 용과 같고 펄쩍펄쩍 뛰는 호랑이와 같습니다. 나가고 들어오는 것이 일정하지 않고 붙잡아 지키는 것이 쉽지 않습니다. ─(人心如生龍活虎 出入無常 操存不易) ─<내암집> <좌찬성 사직 차자(辭二相箚)>" 이 구절에서의 '마음(心)' 또한 어디론가 향하여 가는 뜻(志)을 의미하는 것일 듯하다.

❸ 막충(漠沖)은 고요하고 아득한 곳을 말한다. 곧 사람이 사물과 맞닿기 이전부터 이미 간직하고 있는 마음자리를 비유한 말이다. 정이천은 막충에 대해 다음과 같이 말한다. "아득하고 고요하여 아무런 조짐도 없을 때입니다. 온갖 사물의 형상이 이미 장엄하며, 이미 갖추어져 있습니다. ─(沖漠無眹 萬象森然已具) ─<근사록> <도의 본체(道體)>" 고요한 것은 샘에서 샘물이 아직 나오지 않은 것과 같고, 아득한 것은 모래땅이 끝없이 펼쳐져 있는 것과 같다.

❹ 제자 정구(鄭逑 ; 1543~1620)는 조식의 모습에 대해 다음과 같이 말한다. "선생(조식)은 꿈틀꿈틀 살아 있는 용과 펄쩍펄쩍 뛰어오르는 호랑이를 광막하고 텅 빈 마음자리에 오래도록 앉혀 두었습니다. ─(生龍活虎長在沖漠之中) ─<한강집(寒岡集)> <남명 조선생을 조상하는 글(祭南冥曺先生文)>"

23 先生愛佩寶刀 銘曰 內明者敬 外斷者義

선생은 아끼던 패검(佩劍)에 '내명자경(內明者敬)'과 '외단자의(外斷者義)'라는 명문❶을 새겨서 지니고 다녔습니다. "안으로 마음을 밝히는 것이 경(敬)이고 밖으로 일을 결단하는 것이 의(義)"❷라는 뜻입니다. 선생은 패검명으로 써 놓을 만큼 경의(敬義)를 중요하게 생각했습니다.❸

❶ 이 패검명은 조식이 <주역> <곤괘(坤卦)> <문언전(文言傳)>의 말을 재해석한 것이다 <곤괘> <문언전>에 "군자는 경(敬)하고 이로써 마음 안을 곧게 하며, 의(義)를 세우고 이로써 마음 밖을 반듯하게 한다 ―(君子 敬以直內 義以方外)"는 말이 나온다. 조식은 이 <문언전>의 말에서 '바르게 한다(直)'를 '밝힌다(明)'로 바꾸고, '반듯하게 한다(方)'를 '결단한다(斷)'로 바꾸어 패검에 새겼던 것이다. 조식은 이를 통해 경과 의의 의미를 확대하고 강화한다. 유학자들에게 경(敬)이란 "몸가짐을 가지런하게 하면서 마음을 하나로 집중하는 일"이다. 조식은 '안으로 밝힌다(內明)'는 말을 통해 내적 본성이 항상 밝게 깨어 있도록 하는 일을 강조한다. 또 의(義)란 "마음이 사물의 마땅함을 마름질하는 일(心之制事之宜) ―<맹자집주> <양혜왕상(梁惠王上)>"이다. 곧 사물의 시비(是非)와 선악을 판별하는 기준이다. 조식은 '밖으로 결단한다(外斷)'는 말을 통해 의를 통한 현실 세계에서의 실천이 강력하고 단호해야 한다는 점을 강조한다.

❷ 조식의 학문을 한 마디로 '경의지학(敬義之學)'이라고 일컫는다. 조식이 경과 함께 의를 강조하는 것은, 의를 통한 실천성을 확보해야 경 또한 '살아 움직이는 경(活敬)'으로 자리잡을 수 있기 때문이다. <근사록>에 다음과 같은 장식(張栻)의 말이 나온다. "경에 거처하는 공부와 의를 쌓는 공부는 나란히 나아가면서 서로 효과를 높이고 서로 성취하도록 해줍니다. 만약 단지 경 공부만 제대로 하기를 원하고 의를 쌓을 줄 모르면 경이라고 말하는 것도 또한 '생명력 없는 흙덩어리'와 같을 것입니다. ―(居敬集義工夫並進 相須而相成也 若只要能敬 不知集義 則所謂敬者亦塊然) ―<근사록> <학문하는 일(爲學)>"

❸ 훗날의 학자 송시열(宋時烈 ; 1607~1689)은 <남명 조선생 신도비명>에서 다음과 같이 쓴다. "조식의 학문은 오로지 경의(敬義)를 요체로 삼았으니

다. 좌우의 여러 가지 물건에 명문을 적어 스스로를 경계한 것이 이 경의의 일이 아닌 것이 없었습니다. ―(其學專以敬義爲要 左右什物 所銘而自警者 無非此事) ―<송자대전(宋子大全)> <남명 조선생 신도비명(南冥曹先生神道碑銘)>"

24   先生常以淨盞貯淸水 兩手捧之終夜 蓋持志之事也

평소에, 깨끗한 잔에 맑은 물을 채운 후, 두 손으로 이 잔을 들고 밤을 지새웠습니다. 이는 대개 자신의 뜻을 잡아 지키는 일❶이었습니다. <맹자>에서는 "그 뜻을 잡아 지키고 또 그 기운을 거칠게 하지 말라"❷고 말합니다. 선생은 물 잔을 들고 밤을 지새우는 일로써 이와 같이 하고자 했던 것입니다.

❶ <심경부주>에 다음과 같은 장식(張栻)의 말이 나온다. "마음을 잡아 지킨다는 것은 마음을 하나로 집중하는 일을 말합니다. 만약 뜻을 잡아 지키고 있을 때에 가슴속에서 두 가지가 서로 다툰다면 이는 마음을 하나로 집중할 수 없었던 것이며 뜻이 서지 못한 것입니다. ―(持志者 主一之謂 若持志之時 二者猶交戰于胸中 是不能主一也 志不立也) ―<심경부주> <성의장(誠意章)>" 여기서 마음을 하나로 집중하는 일은 또한 경(敬)하는 일을 말한다. 성의(誠意)란 "그 마음속에 처음 싹튼 생각을 선으로 가득 채운다"는 뜻이다. 장식은 주희의 벗이다.

❷ <맹자> <공손추상(公孫丑上)> 편에 이와 같은 말이 나온다. "―(持其志 無暴其氣)" 그리고 주희는 이 말에 대해 다음과 같이 부연한다. "만약 마땅히 기뻐해야 할 경우라면 반드시 기뻐해야 합니다. 마땅히 분노해야 할 경우라면 반드시 분노해야 합니다. 이것이 바로 뜻을 잡아 지키는 일입니다. 만약 기뻐하기를 지나치게 하여 한결같이 기뻐하고, 분노하기를 지나치게 하여 한결같이 분노하면 기운을 거칠게 만듭니다. 기운을 거칠게 만들지 말라는 것은 이런 이유에서입니다. 기운을 거칠게 하면 도리어 뜻이 흔들리고 맙니다. ―(若當喜也須喜 若當怒也須怒 這便持其志 若喜得過分 一向

喜 怒得過分 一向怒 則氣便粗暴了 便是暴其氣 志卻反爲所動) ―<주자어
류> <맹자이(孟子二)> <공손추상지상(公孫丑上之上)>"

25   先生畫古聖賢遺像 張在左右
目存而心思 肅然起敬 如在函丈間
耳受面命之誨

옛 성현 네 사람의 초상화를 직접 그려 자리 좌우에 펼쳐 두었습니
다. 옛 성현 네 사람은 공자(孔子), 주돈이(周敦頤)❶, 정명도, 주희
등이었습니다.❷ 이 네 성현의 모습을 눈으로 그려보고 마음으로 생
각해 보았습니다. 삼가고 두려워하는 모습❸으로 경(敬)하는 마음
을 표시했는데, 마치 스승이 그 자리에 있는 것과 같이❹ 했습니다.
얼굴을 바라보며 일러주는 것처럼 여겼고, 귀를 끌어당겨 말해주는
것처럼 생각했습니다. 그 간곡하고 자상한 가르침을 직접 듣는 것
과 같이 했습니다.❺

❶ 주돈이(周敦頤 ; 1017~1073) : 성리학의 기초를 만든 송나라 학자이다. 도
  가와 불교의 개념을 도입해 우주의 원리와 인간의 본성에 대해 설명하고자
  했다. <태극도설(太極圖說)>을 지었다. 무극(無極)과 태극(太極)은 하나이
  며, 태극이 음양을 낳고 음양이 수화목금토(水火木金土)를 낳는다고 보았
  다. 이로써 이기(理氣) 철학의 기본 형식을 제공했다. 정명도와 정이천이
  스승으로 섬겼다. 자는 무숙(茂叔), 호는 염계(濂溪)이다.

❷ 조식이 초상화로 그렸던 네 성현은 공자(孔子), 주돈이, 정명도, 주희이다.
  현재 '사성현 유상(四聖賢遺像)'이 남아 있는데, '사성현 유상을 모신 목판
  (四聖賢遺像 奉安木板)'에 이들 네 사람의 이름이 나온다. 사성현 유상(四
  聖賢遺像)은 '성현 네 사람의 초상화'라는 뜻이다. (현재 남아 있는 사성현
  유상과 목판의 제작 연대는 확실하지 않다.)

❸ '삼가고 두려워하는 모습'은 숙연(肅然)을 풀이한 것이다. 그리고 이는 곧
  경(敬)하는 모습을 표현한 것이다. <심경부주>에 다음과 같은 황간(黃榦)

의 말이 나온다. "스승 주희는 또 "경이라는 글자는 오로지 두려워하는 일
이 가장 가깝다"고 말한 일이 있습니다. 대개 경이라는 말은 이 마음이 숙
연하여 두려워하는 바가 있다는 점을 일컫습니다. ―(師說 又以敬字惟畏
爲近之 蓋敬者 此心肅然 有所畏之名) ―<심경부주> <경이직내장(敬以直
內章)>"

❹ 원문의 함장(函丈)은 선생이 앉아 있는 자리를 뜻하는 말이다. 제자는 스승
의 자리와 1장(一丈) 거리를 두고 앉았던 데서 유래했다. 참고로 1장은 10
자(尺)이다. 1자는 당나라의 당대척(唐大尺)을 기준으로 하면 29.5~31cm
이다. 우리나라 황종척을 기준으로 하면 34.7cm이다.

❺ 이수면명(耳受面命)을 풀이한 것이다. 이수면명은 "얼굴을 보고 일러주며
귀를 끌어당겨 말해준다"는 뜻이다. 곧 간곡하고 자상하게 가르치는 일을
말한다. <시경> <대아(大雅)> 편에 다음과 같은 구절이 나온다. "으아, 젊
은이들아. 좋고 나쁨을 알지 못하는가? 손으로 잡아줄 뿐만 아니라 일을 보
여줌으로써 말해준다. 얼굴을 마주하고 알려줄 뿐만 아니라 귀를 잡고 말
해준다. ―(於乎小子 未知臧否 匪手携之 言示之事 匪面命之 言提其耳)"

26 先生於陰陽地理醫藥道流之言
無不涉其梗槩 以及弓馬行陣之法
關防鎭戍之處 靡不留意究知

此下記 先生才高志彊 而無所不通

주희(朱熹)는 "천문(天文), 지리(地志), 역법(律曆), 전쟁(兵機) 등
과 같은 분야에 대해서도 모두 그 깊은 뜻을 환하게 궁구했다"❶고
합니다. 선생 또한 음양(陰陽)❷, 지리(地理), 의약(醫藥), 도가(道
家) 등의 말에 대해 그 대략적인 논리를 섭렵(涉獵)하지 않은 것이
없었습니다.❸ 활쏘기와 말타기, 진(陳) 치는 방법 등에 대해서도 연
구했습니다. 국경 지역의 요충지에 성곽, 봉수대, 초소 등과 같은 방
어 시설을 설치해 운영하는 일❹에 대해서도 뜻을 두고 살폈습니다.
모두 탐구하여 알지 못하는 것이 없었습니다.❺

선생은 재주가 높고 뜻이 강건하여 통하지 않은 것이 없습니다. 이 아래로는
선생의 이와 같은 점을 기록한 것입니다.

❶ 황간이 쓴 <주자행장>에 이와 같은 말이 나온다. "一(至若天文地志律曆兵
   機 亦皆洞究淵微)"

❷ 음양(陰陽)은 서로 대립하는 음(陰 ; ━ ━)과 양(陽 ; ━)의 두 기운을 말한
   다. 그러나 이 절목에서 말하는 음양은 조선시대 잡과(雜科 ; 기술관 과거
   시험) 중 하나인 음양과(陰陽科)의 지식을 말하는 것으로 보인다. 음양과
   는 천문, 지리, 역수(曆數), 기후 관측 등을 맡아보던 관상감(觀象監)의 관
   원을 뽑는 과거였다.

❸ 조식은 독서록 <학기>에 다음과 같은 주희(朱熹)의 말을 적어 놓는다. "예
   로부터 사정을 꿰뚫어 보지 못하는 성현이 없고 변화를 통달하지 못하는
   성현이 없습니다. 문을 닫고 가만히 앉아 있는 성현도 없습니다. 율력(律
   曆), 형법, 천문, 지리, 군사, 관직 등에 관한 일을 모두 이해하여 막힘이 없
   어야 합니다. 一(自古無不曉事情底聖賢 無不通變底聖賢 無關門獨坐底聖
   賢 至如律曆刑法天文地理軍旅官職之類 都要理會自無障) 一<학기유편
   (學記類編)> <지식을 확실하게 만드는 일(致知)>" 또 다음과 같은 말을 적
   어 놓는다. "정명도 선생은 책을 읽을 때 읽지 않는 것이 없었습니다. 불교
   책으로부터 노자(老子), 장자(莊子), 열자(列子)의 책에 이르기까지 사색하
   고 연구하지 않는 것이 없었습니다. 一(明道於書 無所不讀 自浮屠老子莊
   列 莫不思索窮究) 一<학기유편> <성현의 일에 대하여(聖賢相傳)>"

❹ 관방진수(關防鎮戍)를 풀이한 것이다. 관방(關防)과 진수(鎮戍)는 국경 요
   충지에 성곽, 초소, 봉수대 등의 방어 시설을 설치하고 군사를 주둔시키는
   일을 말한다. 또는 그 방어 시설을 말하는 경우도 있다.

❺ 정명도의 제자 형서(邢恕)는 스승에 대해 다음과 같이 말한 일이 있다. "나
   라의 중심에서 국경의 관문에 이르기까지 연구하지 않은 일이 없었습니다.
   위로는 나라의 예악을 일으키고 제도와 문물을 만드는 일에 대해 공부했습
   니다. 아래로는 군대를 움직이고 병사를 부리며 전쟁터의 진영을 치는 방법
   에 대해 익혔습니다. 그리고 이 모든 일에서 지극한 경지에 이르렀습니다.
   밖으로는 외적의 정황, 산과 도로의 험난함과 평탄함을 살폈습니다. 변방 방
   어를 위한 성채 축조, 척후 활동, 경계선 설정 등에 대해서도 그 요령을 모두
   탐구하여 알지 못하는 것이 없었습니다. 一(至於興造禮樂 制度文爲 下至行
   師用兵 戰陣之法 無所不講 皆造其極 外之夷狄情狀 山川道路之險易 邊鄙
   防戍城寨斥候控帶之要 靡不究知) 一<근사록> <정치의 방법(治法)>"

27 先生 發之文辭也 初不經意 而風驅雷迅 不加點改 奇辭奧意 雖宿儒或不能看透

문장을 쓸 때는 애초에 처음 싹튼 생각을 가다듬으려 하지 않았습니다.❶ 선생은 생각이 싹트는 대로 바람이 몰아치는 것처럼, 천둥이 번쩍이는 것처럼 빠르게 썼습니다. 이처럼 우르르 쾅쾅 쓰고서도 이곳저곳 점을 찍어 수정하는 일❷조차 없었습니다. 그렇지만 문장은 기특하고 그 담고 있는 뜻은 심오했습니다. 비록 학식이 높은 유학자라도 쉽게 꿰뚫어 보기 힘든 내용을 담고 있었습니다. 정이천은 "성현이 가슴속에 쌓여 있는 것을 늘어놓으면 자연스럽게 문장을 이룬다"❸고 말합니다. 선생의 문장 쓰는 일이 이와 같았습니다.❹

❶ 마음을 그대로 드러낼 뿐, 그럴듯하게 꾸미려고 하지는 않았다는 뜻이다. 조식은 <말을 삼가는 명문(愼言銘)>에서 "신중하게 말을 가려서 성실함을 세워야 한다 ―(修辭立誠)"고 말한다. <주역> <건괘(乾卦)> <문언전(文言傳)>에 "신중하게 말을 가려서 성실함을 세워야 한다 ―(修辭立其誠)"는 말이 나오는데, 정명도는 이 말에 대해 다음과 같이 부연한다. "이 말은 좀 더 자세히 이해하지 않으면 안 됩니다. 이는 말과 문장을 제대로 닦고 살피려면 곧 성실함을 세워야 한다는 것입니다. 만약 단지 말과 문장을 수식하기 위해서만 마음을 쓴다면 이는 거짓일 뿐입니다. ―(修辭立其誠 不可不子細理會 言能修省言辭 便是要立誠 若只是修飾言辭爲心 只是爲僞也) ―<근사록> <학문하는 일(爲學)>" 문장 표현보다는 진실함, 신실(信實)함이 더 중요하다는 것이다.

❷ 원문의 점개(點改)는 이미 쓴 글에서, 이곳저곳 점을 찍어 수정하는 일을 말한다.

❸ <근사록> <학문하는 일(爲學)> 편에 다음과 같은 정이천의 말이 나온다. "사람들이 육경(六經)을 보고 성인 또한 문장을 짓는다고 말합니다. 그러나 성인이 또한 가슴속에 쌓여 있는 일을 늘어놓으면 자연스럽게 문장을 이룬다는 것을 알지 못합니다. <논어> <헌문(憲問)> 편에서 "덕이 있는 사

람은 반드시 할 말을 간직하고 있다"고 말하는 것이 바로 이것입니다. ─
(人見六經 便以謂聖人亦作文 不知聖人亦攄發胸中所蘊 自成文耳 謂有德
者必有言也)" 조식의 문장은 경(敬)하는 공부를 통해 마음속에 쌓인 것이
자연스럽게 밖으로 흘러나왔다는 말일 터이다.

❹ 좋은 문장은 무슨 신묘한 계기가 있어 느닷없이 나타나는 것이 아니다. 정
인홍(鄭仁弘)은 조식의 문장에 대해 다음과 같이 말한다. "서리 내리는 밤
하늘에 새로 떠오른 초승달과 같은 기운이 서려 있었습니다. 마음의 눈을
가진 이들은 모두가 이러한 기운을 볼 수 있었습니다. 이는 진실로 훌륭한
것이 그 마음속에 이미 존재하고 있어서, 문장에 드러난 것입니다. 이에 자
연스럽게 그 뜻이 아름다워진 것입니다. 애초에 의도적으로 문장에 공력을
들이거나 수사를 숭상해서 이렇게 된 것이 아닙니다. ─(霜天新月之氣 有
心目者 皆可見也 此誠美在其中 發於遣辭 自爲一種趣味 初非攻文尙辭而
然也) ─<내암집> <남명선생 시집의 서문(南冥先生詩集序)>"

28 先生常持詩荒戒 以爲詩人意致虛曠 大爲學者之病 故不喜述作

"시(詩)는 사람의 마음을 황폐하게 만든다"는 시황계(詩荒戒)를 가
지고 있었습니다. 시를 짓는 사람이 '처음 싹튼 생각(意)'❶을 가지
고 이르는 곳은 공허하고 거칠다고 여겼기 때문입니다. 이에 시는
학문하는 자의 큰 병통이 된다고 보았기 때문입니다. 이런 까닭에
시를 전술하거나 창작하는 일을 좋아하지 않았습니다.❷ 선생이 존
경했던 정여창(鄭汝昌)❸ 선생은 "처음 싹튼 생각을 시로 짓기 위해
억지로 공부하는 일을 어찌 달가워하겠느냐?"❹고 말한 일이 있습
니다. 선생 또한 이와 같이 생각했던 것입니다.❺

❶ <근사록집해>에 다음과 같은 말이 나온다. "의(意)란 마음속에서 처음 싹
튼 것입니다. 이런 까닭에 "사사로운 생각이 있다"고 일컫는 것입니다. ─
(意者 萌心之始 故曰有思) ─<근사록집해> <학문하는 일(爲學)>" 유학자

들은 보통 시(詩)를 마음속의 지향(志向)이 밖으로 드러나는 것으로 생각한다. <모시서(毛詩序)>에 다음과 같은 말이 나온다. "시란 마음속의 지향이 이리저리 흘러가는 것입니다. 마음속에 있으면 지향이고 말을 하여 밖으로 나오면 시입니다. ―(詩者 志之所之也 在心爲志 發言爲詩)" 곧 조식이 경계로 삼은 것은 마음속에서 자연스럽게 흘러나오는 시가 아니다. 조식이 경계로 삼은 것은 '처음 싹튼 생각(意)'에 매달려 억지로 시를 짓는 일이다. 처음 싹튼 생각에는 사사로움이 없을 수 없기 때문이다.

❷ 원문의 술작(述作)은 전술(傳述)하고 창작하는 일을 가리킨다. <논어> <술이(述而)> 편에 다음과 같은 공자의 말이 나온다. "옛것을 전술하기만 하고 새로운 것을 창작하지는 않았습니다. 옛것을 믿고 좋아합니다. ―(述而不作 信而好古)"

❸ 정여창(鄭汝昌 ; 1450~1504) : 성종, 연산군 때의 학자이다. 1472년 함양군수 김종직(金宗直)의 문하에서 공부했다. 1488년 지리산 자락의 화개현(현재의 하동군 화개면 덕은리)에 악양정(岳陽亭)을 짓고 성리학을 연구했다. 주돈이, 정명도, 정이천, 장횡거(張橫渠), 주희의 견해를 두루 살폈으며 경서(經書)에 능통했다. 조식은 정여창에 대해 "그 학문이 깊고 독실했으며 우리 유학의 실마리를 열어주었다 ―(學問淵篤 吾道有緖)"고 말했다. 1490년 김일손의 천거로 예문관검열(藝文館檢閱)을 제수받았다. 이후 시강원설서(侍講院說書), 안음현감(安陰縣監) 등을 지냈다. 1498년의 무오사화(戊午史禍) 때 함경도(영안도) 종성부로 귀양 간 후 1504년에 죽었다. 효행으로 이름이 났다. 모친이 병을 앓자 대변을 맛보고 통곡한 일이 있다. 본관은 하동(河東)이다. 자는 백욱(伯勗), 호는 일두(一蠹)이다.

❹ 남효온(南孝溫 ; 1454~1492)은 정여창에 대해 다음과 같이 말한다. "정여창은 오경(五經)을 깊이 공부하여 통달했습니다. 그러나 오직 시를 공부하는 선비는 인정해주지 않고 다음과 같이 말했습니다. "시는 마음(性情)이 밖으로 드러난 것일 뿐입니다. 그 처음 싹튼 생각을 시로 짓기 위하여 억지로 공부하는 일을 어찌 달가워하겠습니까? 비록 시 짓는 일을 위해 힘쓰지 않더라도 덕이 갖추어지고 경서를 깊이 공부하여 통달한다면 또한 무엇을 병통으로 여기겠습니까?" ―(窮通五經 獨不取攻詩之士曰 詩性情之發 何屑屑強下工夫爲其意 雖不爲詩 德備而經通 則亦何爲病矣) ―<일두집(一蠹集)> <찬술(讚述)>, 남효온의 <추강냉화(秋江冷話)>"

❺ 제자 성여신(成汝信) 또한 이와 같은 일을 언급한 일이 있다. "선생은 평소에 '시가 황량하다는 생각'으로 경계를 삼았습니다. 이에 시 짓는 일을 즐겨하지 않았습니다. ―(先生平日 以詩荒爲戒 不肯作詩) ―<부사집> <칠원현감 조차마에게 답하는 글(答曺漆原次磨書)>" 그런데 조식은 실제로는

적지 않은 시를 지었다. <남명집>에 남아 있는 것만 해도 200수가 넘는다. 조식이 시 짓는 일을 경계한 것은, 다만 표현을 다듬고 고치기 위해 시간과 노력을 빼앗기는 일에 대해 우려한 것이다.

29 先生中年 答成聽松書曰 常以哦詩 非但玩物喪志之尤物 於某 每增無限驕傲之罪 用是廢閣諷詠 近出數十載

1552년 성수침(成守琛)❶에게 보낸 편지에서 이렇게 말했습니다. "시를 읊조리는 일에 대해서는 항상 저어하는 마음을 가지고 있었습니다. <서경(書經)>에서 말하는 완물상지(玩物喪志)는 곧 "얼룩덜룩한 물건(物)에 마음이 팔려 희롱하다 보면 뜻을 잃는다"는 의미일 것입니다. 저는 시라는 것 또한 이 얼룩덜룩한 물건 중 하나라고 생각했습니다.❷ 시는 이 얼룩덜룩한 물건 중에서도 가장 아름다운 탓에 사람을 더욱 미혹시킵니다.❸ 뿐만이 아닙니다. 시 짓는 일은 나에게 무한히 교만해지는 죄를 더한다고 생각했습니다. 시를 지어 놓고 잘난체하며 건방진 마음과 태도를 가진다는 것입니다. 이 때문에 시를 짓고 외우는 일을 폐한 지가 거의 이삼십 년에 이릅니다."

❶ 성수침(成守琛 ; 1493~1564) : 중종, 명종 때의 학자이다. '목숨을 걸고 바른 도를 지킬 수 있는 사람(守死善道)'이라는 평을 들었다. 조광조(趙光祖)의 문인이다. 1519년의 기묘사화 이후 벼슬을 버리고 파주목 파산(坡山)으로 물러나 학문에 전념했다. 조식에게도 큰 영향을 미쳤다. 자는 중옥(仲玉), 호는 청송(聽松), 본관은 창녕(昌寧)이다. 문집 <청송집(聽松集)>이 있다.

❷ 완물상지(玩物喪志)를 풀이한 것이다. 완물상지는 작은 재주와 작은 즐거움에 몰두하다가 원대한 뜻을 잃는 일, 쓸데없는 물건을 가지고 노는 데 몰

두하다가 자신의 본성(本性)을 잃는 일을 말한다. <서경> <여오(旅獒)> 편
에 다음과 같은 말이 나온다. "다른 사람에게 마음이 팔려 희롱하다 보면
덕을 잃습니다. 얼룩덜룩한 물건에 마음이 팔려 희롱하다 보면 뜻을 잃습
니다. —(玩人喪德 玩物喪志)" 어떤 사람이 "문장을 짓는 일이 도(道)에 해
로운지" 묻자, 정이천은 다음과 같이 대답한다. "해롭습니다. 문장을 짓는
일은 전심전력하지 않으면 잘 짓지 못합니다. 그런데 만약 전심전력한다
면 뜻이 여기에 국한되고 맙니다. 그렇다면 또 어떻게 천지와 더불어 그 장
대함을 함께 할 수 있겠습니까? <서경>에서 완물상지를 말하는 것은 그래
서입니다. 문장을 짓는 일 또한 물건에 마음이 팔려 희롱하는 일에 지나지
않습니다. —(害也 凡爲文 不專意則不工 若專意則志局於此 又安能與天
地同其大也 書曰 玩物喪志 爲文亦玩物也) —<근사록> <학문하는 일(爲
學)>"

❸ 우물(尤物)을 풀이한 것이다. 우물은 흔히 절세미인(絶世美人)을 가리키
는 뜻으로 쓰인다. <춘추좌씨전(春秋左氏傳)>에 다음과 같은 말이 나온
다. "대체로 뛰어난 미인은 사람의 마음을 미혹시키기에 충분합니다. 진실
로 덕과 의로움을 지닌 사람이 아니라면 반드시 화를 입습니다. —(夫有尤
物 足以移人 苟非德義 則必有禍) —<춘추좌씨전(春秋左氏傳)> <소공(昭
公)> 28년 조" 조식은 자신에게 시가 가지는 의미를 나타내기 위해 이 말을
쓴다.

30

先生晚歲嘗自言 吾學古文而不能成
退溪之文 本是今文 然卻成就 譬之
我織錦而未成匹 難於世用
退溪織絹成匹 而可用也 寫大字 頗遒勁
效雪菴兵衛森帖 然未嘗留意
自言其不成也

만년에 스스로 이렇게 말한 적이 있습니다. "나는 고문(古文)을 배
웠으나❶ 충분히 무르익어 있지는 않습니다. 이황(李滉)의 문장은
원래 금문(今文)인데, 충분히 무르익어 있습니다. 비유하자면 이렇

습니다. 나는 색채 찬란한 비단을 짜다가 한 필을 완성하지 못했으므로 아직 세상에 쓰일 수 없습니다. 그러나 이황은 희고 성긴 명주 깁을 짜다가 한 필을 완성했으므로 세상에 쓰일 수 있습니다." 선생이 큰 글씨를 쓰면 자못 강건했습니다. 원(元)나라 명필 이설암(李雪庵)의 <병위삼첩(兵衛森帖)>❷을 본받아 쓴 것이었습니다. 그러나 글씨를 쓰는 일에 마음을 두지는 않았습니다. 스스로 "글씨를 이루지 못했다"고 말했습니다.

❶ 조식은 젊은 시절 고문을 배워 대단한 문장을 남기려는 포부를 가지고 있었다. 고문 중에서도 유종원의 글과 같이 기고(奇古)한 맛이 있는 선진(先秦 ; 춘추전국시대) 고문을 본받고자 했다.

❷ 이설암(李雪菴)은 원(元)나라의 승려이자 서예가이다. 설암(雪庵)은 호이고 이름은 부광(溥光)이다. 해서(楷書)를 큰 글자로 쓰는 일에 뛰어났다. 필획이 방정하고 강건한 그의 글씨는 설암체로 유명했으며 궁성의 편액에 많이 쓰였다. <병위삼첩(兵衛森帖)>은 이설암의 글자를 모아놓은 법첩(法帖 ; 모범으로 삼을 만한 명필 서첩)이다. 조선 초기에 조정에서 인쇄하여 보급한 일이 있다고 한다.

四

〈소학(小學)〉,

집안에 거처할 때의

도리

음식을 조리하는
것과 같이
미미한 일에
있어서도 반드시
정도(正道)를
지켰고 탐내지
않았습니다.

31 先生 居親之側 必有婉容
以善爲養 悅其心志 衣煖膳甘 亦莫不具

此下記 先生處家之道

<소학>❶에서는 "효자로서 부모님에게 깊은 사랑을 가진 자는 반드시 상냥한 기운과 유쾌한 얼굴빛과 온순한 몸가짐을 가진다"❷고 말합니다. 부모님을 곁에서 모시는 선생의 모습을 보면 또한 이와 같이 정성스러웠습니다. 선한 마음으로 부모님을 봉양하여❸ 부모님의 마음과 뜻을 기쁘게 해드렸습니다. 옷은 따뜻한 것을 마련해 드리고 음식은 맛있는 것을 차려 드렸습니다. 또한 모든 것을 갖추어 드리지 않은 것이 없었습니다.

이 아래로는 선생이 집안에 거처하고 있을 때의 도리에 대해 기록했습니다.

❶ <소학(小學)>은 주희의 제자 유자징(劉子澄)이 청년들에게 유학을 가르치기 위해 편찬한 책이다. 일상생활의 예의범절, 수양을 위한 격언, 충신과 효자 이야기 등을 모아 놓았다. 조식 시대의 사림파 학자들은 <소학>을 공부하여 이를 실천하는 일을 학문의 기본으로 생각했다. 조식 또한, "배우는 사람은 반드시 <소학>으로 그 기본을 세워야 한다 一(必以小學 立其基本) 一<남명선생편년(南冥先生編年)>"고 말하며 <소학> 읽기를 강조했다.

❷ <소학>에 다음과 같은 말이 나온다. "효자로서 부모님에게 깊은 사랑을 가진 자는 반드시 온화한 기운을 간직하고 있습니다. 온화한 기운을 간직한 자는 반드시 유쾌한 얼굴색을 보여드리고 유쾌한 얼굴색을 보여드리는 자는 반드시 정성스러운 태도를 보여드립니다. 一(孝子之有深愛者 必有和氣 有和氣者 必有愉色 有愉色者 必有婉容) 一<소학> <인륜을 밝히는 일(明倫)>" '소학동자(小學童子)'로 일컬어졌던 김굉필은 칠언시 <소학을 읽고(讀小學)>에서 다음과 같이 읊는다. "글을 공부해도 하늘의 이치를 알지 못했습니다. 소학을 읽고서야 지난 잘못을 깨달았습니다. 이를 따라 자식으로서 부모님을 봉양하는 일에 마음을 다할 것입니다. 一(業文猶未諳天機 小學書中悟昨非 從此盡心供子職) 一<경현록(景賢錄)> <소학을 읽고(讀小學)>"

❸ 녹봉이 아닌 선한 마음으로 부모님을 봉양했다는 말이다. 정이천의 제자 윤돈(尹焞)이 진사시(進士試)에 응시하려 하자, 그의 어머니가 "나는 네가 선한 행실로 봉양할 줄은 알았지만 녹봉으로 봉양하려 할 줄은 몰랐다 ─(吾知汝以善爲養 不知汝以祿養) ─<송나라 명신 언행록(宋名臣言行錄)>"고 말했다. 이에 윤돈은 진사시 응시를 그만두었다. 제자 정인홍은 부모님을 봉양하는 조식의 모습에 대해 다음과 같이 말한다. "부모님을 모실 때는 새벽마다 반드시 문안을 드리고 저녁마다 반드시 잠자리를 정돈해 드렸습니다. 부모님이 돌아가실 때까지 간혹이라도 그만둔 적이 없었습니다. 부모님은 늙고 집안은 가난했지만 콩알과 맹물만으로도 오히려 기쁘게 해 드렸습니다. 녹봉을 받기 위해 벼슬하러 나아가지는 않았습니다. ─(其事親也 晨必省昏必定 終不或輟 親老家貧 菽水猶歡 不欲爲祿仕) ─<내암집> <남명 조선생 행장>"

32

先生在服 哀慕泣血 不脫絰帶 晨夜
身未嘗不在几筵之側 雖遘疾
亦莫肯退就服舍 祭必備物 烹調之宜
滌拭之潔 不以獨任廚奴 必躬親視之
有吊慰者 必伏哭答拜而已
未嘗坐與之語 戒僮僕 喪未終
勿以家事冗雜者來謏

부모님 상을 당해서는 애통함과 그리움으로 피눈물을 흘렸습니다. 머리의 수질(首絰)과 허리의 요질(腰絰)을 벗지 않았습니다.❶ 이른 새벽부터 늦은 밤까지 '혼백을 모신 궤연(几筵)'❷을 떠나지 않았습니다. 병에 걸려도 또한 '상주의 오두막집(服舍)'에서 물러나려고 하지 않았습니다. 제사를 지낼 때는 반드시 정성을 다해 제물(祭物)을 준비했습니다. 제수(祭需) 음식을 삶고 조리한 것이 마땅한지, 제기를 씻고 닦은 것이 청결한지, 반드시 직접 살폈습니다. 이를 부억일하는 노비에게만 맡겨두지 않았습니다. 조의(弔意)를 표하며 위로하고자 하는 조문객이 찾아오면 엎드려 곡을 한 후 답례의 절을 할 뿐, 함께 앉아서 이야기를 나누지는 않았습니다. 아이 종에게 경계하기를, 상이 끝나기 전에는 자질구레한 집안일을 가지고 와서 알리지 말라고 했습니다.❸

❶ 불탈질대(不脫絰帶)를 풀이한 것이다. 질대(絰帶)는 상복을 입을 때 착용하는 수질(首絰)과 요질(腰絰)을 말한다. 수질은 머리 위에 두르는 테로 삼을 꼬아 만들고, 요질은 허리에 매는 띠로 삼과 짚을 꼬아 만든다. <소학> <아름다운 말(嘉言)> 편에 다음과 같은 말이 나온다. "아버지의 상을 당했을 때는 거적에 누워 흙덩이를 베고 잡니다. 머리에 두르는 수질(首絰)과 허리에 매는 요질(腰絰)을 벗지 않습니다. 다른 사람과 함께 앉지 않습니다. ―(斬衰 寢苫枕塊 不脫絰帶 不與人坐焉)"

❷ 궤연(几筵)은 죽은 사람의 혼백이나 신주(神主)를 모셔두는 곳을 뜻한다. '궤(几)'는 죽은 사람의 혼백이 깃드는 '혼령 자리(靈几)'를 가리키고, '연(筵)'은 그 밑에 까는 자리를 가리킨다. 이렇게 궤연이 마련된 곳을 빈소(殯所)라고 한다.

❸ 이 절목은 대체로 마음을 다해 상례(喪禮)를 치르는 조식의 모습을 말한 것이다. 정여창은 조식이 현자로 여겼던 학자인데, 정여창의 행장에 다음과 같은 말이 나온다. "선생(정여창)은 아침저녁으로 묘소를 보살폈습니다. 삼 년 동안 죽을 먹고 지내면서 매일 곡을 하고 전(奠 ; 소채, 과실, 젓갈, 국, 밥, 차 등)을 올렸습니다. 기력이 모두 소진되었지만 종일토록 무릎을 꿇고 앉아서 수질과 요질을 벗지 않았습니다. 줄곧 궤연 아래에 엎드려 있으면서 묘역을 벗어나지 않았습니다. ―(朝夕上塚 歠粥三年 哭奠至期 氣力頓乏 然終日危坐 不脫絰帶 長伏凡筵之下 不出塋域之外) ―<일두집(一蠹集)>, <필자가 알려져 있지 않은, 정여창의 행장(行狀 ; 姓名逸)>"

33   先生與弟桓 友愛甚篤
以爲支體不可解也 同居一垣之內
出入無異門

아우 조환(曹桓)❶과는 우애가 매우 돈독했습니다. 형제는 한 몸이라 떨어질 수 없다고 생각했습니다.❷ 또한 조환과 하나의 담장 안에서 함께 살면서 출입문을 따로 쓰지 않았습니다.❸

❶ 조식에게는 남자 형제가 둘 있었다. 형 조납(曹柆)은 딸 하나를 낳은 후 일찍 죽었고, 동생 조환(曹桓)은 조식이 삼가현 토동에 살 때 조식과 함께 살았다.

❷ <소학> <아름다운 말(嘉言)> 편에 다음과 같은 말이 나온다. "형제는 형체를 나누고 혈기를 함께한 사람입니다. 어릴 적에는 부모가 형제의 왼쪽에서 잡아주고 형제의 오른쪽에서 이끌어줍니다. 형제의 앞에서 옷깃을 당겨주고 형제의 뒤에서 옷자락을 잡아줍니다. 형제는 같은 밥상에서 밥을 먹고, 물려주고 물려받은 옷을 입습니다. 배울 때는 같은 것을 배우고 놀 때는 같은 장소에서 놉니다. 비록 형제가 난리를 일으키는 사람이라 하더라도 서로 사랑하지 않을 수 없는 것입니다. ―(兄弟者 分形連氣之人也 方其幼也 父母左提右挈 前襟後裾 食則同案 衣則傳服 學則連業 遊則共方 雖有悖亂之人 不能不相愛也)"

❸ 유학자들은 효도와 우애를 국가적 차원으로 확충하는 것이 곧 정치라고 생각했다. 부모에게 효도하고 형제 사이의 우애를 지킬 수 있는 사람이라야 정치 또한 잘 할 수 있다고 인식한 것이다. <명종실록> 1552년 3월 기사에 다음과 같은 내용이 나온다. "조식은 곧고 바르며 청렴하고 결백한 사람입니다. 형제와 함께 살면서 자기의 재물을 사사로이 축적하지 않았으며, 집에 곡식 한 섬이 없어도 늘 태연했습니다. 학문에 뜻을 두고 공부할 뿐 과거 공부에는 매달리지 않았습니다. 부모의 상을 당해서는 3년 동안 삼베옷을 벗지 않았습니다. ―(曺植 方正廉潔 兄弟同居 不私己物 有志學問 不事科擧 父母喪三年 身不脫衰絰 家無甑石 常晏如也)" 이는 경상도관찰사 이몽량(李夢亮 ; 1499~1564)이 조식을 유일(遺逸)로 천거하면서 쓴 글이다.

34 先生家貧 輕財好施 克己爲義 分家産時
先生以承祀受京中藏義洞家舍 及居海上
以與姊夫李公亮 公亮以直歸之
受而頒諸弟妹之貧者 一毫不自取

又盡以兔洞田産與弟桓 迨其始還
無立錐之地 資衣食於弟妹
亦曠然不以爲意也

집안이 가난했지만 재물을 가볍게 여기고 베풀기를 좋아했습니다.
사사로운 욕심을 이겨내고 의(義)를 실행했습니다. 1526년 아버지
조언형(曺彦亨)❶이 세상을 떠나고 집안의 재산을 나눌 때입니다.
조식은 제사를 받드는 자식이었기 때문에 아버지의 서울 장의동(藏
義洞)❷ 집을 받았습니다. 1530년 거처를 김해부 탄동(炭洞)으로 옮
겼는데❸ 이후 장의동 집을 매형 이공량(李公亮)에게 주었습니다.❹
이공량이 이 집의 집값을 계산해 보내자 선생은 이 돈을 받아서 다
시 동생과 누이 중에 가난한 이에게 나누어 주었습니다. 자신은 터
럭 한 올만큼도 가지지 않았습니다. 삼가현 토동(兔洞)에 있던 전답
또한 동생 조환(曺桓)에게 넘겨주었습니다.❺ 1547년 비로소 삼가
현 토동으로 돌아왔을 때는 송곳 하나 꽂을 땅도 없었습니다.❻ 옷
과 음식을 동생과 누이에게서 얻어 와야 했습니다. 그러나 또한 홀
홀 털어버린 모습으로 크게 개의(介意)치 않았습니다.

❶ 조언형(曺彦亨 ; 1469~1526) : 중종 때의 문신 관료이다. 1504년 문과에 합
   격했고, 사간원정언, 이조정랑(吏曹正郎), 사헌부집의(司憲府執義), 성균
   관사성(成均館司成), 승문원판교(承文院判校) 등의 요직을 두루 거쳤다.
   청렴과 정직으로 이름이 났다. 조식의 아버지이다. 조식이 직접 묘갈문을
   썼는데 "큰 뜻을 품었으나 보잘것없는 직책을 맡았다 —(懷弘受粗)"라고
   했다. 자는 형지(亨之)이다.

❷ 서울 장의동(藏義洞) 집은 조식의 아버지 조언형이 세상을 떠나기 전까지
   살았던 곳이다. 장의동은 현재의 종로구 청운동, 효자동, 통인동 일대이다.

❸ 1526년 아버지 상을 당한 조식은 삼년상을 마친 후 의령현(宜寧縣) 자굴산
   에서 학문에 몰두했다. 그런데 가난으로 생활이 어려워지자 1530년 김해
   부 신어산(神魚山) 기슭의 탄동으로 거처를 옮겼다. (김해부로 이사한 시

기가 1530년이라는 주장에 대해서는 이견이 있다.) 김해부 탄동은 아내 조씨(曺氏) 부인의 전답이 남아 있는 곳이었기 때문이다. 김해부 탄동은 현재의 김해시 대동면 주동리이다.

❹ 이공량(李公亮 ; 1500~1565) : 조식의 매형이다. 진주목 서쪽의 대여촌(代如村) 가방(佳坊)에 살았다. 과거에 여러 번 응시했으나 합격하지 못했다. 뒤늦게 경기전(慶基殿) 참봉(參奉)을 제수받았다. 자는 인숙(寅淑), 호는 안분당(安分堂)이다. 본관은 전의(全義)이다. 조식이 이공량에게 서울 장의동 집을 넘긴 것은 1532년이다.

❺ 정온(鄭蘊 ; 1569~1641)이 쓴 <정여창 신도비명(神道碑銘)>에 다음과 같은 말이 나온다. "선생(정여창)은 형제자매들과 재산을 나눌 때 척박한 땅과 노쇠한 노복을 자신의 것으로 했습니다. 그런데도 오히려 이를 마음에 들어 하지 않는 이가 있었습니다. 이에 다시 자신이 받은 것을 그에게 주었습니다. ―(兄弟姉妹 分土田臧獲 先生擇其磽薄老弱者自占 猶有不厭其心者 則復以己所得與之) ―<일두집(一蠹集)>, 정온의 <정여창 신도비명(神道碑銘)>" 정온은 조식의 재전제자(再傳弟子 ; 제자의 제자)인데, 병자호란 때 척화를 주장했다. 정여창의 남계서원(灆溪書院)에 배향되었다.

❻ 1545년 어머니가 세상을 떠나자, 조식은 삼년상을 마친 후인 1547년, 김해부 탄동에서 삼가현 토동으로 돌아온다. 이후의 모습에 대해 박인(朴絪)은 또 다음과 같이 묘사한다. "사사로이 소유한 농토가 매우 적었습니다. 어떤 해에는 곡식이 여물지 않아 집안사람들이 풀잎을 먹어야 했습니다. 이처럼 생계를 잇지 못했지만 선생은 태연한 모습으로 크게 개의치 않았습니다. ―(田庄甚尠 歲或不熟 家人蔬食不繼 先生怡然不以爲意) ―<남명선생 연보(南冥先生年譜)> 47세(1547년) 조"

35 ① 先生於內子 雖不好合 終身不絶恩義

내자(內子)❶와는 비록 좋아하고 화합하지는 못했으나 평생토록 은혜와 의리를 저버리지 않았습니다.❷

❶ 내자(內子)는 아내에 대한 경칭(敬稱)이다. 춘추전국시대에 경(卿)이나 대부(大夫)의 정실 부인을 내자라고 했다. 조식은 스물두 살 때인 1522년 남

평조씨(南平曺氏) 조수(曺琇)의 딸과 결혼했다.

❷ 황간이 쓴 <주자행장>에 다음과 같은 말이 나온다. "안방과 마당 사이에서
는 안과 밖의 구분이 엄격했으나 은혜와 의리는 돈독했습니다. 기뻐하고
좋아했습니다. ─(閨庭之間 內外斬斬 恩義之篤 怡怡如也)" 또 <소학> <인
륜을 밝히는 일(明倫)> 편에 다음과 같은 말이 나온다. "한번 함께 하여 혼
례를 치르면 평생토록 고치지 않습니다. ─(一與之齊 終身不改)" 또 다음
과 같은 말이 나온다. "예(禮)는 부부가 서로 삼가는 일에서 시작합니다. 집
을 지을 때는 안과 밖을 구분하여 짓습니다. 남자는 밖에 거처하고 여자는
안에 거처합니다. ─(禮始於謹夫婦 爲宮室 辨內外 男子居外 女子居內)"

35 ⑪ 李黃江曰 楗中於其夫婦間
尤有人所難能者 而人莫之知也

벗 이희안(李希顏)❶은 이렇게 말했습니다. "조식은 그 부부 사이의
의리에 있어서 다른 사람들은 할 수 없는 일을 오히려 실행하고 있
습니다. 다른 사람들은 이것이 무엇인지 알지 못합니다."❷

❶ 이희안(李希顏 ; 1504~1559) : 중종, 명종 때의 학자이다. 자는 우옹(愚翁),
호는 황강(黃江)이다. 과거를 통해 벼슬에 나아가려고 하지 않고 학문에 뜻
을 두었다. 후학 장려를 자신의 임무로 삼았다. 조식, 신계성 등과 교유했
다. 유일로 천거되어 고령현감(高靈縣監)을 지냈다. 효도와 우애가 남달랐
다. 본관은 합천(陜川)이다.

❷ 정인홍의 <남명선생집 행장>에 다음과 같은 내용이 나온다. "선생은 판관
이희안(李希顏)과 서로의 마음을 알아주는 벗으로 지냈습니다. 마음의 안
과 밖이 서로 통했습니다. 이희안 공은 일찍이 이렇게 말했습니다. "조아무
개는 그 부부 사이의 관계에서 다른 사람들은 할 수 없는 일을 오히려 실행
하고 있습니다. 다른 사람들은 이것이 무엇인지 알지 못합니다." 이희안 공
이 무엇을 말한 것인지는 알 수 없습니다. 그러나 선생이 그 절친한 벗으로
부터 신뢰를 받고 감복을 시켰다는 것만은 알 수 있습니다. ─(先生與李判
官希顏爲知己友 內外與通 李嘗曰 曹某於其夫婦間 尤有人所難能者 而人
莫之知也 未知所指 其爲朋友所信服 可見) ─<남명집>, 정인홍의 <남명선
생집 행장>"

36 先生莊以涖衆 閨庭之內 內外肅整 其婢僕之近侍者 不斂髮正髻 不敢進 雖其配偶之尊亦然

장중한 모습으로, 집안사람들을 대했습니다.❶ 이에 규방과 뜰을 오가는 집안사람들의 몸가짐이 엄숙하고 단정했습니다. 그 남자 종과 여자 종으로서 가까운 곳에서 모시는 이들은 상투를 바르게 틀고 머리카락을 가지런하게 묶었습니다.❷ 이렇게 하지 않으면 감히 선생 앞을 지나가지 못했습니다. 비록 그 배우자로서 매우 존중하는 사람이라도 또한 이렇게 했습니다.

❶ <논어> <양화(陽貨)> 편에 다음과 같은 말이 나온다. "여자와 소인은 돌보기가 어렵습니다. 가까이하면 불손하고 멀리하면 원망합니다. ―(唯女子與小人 爲難養也 近之則不孫 遠之則怨)" 이 말에 대한 '집주'에 다음과 같은 말이 나온다. "군자는 신첩을 장중한 모습으로 대하고 자애롭게 돌봅니다. 이렇게 하면 불손하거나 원망하는 병폐가 없을 것입니다. ―(君子之於臣妾 莊以涖之 慈以畜之 則無二者之患矣)"

❷ 조선 후기 학자 김택영(金澤榮)은 조식의 내자인 조씨 부인의 묘갈명을 지으면서 다음과 같이 말한다. "부인은 스물세 살에 선생에게 시집을 왔습니다. 집안에서는 한결같이 선생의 가르침을 따랐습니다. 시부모를 극진한 효성으로 모셨으며, 입으로는 망령스럽게 말하거나 웃지 않았습니다. 머리를 빗고 상투를 가지런하게 하지 않고는 남자 종, 여자 종 들이 음식상을 올릴 수 없도록 했습니다. ―(夫人年二十三 醮於先生 處家室 一遵先生之教 奉舅姑極孝 口無妄言笑 婢僕非櫛髮整髻 不令進飮食) ―<소호당집(韶濩堂集)> <조남명 선생의 처 남평조씨 부인의 묘갈명(曹南冥先生妻南平曹氏墓碣銘)>"

37 先生於飮食細微之事 必以正而不苟 嘗往觀裵林泉鶴 其家切肉爲花木樣

以供酒殽 先生指之曰 切肉只宜方正
不當爲奇巧狀

음식을 조리하는 것과 같이 세세하고 미미한 일에 있어서도 반드시 정도를 지켰고 탐내지 않았습니다. 일찍이 영산현(靈山縣)에 있는, 유학자 배학(裵鶴)❶의 집을 방문한 일이 있었습니다. 배학의 집에서는 고기를 꽃과 나무 모양으로 잘라 조리한 후 술 안주로 내왔습니다. 선생은 이 고기를 가리키며 이렇게 말했습니다. "공자께서는 "고기를 자르는데 반듯하지 않으면 먹지 않았다"❷고 합니다. 고기를 자르는 일은 다만 반듯해야 할 뿐입니다. 기이하고 교묘한 형상을 만들어서는 안 됩니다."

❶ 배학(裵鶴 ; 1498~1569) : 조식과 같은 시대를 살았던 학자이다. 별서(別墅) 인 계구당(戒懼堂)을 지어 놓고 성리학(性理學) 공부에 전념했다. 1537년 유일로 천거받아 영릉참봉(英陵參奉)을 제수받았으나 출사하지 않았다. 본관은 분성(盆城)이다. 자는 태충(太冲), 호는 임천(林泉)이다. 경상도 영산현(靈山縣) 도천(道泉)에 살았다. 영산현 도천은 현재의 창녕군 도천면이다.

❷ <논어> <향당(鄕黨)> 편에 이와 같은 말이 나온다. "一(割不正 不食)" 집주(集註)에서는 이 말을 다음과 같이 풀이한다. "고기를 자르는데 반듯하지 않으면 먹지 않았다는 것은 아주 잠시 동안이라도 정도를 떠나지 않았다는 말입니다. 一(割肉不方正者 不食 造次 不離於正也)"

38 ① 先生婚姻喪葬祭祀之禮 皆倣家禮
取其大意 其節文不求盡合
於昏禮則以國俗行禮於婦家
不得行親迎一節 只令壻婦相見於廳事
行交拜之禮 蓋以是爲復古之漸也

又於昏喪 不從俗設高排果床
一時士夫之家多有化之者
而風俗亦爲之少變矣

혼인, 상장례(喪葬禮), 제사 등의 예법은 모두 <주자가례(朱子家禮)>❶를 따랐습니다. 그러나 그 큰 뜻을 취할 뿐 그 세세한 절차까지 모두 합치하기를 구하지는 않았습니다. 혼례를 예로 들면 이렇습니다. 우리나라 풍속에서는 신붓집에서 혼례를 치르기 때문에 <주자가례>에서 정한 친영례(親迎禮)를 행할 수 없었습니다. <주자가례>의 친영례는 신랑이 신부와 함께 신랑집으로 돌아온 후, 신랑집에서 서로 절하고 술잔을 주고받는 절차를 말합니다.❷ 이에 선생은 신랑과 신부가 신랑집이 아니라 신붓집의 대청마루에서 서로 절하고 술잔을 주고받는 절차를 실행할 수 있도록 했습니다.❸ 대개 이로써 옛 예법을 회복하는 일이 점차 이루어지는 것으로 보았습니다. 또 혼례나 상례를 치를 때, 과일, 떡, 과자 등의 음식을 높이 괴어 올리는 고배상(高排床)❹의 풍속을 따르지 않았습니다. 이 당시 사대부 집안 중에는 선생을 따라 풍속을 바꾸는 자가 많았습니다. 이에 풍속이 또한 조금 바뀌었습니다.

❶ <주자가례(朱子家禮)>는 명나라 때 구준(丘濬)이 가례에 관한 주희(朱熹)의 말을 수집해 만든 책이다. 주로 관혼상제(冠婚喪祭)에 관한 사항을 담고 있다. 조선시대의 예법은 주로 이 책을 따랐다. 왕실은 물론 사대부와 서민 집안에서도 널리 준용되었다.

❷ <주자가례>를 따라 신랑집에서 친영례(親迎禮)를 치르기 위해서는 혼례식 시간이 한없이 늘어날 수 있다. 신랑이 신붓집에서의 혼례 절차를 마친 후 신부를 맞아 신랑집까지 돌아와야 하기 때문이다. 신랑집과 신붓집의 거리가 멀 경우 친영례는 당일 밤 늦은 시간에야 치를 수 있다. 심지어 그 다음 날 치러야 할 경우도 있다. 서로 절하는 절차는 교배(交拜)라 하고, 술잔을 나누는 절차는 합근(合巹)이라고 한다.

❸ 곧 우리나라의 풍속과 <주자가례>의 예법을 어느 정도 절충해, 신랑집에서의 친영례 절차를 없앴다는 것이다.

❹ 성여신은 고배상과 관련하여 다음과 같이 말한 일이 있다. "조식 선생은 혼례와 상례 때 음식을 높이 괴어 올리는 고배상의 풍속을 따르지 않았습니다. 당시의 사대부 집안에서는 선생을 따라 풍속을 바꾸는 자가 많았습니다. 그런데 지금(임진왜란 이후)은 또 이렇게 하지 않고 과거의 관행을 따릅니다. 혼례에 고배상을 차리는 일은 혹은 오히려 관행을 따를 수 있습니다. 그러나 초상(初喪), 장사(葬事), 대상(大祥), 담제(禫祭) 때에 모두 고배상을 차리는 일은 관행을 따를 수 없습니다. 또 이와 같은 상례에 간혹 손님들이 술을 마시며 즐기기까지 하는 일은 형편없는 일입니다. ─(先生於 婚喪 不從俗設高排果床 一時士夫家 多有化之者 今又不然 因循舊習 婚禮排床 猶或從俗 至於喪葬祥禫 亦皆排床 或至賓客索酒團欒 甚無謂也) ─<부사집(浮查集)>, 안정복(安鼎福)의 <성여신 행장(行狀)>"

38 ⑪ 鄭寒岡曰 昏禮之廢久矣 下之人 固不可復 然南冥先生酌古參今 使之初昏相見 闕親迎一條外 其餘曲折 尚自依禮

제자 정구(鄭逑)❶는 이렇게 말했습니다. "혼례의 폐단이 오래 되어 아랫사람들이 진실로 어찌할 방법이 없습니다. 그러나 남명선생이 고금(古今)의 사정을 참작하여 친영례(親迎禮) 절차를 없애고 초저녁에 상견례(相見禮)❷를 치르도록 했습니다. 그리고 그 나머지 상세한 사항은 또한 <주자가례>의 예법을 따랐습니다."❸

❶ 정구(鄭逑 ; 1543~1620) : 선조, 광해군 때의 학자이다. 조식과 이황에게서 배웠다. 이삼십 대까지는 과거를 포기하고 학문에 전념했다. 1580년 천거를 받아 벼슬길에 나아간 후, 창녕현감, 강원도관찰사, 형조참판, 공조참판, 대사헌 등을 지냈다. 경학(經學)에 밝았으며 산수(算數), 병진(兵陣), 의약(醫藥), 풍수(風水)에도 정통했다. 김굉필(金宏弼)의 증외손(曾外孫)이다. <한강집(寒岡集)>, <태극문변(太極問辨)>, <역대기년(歷代紀年)>

등의 책이 있다. 호는 한강(寒岡), 자는 도가(道可)이다. 시호는 문목(文穆)이다. 본관은 청주(淸州)이다.

❷ 현대 혼례에서 상견례는, 예비 신랑과 신부가 양가 부모와 함께 처음 만나는 자리를 말한다. 이 자리에서 양가는 서로의 혼인 승낙을 확인하고 이후의 혼인 절차를 의논한다. 하지만 이 단락에서 말하는 상견례는 신랑과 신부가 혼례식에서 서로 예를 갖추어 절하는 교배(交拜)를 말한다.

❸ 이 단락의 말은 조식에게서도 배우고 이황(李滉)에게서도 배웠던 정구(鄭逑)가 이황에게 질문한 내용 중 일부이다. 이에 대해 이황은 다음과 같이 대답하며 동의를 표한다. "좋습니다. 좋습니다. 우리집에서도 또한 진작부터 이렇게 해오고 있습니다. ―(好好 弊家亦曾已行之矣) ―이황(李滉)의 <퇴계집(退溪集)> <정구의 질문에 답하는 글(答鄭道可問目)>"

39   先生所居 不栽花草 惟松竹槐木而已

거처하는 곳에 화초(花草)를 심지 않았습니다. 오로지 소나무, 대나무,❶ 회화나무❷를 심었을 뿐입니다.

❶ 조식은 <산해정에 대나무를 심고(種竹山海亭)>에서 이렇게 읊는다. "이 대나무는 외롭겠습니까, 외롭지 않겠습니까? 푸른 수염을 가진 소나무가 이웃으로 자라고 있습니다. 바람 불고 서리 내리는 때를 기다리지 않아도 싱싱하게 흔들립니다. 이렇게 진실을 보여줍니다. ―(此君孤不孤 髥叟則 爲隣 莫待風霜看 猗猗這見眞) ―<남명집> <산해정에 대나무를 심고(種竹山海亭)>" 소나무와 대나무는 변함없이 푸른 풍경을 지키지만, 화초는 봄날 한번 피어나고 말 뿐이라는 뜻일 터이다.

❷ 원문의 괴목(槐木)은 회화나무를 말한다. 회화나무는 흔히 '학자의 나무(學者樹)'로 여겨진다. 변함없이 우람한 자세로 자유롭게 뻗어나간 나무의 기상이 학자의 모습과 비슷하다고 보았기 때문이다. 중국 주(周)나라 때 도성 동쪽에 이 나무 수백 줄을 심었는데, 이곳에 학생들이 모여 경전(經傳)과 물산(物産) 등을 사고 팔며 학문을 토론했다고 한다. 우리나라에서는 중국과의 외교 문서를 담당하는 승문원(承文院)에 이 나무를 심었다.

五

은자(隱者)

때를 만나지 못한

장부의
행동거지
(行動擧止)는
막중하기가
우뚝한 산악과도
같다고
생각했습니다.

40 先生 深以出處 爲君子大節
泛論古今人物 必先觀其出處
然後論其行事得失

此下記 先生謹出處之節

벼슬에 나아가고 물러나는 출처(出處)를 매우 중요하게 생각했습니다.❶ 출처에 대한 원칙이야말로 군자(君子)가 간직해야 할 가장 큰 삶의 절목이라고 여겼습니다.❷ 고금(古今)의 인물에 대해 이야기할 때는 반드시 이 출처를 먼저 살펴보았습니다. 이렇게 한 후에 이 인물이 행한 일의 잘잘못을 따졌습니다.❸

이 아래로는 선생이 출처의 원칙을 엄격하게 적용한 일에 대해 기록했습니다.

❶ 출처는, 유학자들이 자신을 드러내는 가장 극적인 방식이다. 조식은 독서록 〈학기〉에 다음과 같은 〈중용〉의 말을 적어 놓는다. "나라에 도가 없으면 죽음에 이르더라도 자신이 지키던 도를 바꾸지 않습니다. ―(國無道 至死不變) ―〈학기유편〉 〈벼슬에 나아가고 물러나는 일(出處)〉 ―〈중용〉 〈자로문강장(子路問強章)〉" 어지러운 세상에서는 벼슬하지 않는 것이 옳다. 하지만 경우에 따라서는 불의한 임금을 섬겨야 할 경우도 있다. 유학자들은 선택하고 결정해야 한다. 나아가 벼슬할 것인가, 물러나 은거할 것인가?

❷ 벼슬에 나아가고 물러나는 출처에 대한 조식의 기준은 다만 의(義)일 뿐이었다. 〈근사록〉에는 다음과 같은 장횡거(張橫渠 ; 1020~1077)의 말이 나온다. "마땅히 살아야 한다면 살고 마땅히 죽어야 한다면 죽습니다. 오늘은 후한 녹봉을 받다가 내일은 이를 포기합니다. 오늘은 부귀를 누리다가 내일은 굶주립니다. 그렇다 하더라도 또한 근심하지 않습니다. 오로지 의(義)가 있는 곳을 지킬 뿐입니다. ―(當生則生 當死則死 今日萬鍾 明日棄之 今日富貴 明日饑餓 亦不恤 惟義所在) ―〈근사록〉 〈벼슬에 나아가고 물러나는 일(出處)〉" 조식은 장횡거의 이 말 중 일부를 자신의 독서록 〈학기〉에도 적어 놓는다.

❸ 조식은 벼슬에 나아가지 않고 물러나 은거한 처사(處士)로 유명하다. 그러나 조식이 세상과의 관계를 완전히 끊어내고자 했던 것은 아니다. 벗 성운은 〈남명선생 묘갈문(南溟先生墓碣)〉에서 조식의 출처에 대해 다음과 같

이 쓴다. "공(조식)은 지혜가 밝고 식견이 높아, 나아가야 할 때와 물러나야 할 때의 낌새를 잘 살폈습니다. 당시는 세상의 도리가 쇠퇴하여 인심이 타락하고 풍속이 각박해지고 있었습니다. 우리 유학의 가르침은 무너지고 '어진 사람'의 길이 기구해지고 있었습니다. 재앙의 불꽃이 막 폭발하려고 하는 상황이었습니다. 이와 같은 때를 당하여 공은 무너진 도리를 만회하고 세상을 교화할 뜻을 품었습니다. 그러나 이런 뜻을 가졌더라도 공의 도는 때를 만나지 못했습니다. 공은 끝내 자신이 공부한 것을 실행할 수 없을 것이라는 사실을 잘 알고 있었습니다. 이런 까닭에 과거 시험에 응시하지도 않고 출사하기를 구하지도 않았습니다. 다만 자신을 숨겨 산야(山野)로 물러나 은거했습니다. ─(公智明識高 審於進退之幾 嘗自見世衰道喪 人心已訛 風漓俗薄 大敎廢弛 又況賢路崎嶇 禍機潛發 當是時 雖有志於挽回陶化 然道不偶時 終未必行吾所學 是故 不就試不求仕 卷懷退居山野) ─ 성운의 <대곡집> <남명선생 묘갈문(南溟先生墓碣)>"

41 先生嘗謂 諸葛孔明爲昭烈三顧而出
欲爲於不可爲之時 未免有小用之憾
若終不爲昭烈起 寧老死於隆中
天下後世 不知有武侯事業 亦未爲不可矣

후한(後漢) 말기의 제갈량(諸葛亮)❶은 소열제(昭烈帝) 유비(劉備)❷의 삼고초려(三顧草廬)를 계기로 초가집을 떠나 세상으로 나왔습니다. 이처럼 제갈량이 세상으로 나온 일을 두고 선생은 이렇게 말한 일이 있습니다. "무엇인가를 할 수 없는 시대에 무엇인가를 하려고 했습니다.❸ 자신을 작은 일에 썼다는 안타까움이 없을 수가 없습니다. 만약 끝내 유비를 위해 세상으로 나오지 않았다면 오히려 남양군(南陽郡) 융중(隆中)❹의 초가집에서 늙어 죽을 수 있었을 것입니다. 그랬다면 훗날의 세상 사람들이, 제갈량이 무슨 일을 했는지 알지 못했을 것입니다. 그러나 또한 이렇게 했다 하더라도 안될 것은 없습니다."

❶ 제갈량(諸葛亮 ; 181~234) : 위진(魏晉)시대 촉(蜀)나라의 군사전략가이자
정치가이다. 탁월한 책사의 대명사와도 같은 인물이다. 유비(劉備)의 군사
(軍師)로서 유비에게 천하삼분지계(天下三分之計)를 제안해 촉나라를 위
나라, 오나라와 경쟁하는 강대국으로 만들었다. 위나라 조조(曹操)의 대군
을 적벽(赤壁)에서 격파했다. 위나라를 치러 가면서 <출사표(出師表)>를
썼다. 불멸의 충신으로 여겨졌다. 자는 공명(孔明), 시호는 무후(武侯)이다.
와룡선생(臥龍先生)으로도 일컬어진다.

❷ 유비(劉備 ; 161~223) : 위진시대 촉(蜀)나라의 황제이다. 제갈량과 함께
관우, 장비와 같은 장수를 휘하에 두었다. 221년 스스로 황제를 칭하고 촉
나라를 세웠다. 한(漢)나라를 계승한다는 명분을 앞세웠다. 자는 현덕(玄
德)이다. 묘호는 소열제(昭烈帝)이다.

❸ 정인홍의 <남명 조선생 행장(南冥曺先生行狀)>에 다음과 같은 말이 나온
다. "선생(조식)은 은거하거나 세상에 나아가는 일은 반드시 때를 살펴 결
정하고자 했습니다. 스스로를 지켰을 뿐 남을 따르려고 하지 않았으며 암
혈(巖穴) 속에서 문을 걸어 잠그고 지냈습니다. 암혈 속에서 죽는다 하더라
도 후회하지 않았습니다. 그러므로 선생을 일컬어, '천 길을 날아오르는 봉
황새'라고 부르는 것은 옳은 일입니다. ―(隱見必欲相時 自守不欲徇人 守
關巖穴 死而不悔 謂之翔千仞鳳凰可也 ―<내암집> <남명 조선생 행장(南
冥曺先生行狀)>" 무엇인가를 할 수 없는 시대란 벼슬에 나아가기에는 온
당하지 않은 때를 말한다. 불멸의 충신으로 여겨졌던 제갈량조차 조식은
'때를 잘못 선택한 사람'이라고 보았던 것이다. 조식은 의롭지 않은 부분이
있다면, 어떤 경우에라도 벼슬에 나아갈 수 없다고 생각했다.

❹ 남양군(南陽郡) 융중(隆中)은 제갈량이 유비를 만나기 전에 살았던 곳이
다. 현재의 하남성(河南城)에 있다.

42 ①　先生嘗著嚴光論 以自見其志 略曰
　　　士有上不臣天子 下不臣諸侯
　　　雖分國如錙銖 有不屑焉
　　　彼其所挾者大 而所辦者重
　　　未嘗輕與人許己也 屠龍之技
　　　不入於犧庖 佐王之足 不踐於霸都

후한(後漢)의 은자 엄광(嚴光)❶은 양털 가죽옷을 입고 낚시질하며 일생을 마쳤습니다. 선생은 일찍이 <엄광론(嚴光論)>을 지어 출처에 대한 자신의 뜻을 나타냈습니다. 이 <엄광론>을 요약하면 이렇습니다. "선비 중에는, 위로는 황제의 신하 노릇을 하지 않는 사람이 있습니다. 아래로는 제후왕(諸侯王)의 신하 노릇을 하지 않는 사람이 있습니다. 이 선비는 비록 나라를 나누어 준다 하더라도 저울 눈금과도 같이 하찮게 여겨 그리 달가워하지 않습니다.❷ 품고 있는 뜻이 웅대하고 힘쓰는 책무가 막중하여, 일찍이 다른 사람에게 가볍게 자신을 허락하지 않습니다. '용 잡는 기술(屠龍之技)'❸을 가지고 있는 사람은 희생(犧牲) 짐승을 잡는 부엌에는 들어가지 않는 법입니다. 왕도(王道) 정치를 보좌할 수 있는 사람은 패도(霸道)의 땅에 발을 들여놓지 않는 법입니다.❹"

❶ 엄광(嚴光 ; 기원전39~기원후41) : 후한(後漢)의 은자(隱者)이다. 어린 시절 광무제(光武帝) 유수(劉秀)와 함께 공부했고 유수가 군사를 일으키자 나서서 도왔다. 하지만 유수가 황제의 자리에 오르자, 이름을 바꾸고 몸을 숨겼다. 광무제가 수소문해 찾았을 때 엄광은 양털 가죽옷을 입고 동강(桐江)에서 낚시질을 하고 있었다고 한다. 광무제로부터 간의대부(諫議大夫)를 제수받았으나 거절하고, 부춘산(富春山)에서 밭갈이하며 일생을 마쳤다. 이름은 준(遵)이고, 자는 자릉(子陵)이다. 본래 성은 장(莊)이었다.

❷ <예기(禮記)>에 다음과 같은 말이 나온다. "유학자로서 위로는 황제에게 신하 노릇을 하지 않고 아래로는 제후왕을 섬기지 않는 이가 있습니다. 고요할 때 삼가고 너그러움을 높입니다. 강인하고 정직하게 다른 사람을 대합니다. 널리 배우고 힘쓸 곳을 알며 글 읽기를 좋아합니다. 청렴함의 모퉁이를 숫돌로 갈아서, 비록 나라를 나누어 준다 하더라도 저울 눈금과도 같이 작게 여깁니다. 이에 신하 노릇을 하지 않고 벼슬에 나아가지도 않습니다. 그 삶과 학문의 '그림쇠(지름을 재는 도구)'로 삼는 것이 이와 같은 이가 있습니다. ㅡ(儒有上不臣天子 下不事諸侯 愼靜而尙寬 强毅以與人 博學以知服 近文章 砥厲廉隅 雖分國如錙銖 不臣不仕 其規爲有如此者) ㅡ<예기(禮記)> <유행(儒行)>"

❸ 도룡지기(屠龍之技)는 곧 용 잡는 기술을 말한다. <장자(莊子)>에 다음과 같은 말이 나온다. "주평만(朱泙漫)은 지리익(支離益)에게 '용 잡는 기술'

을 배웠습니다. 천금의 가산을 탕진해서 삼년 만에 기술을 터득했지만 이 뛰어난 솜씨를 쓸 곳이 없었습니다. —(朱泙漫 學屠龍於支離益 單千金之 家 三年技成 而無所用其巧) —<장자> <열어구(列禦寇)>" 도룡지기란 재주는 훌륭하지만 실용적인 부분에서는 별 도움이 안 되는 일을 비유하는 말로 쓴다. 하지만 조식은 엄광(嚴光)의 웅대한 뜻을 강조하기 위해 이 말을 쓴다.

❹ 정명도는 왕도 정치와 패도 정치에 대해 다음과 같이 말한다. "왕도 정치는 자기 몸을 닦고 백성을 사랑합니다. 중국을 바로잡고 오랑캐를 물리칩니다. 마음을 성실하게 하여 천리(天理)를 실행하지 않는 것이 없습니다. 그러나 패도 정치는 거짓으로 왕실을 높이고 거짓으로 오랑캐를 물리치고 거짓으로 재난을 구제하며, 거짓으로 반역자를 토벌합니다. 패도는 다만 명분만 빌려옵니다. 이로써 세상을 호령하여 스스로를 높일 뿐입니다. —(王者 修己愛民 正中國攘夷狄 無非以誠心而行乎天理 霸者 假尊王攘夷 救災討叛之名義 以號令天下而自尊大耳) —<근사록> <정치의 근본(治本)>"

42 ⑪ 子陵之羊裘澤中 自託於漁釣
終不肯爲漢小屈者 豈非所挾者大而然乎
且考子陵言論風味 則非矯情激物
長往而不顧者也 特伊傅之類
而未遇焉者耳

<엄광론>에서 또 이렇게 말했습니다. "엄광(嚴光)은 양털 가죽 옷을 입고 동강(桐江)❶의 연못 가운데 있으면서 스스로를 고기 낚는 사람이라고 했습니다. 그리고 한(漢)나라를 위해 자신의 뜻을 굽히는 일은 끝끝내 하지 않았습니다. 조금이라도 하지 않았습니다.❷ 그렇다면 품고 있는 뜻이 웅대하여 이렇게 한 것이, 어찌 아니겠습니까? 엄광의 논변과 풍모를 곰곰이 생각해봅니다. 엄광은 거짓으로 진정한 뜻을 누르며 다른 사람들을 차단한 사람이 아니었습니다. 아주 세상을 떠나 내내 돌아오지 않을 사람이 아니었습니다.❸ 이윤

(伊尹)❹은 은(殷)나라 탕왕(湯王)이 왕도 정치를 실현하는 데 큰 공을 세웠습니다. 이윤은 탕왕이 그를 등용하기 전에 유신(有莘)의 들판에서 농사를 지었습니다. 부열(傅說)❺은 고종(高宗)을 도와 은나라를 중흥시키는 대업을 이루었습니다. 부열은 고종이 그를 부르기 전에 부암(傅巖)에서 담장 쌓는 노예로 일했습니다. 엄광 또한 이윤이나 부열 같은 사람이었는데 좋은 때를 만나지 못했을 뿐입니다."

❶ 동강(桐江)은 엄광(嚴光)이 은둔하여 낚시질한 곳으로 유명하다. 현재의 절강성(浙江省) 동려현(桐廬縣)에 있다.

❷ 자신의 원칙을 조금이라도 버려야 한다면, 이렇게까지 하면서 벼슬에 나아가려고 하지는 않았다는 말이다. <근사록> <경계(警戒)> 편에 다음과 같은 말이 나온다. "일의 크고 작음을 살피지 말고 오로지 이치만을 살펴야 합니다. 간혹 구차하고 성급하게 성취하고자 하는 뜻을 가진 자가 있을 수 있습니다. 이 사람은 도의 이상은 비록 조금 굽히지만 펼치는 바는 크다고 말합니다. 또 의의 기준은 비록 미미하게 해치지만 이로운 바는 많다고 말합니다. 그리고 조금의 굽힘과 미미한 해침을 무릅쓰고 이를 행합니다. 그 초심을 돌이켜보면 크고 작은 이로움을 저울질하는 데 그칩니다. <맹자>에서 "한 자를 굽혀서 여덟 자를 펴는 일"이라고 말한 것이 이것입니다. 한 자를 굽히는 일이 마지막에 이르렀을 때 낳는 폐단은 이루 말할 수 없습니다. ─ (事無大小 惟理是視 或者有苟成急就之意 謂道雖少屈而所伸者大 義雖微害而所利者博 則有冒而爲之者 原其初心 止於權大小 遂至枉尺直尋 其末流之弊 乃有不可勝言矣)" 한 자를 굽혀 여덟 자를 펴는 일은 손해와 이익을 가지고 판단하는 것이다. 그러나 출처는 정도(正道)를 가지고 판단해야 한다. 그러므로 조식은 조금이라도 굽힐 수 없다고 말하는 것이다.

❸ '사람들에게 오만하게 굴었던 사람이 아니'라는 것은 또한 곧, 조식이 엄광의 일을 통해 출처에 대한 자신의 태도를 말한 것이다. 조식이 출사하지 않는 일에 대해 같은 시대의 이황(李滉)은 다음과 같이 말한 일이 있다. "조아무개는 지나치게 뜻이 높은 고항지사(高亢之士)입니다. 한번 임금에게 나아가 사은숙배하고는 급히 산으로 돌아갔습니다. ─(曺某高亢之士 一出拜命 遽卽還山) ─<변무(辨誣)>, 정인홍의 <조식의 학문이 고항하다는 말에 대한 변론(高亢學問辨)>" '내내 돌아오지 않을 사람이 아니'라는 것은 또한, 조식이 유학자로서 현실 정치에 나설 기회를 원하고 있다는 사실을 드러내는 말이다. 변무(辨誣)는 사리를 따져 억울함을 밝힌다는 말인데, 여기서는 조식이 당한 무고를 변호한다는 뜻이다.

❹ 이윤(伊尹 ; 기원전1630 무렵~기원전1550 무렵) : 은(殷)나라의 명재상이
다. 유신(有莘) 땅의 들판에서 농사를 짓다가 탕왕(湯王)이 세 번 폐백을 보
내며 나오기를 청하자 마침내 출사하여 재상으로 일했다. 탕왕을 도와 걸
왕(桀王)의 하(夏)나라를 멸망시키고 천하를 통일했다.

❺ 부열(傳說 ; 기원전1335 무렵~기원전1246 무렵) : 고종(高宗)을 도와 은나
라를 중흥시켰던 명재상이다. 고종이 꿈에서 만난 성인(聖人)의 모습을 그
려 닮은 사람을 찾도록 했는데, 부암(傳巖)이라는 곳에서 담장 쌓는 일을
하는 부열을 찾아냈다고 한다.

42 ⑩ 嗚呼 使伊尹而不遇成湯
則終死於有莘之野 使傳說而不遇高宗
則終老於傳巖之野 必不肯枉道而求合
使子陵遇成湯高宗之君
則又焉終老於巖穴 爲桐江一釣翁乎
聖賢之心乎生民也一也
而抑時有幸不幸也

<엄광론>에서 또 이렇게 말했습니다. "아아, 슬픈 일입니다. 이윤
은 탕왕을 만나지 못했다면 끝내는 유신의 들판에서 농사를 짓다가
죽었을 것입니다. 부열은 고종을 만나지 못했다면 끝내는 부암에서
담장 쌓는 일을 하며 늙고 말았을 것입니다. 틀림없습니다. 이윤과
부열이라면, 자신의 도(道)를 굽혀가면서까지 벼슬하기를 구하지는
않았을 것입니다.❶ 가령 엄광이 탕왕이나 고종과 같은 임금을 만났
다면 또한 어찌 끝내 암혈(巖穴) 속의 선비로서 늙어 죽었겠습니까?
❷ 동강(桐江)에서 낚시질하는 늙은이로 일생을 마쳤겠습니까? 성
현의, 살아갈 방도가 필요한 생민(生民)❸을 위하는 마음은 한 가지
입니다. 또한 살았던 시대의 다행과 불행이 있었을 뿐입니다."

❶ 맹자(孟子)는 이윤이 세상으로 나온 일을 언급하면서 다음과 같이 말한다. "자신을 굽혀서 다른 사람들을 바로잡았다는 자를 본 적이 없습니다. —(未聞枉己而正人者也) —<맹자> <만장상(萬章上)>" 주희(朱熹)는 자신을 굽힐 수 없는 일에 대해 다음과 같이 말한다. "사대부가 사양하고 수용하며 나아가고 물러나는 일은 또한 그 자신에게만 한정된 일이 아닙니다. 사대부가 처신하는 일의 잘잘못은 시류와 풍속의 성쇠와 연관되어 있습니다. 이런 까닭에 사대부는 자신의 처신을 더욱 살피지 않을 수 없습니다. 성인과 현자는 진실로 스스로 시속의 성쇠에 영합할 수 없습니다. 그러나 벼슬에 나아가고 물러나는 일과, 임금에게서 오래 머물고 빨리 떠나는 일은 모두 그 옳은 기준에 합당하도록 합니다. 스스로 시속에 영합할 수 없는 것은 다른 사람 또한 빼앗을 수 없는 원칙입니다. 시속과 맞지 않는다고 해서 어찌 내가 지켜 왔던 신념을 바꾸어 시속을 따르겠습니까? —(士大夫之辭受出處 又非獨其身之事而已 其所處之得失 乃關風俗之盛衰 故尤不可以不審也 聖賢固不能自爲時 然其仕止久速 皆當其可 則其所以自爲時者 亦非他人之所能奪矣 豈以時之不合 而變吾所守以徇之哉) —<성리대전(性理大全)> <학팔(學八)> <역행(力行)>" 조식은 독서록 <학기>(<학기유편> <벼슬에 나아가고 물러나는 일(出處)>)에 주희의 이 말 중 일부를 적어 놓는다.

❷ 조식 또한, 자신이 벼슬에 나아갈 만한 환경이라면 마땅히 벼슬에 나아갈 것이라는 말이다. 그렇지만 자신의 원칙과 신념을 버리고 벼슬에 나아갈 수는 없다는 말이다. 황간(黃榦)이 쓴 <주자행장(朱子行狀)>에 다음과 같은 말이 나온다. "임금을 섬길 때에는 도를 폄하하면서 자신을 팔아 관직을 구하려고 하지 않았습니다. 백성을 아낄 때는 당시 세상의 시속(時俗)을 따라 구차하게 편안함을 구하려고 하지 않았습니다. 이런 까닭에 세상 사람들과 함께 하는 일에서 걸핏하면 서로 어긋났습니다. —(其事君也 不貶道 以求售 其愛民也 不徇俗以苟安 故其與世 動輒齟齬)"

❸ 생민(生民)은 '살아있는 백성', '살아갈 방도가 필요한 백성'을 가리킨다. <국어(國語)> <진어(晉語)>에 다음과 같은 말이 나온다. "선왕의 법령 기록은 도덕과 의리의 창고입니다. 도덕과 의리는 '살아갈 방도가 필요한 백성'의 근본입니다. 이를 돈독하게 실행할 수 있는 자는 백성을 잊지 못합니다. —(夫先王之法志 德義之府也 夫德義 生民之本也 能惇篤者 不忘百姓也)"

43 先生當明廟朝 累除不就 嘗上疏於上曰
他日殿下致化於王道之域 則臣當執鞭

於廝臺之末 竭其心膂 以盡臣職
寧無事君之日乎

명종(明宗) 때 여러 차례에 걸쳐 벼슬을 제수받았으나❶ 한번도 출사하지 않았습니다. 1555년 단성현감(丹城縣監)을 제수받았을 때는 임금에게 상소❷를 올려 이렇게 말했습니다. "훗날 전하께서 자기 자신을 수양하여 백성을 교화하는 왕도(王道)의 정치를 펼친다면 신은 전하께서 온갖 잡일을 처리하는 천역(賤役)을 맡긴다 하더라도 마다하지 않을 것입니다.❸ 보잘것없는 말몰이꾼으로서 말채찍을 잡아야 한다고 하더라도❹ 마음을 다할 것입니다. 신은 심장을 도려내고 등골뼈를 쪼개서라도 신의 직분에 충실할 것입니다. 그렇다면 어찌 전하 섬길 날이 없겠습니까?"

❶ <명종실록>에 따르면, 1552년 10월 조정은 조식에게 전생서주부(典牲署主簿)를 제수한다. 그리고 1553년 윤3월에는 사도시주부(司䆃寺主簿)를 제수했다가 곧바로 예빈시주부(禮賓寺主簿)로 벼슬을 옮겨 제수한다. 또 1555년 10월에는 단성현감을, 1566년 8월에는 상서원판관(尙瑞院判官)을 제수한다.

❷ 1555년 11월 명종에게 올린 <을묘사직소(乙卯辭職疏)>를 말한다. 1555년 10월 조정에서는 조식을 단성현감(丹城縣監)으로 제수한다. 당시는 문정왕후(文定王后 ; 1501~1565)와 문정왕후의 동생인 권간 윤원형(尹元衡)을 중심으로 한 척족(戚族) 세력이 날불한당과도 같은 정치를 펼치던 때였다. 이에 조식은 단성현감에 나아가지 않고 사직소를 올리며 당시의 정치를 강력하게 비판한다.

❸ 조식은 왜 벼슬에 나아가지 않은 것일까? 학자들 중에는, 제수받은 벼슬이 뜻을 펼칠 만한 자리가 아니었기 때문이라고 설명하는 이들도 있다. 그러나 조식이 가장 중요하게 생각한 것은 벼슬자리의 품계가 아니었다. 조식에게 가장 중요한 것은 당시의 임금이 왕도 정치를 펼칠 수 있느냐의 여부였다.

❹ '말채찍을 잡는다(執鞭)'는 것은 말몰이꾼으로 수레를 끌고 싶을 만큼 그 덕을 흠모한다는 말이다. 역사가 사마천(司馬遷 ; 기원전145 무렵~기원전

86 무렵)은 춘추시대의 현자 안영(晏嬰)을 흠모하여 다음과 같이 말한 일이 있다. "안영이 지금 이 세상에 살아 있다면 내가 안영을 위해 말채찍을 잡는다 하더라도 흔쾌한 마음으로 모실 수 있을 것입니다. ─(假令晏子而在 餘雖爲之執鞭 所忻慕焉) ─<사기> <관안열전(管晏列傳)>"

44 先生嘗語宇顒曰 丈夫動止 重如山岳 壁立萬仞 時至而伸 方做出許多事業 譬之 千勻之弩 一發能碎萬重堅壁 固不爲鼷鼠發也

1563년 김우옹(金宇顒)이 가르침을 청하자 다음과 같이 말했습니다.❶ "장부의 행동거지(行動擧止)는 막중하기가 산악과도 같습니다. 산악의 바위 절벽이 만 길 높이로 우뚝 치솟아 있는 것과 같습니다.❷ 때를 만나면 자신의 뜻을 넓게 펼쳐서 바야흐로 아주 많은 일을 해내야 합니다. 비유하자면 이렇습니다. 3만 근이나 나가는 큰 쇠뇌❸는 한번 발사하면 일만 겹의 단단한 성벽을 부술 수 있습니다. 그러나 진실로 생쥐를 잡기 위해 발사하지는 않습니다."

❶ 김우옹의 <동강집> <남명선생 언행록>에 김우옹이 "1563년 가르침을 청하자 ─(癸亥請敎)" 이 절목에서와 같은 말을 했다는 내용이 있다. 1563년은 김우옹이 처음 조식을 찾아가 제자로서의 폐백을 올리고 가르침을 받았던 때이다.

❷ 벽립만인(壁立萬仞)은 일만 길의 바위 절벽이 온갖 풍상(風霜)에도 변하지 않고 의연하게 서 있다는 뜻이다. 인품이 고결하여 험난한 세파(世波)에 조금도 흔들리지 않고 의연히 지조를 지키는 사람을 비유하는 말로 쓰인다. 주희는 말년에 조정의 권간들로부터 '가짜 학문(僞學)'을 한다는 악평을 받으며 축출당한 일이 있다. 이때 주위 사람이 화를 당할까 두려워하며 피신할 것을 권했지만, 주희는 제자들에게 강학하는 일을 멈추지 않았다. 그리고 다음과 같이 말했다. "지금 나에게 화를 피하라고 말하는 것은 진실로 나를 아

끼는 마음에서 나온 것입니다. 그러나 내가 일만 길의 바위 절벽이 치솟아 있는 것처럼 버틴다고 해보십시오. 이것이 어찌 우리 유학의 도를 밝히는 데 이롭지 않은 일이겠습니까? ―(今爲辟禍之說者 固出於相愛 然得某壁立萬 仞 豈不益爲吾道之光) ―<주자어류> <주자삼(朱子三)> <내임(內任)>"

❸ 3만 근은 원문의 천균(千鈞)을 풀이한 것이다. 균(鈞) 자는 균(鈞) 자와 통하는데, 균(鈞)은 무게의 단위이다. 1균(鈞)은 30근(斤)이다. 조선시대의 1 근은 <경국대전>을 기준으로 계산해 보면 약 642g이다. 그러므로 1천 균은 3만 근이고 3만 근은 또 1만 9천260kg이다. 쇠뇌는 활에 쇠로 된 발사 장치가 달린 옛 무기이다. 여러 개의 화살을 연달아 쏠 수 있다. 무덤에서 출토되는 쇠뇌의 실제 크기는 대개 50~60cm이다.

45 先生視功名 有如太虛中一片雲

공명(功名)이란 공을 세워 그 이름을 후세에까지 이름을 떨치는 일입니다. 그러나 선생은 이 공명조차도 하찮게 생각했습니다.❶ 마치 하늘 한가운데를 떠가는 한 조각 구름처럼 여겼습니다.❷

❶ <논어> <양화(陽貨)> 편 15장의 집주에 다음과 같은 말이 나온다. "도덕에 뜻을 둔 자는 공명이 그 마음을 동여맬 수 없고 공명에 뜻을 둔 자는 부귀가 그 마음을 동여맬 수 없습니다. 부귀에만 뜻을 둔 자라면 또한 하지 못하는 짓이 없을 것입니다. ―(志於道德者 功名不足以累其心 志於功名者 富貴不足以累其心 志於富貴而已者 則亦無所不至矣)"

❷ 훗날 남인의 영수 조경(趙絅 ; 1586~1669)은 조식의 신도비명을 지으면서 다음과 같이 쓴다. "선생(조식)은 누추한 곳에 거처하면서도 아랑곳하지 않았고 한 그릇 밥에 한 바가지의 물을 마시면서도 근심하지 않았습니다. '4천 마리의 말(天駟)'을 부리는 관직도 돌아보지 않고 '곡식 6만 4천 석(萬鍾)'의 녹봉도 받지 않았습니다. 초연한 모습으로 홀로 우리 유학의 도를 터득했습니다. 자신이 즐기는 일을 버리고 세속의 뜻을 따르는 일은 절대로 하지 않았습니다. ―(陋巷之不知 單瓢之不憂 千駟之不顧 萬鍾之不受 囂囂自得 絶未有舍所樂爲世意) ―<용주유고(龍洲遺稿)> <남명 조선생 신도비명(南冥曺先生神道碑銘)>"

백성의 고통을

잊을 수 없었던 뜻

산림(山林)에
은거했다고 하여
아예 세상을
잊을 수는
없었습니다.

46 先生不能忘世 憂國傷民 每値淸宵皓月 獨坐悲歌 歌竟涕下 傍人殊未能知之也

此下記 先生不能忘世之意

산림(山林)에 은거했다고 하여 아예 세상을 잊을 수는 없었습니다.❶ 나라를 걱정하고 백성을 불쌍하게❷ 생각했습니다. 매양 하얀 달이 뜬 밝은 밤이면, 홀로 앉아 슬픈 노래(悲歌)를 불렀습니다. 노래가 끝날 무렵에는 줄줄 눈물을 흘렸습니다.❸ 그러나 곁에 있는 사람들은 선생이 우는 이유를 전혀 알 수 없었습니다.❹

이 아래로는 선생이 세상을 잊을 수 없었던 뜻에 대해 기록했습니다.

❶ 조식은 독서록 <학기>에 다음과 같은 정이천의 말을 적어 놓는다. "고상한 선비는 책임 있는 지위에 있지 않다고 하여 편안하게 마음을 놓아 버리고 아무 일도 하지 않아서는 안 됩니다. ㅡ(高尙之士 不可以不在於位 而安然放意無所事也) ㅡ<학기유편> <나아가고 물러나는 일(出處)> ㅡ정이천의 <역전(易傳)> <관괘(觀卦)>" 그리고 조식은 후한의 은자 엄광(嚴光)에 대해 다음과 같이 말한다. "엄광의 기상과 절조라면 어찌 내가 따라갈 수 있겠습니까? 그러나 엄광과 나는 방법이 같지 않습니다. 나는 아직 이 세상을 잊지 못한 사람입니다. 내가 원하는 것은 공자를 배우는 일입니다. ㅡ(子陵氣節 其可跂歟 然子陵與吾不同道 余未忘斯世者也 所願學孔子也) ㅡ<남명집>, 배신(裵紳)의 <남명선생 언행록(南冥行錄)>" 공자는 '시중의 성인(聖之時者)'으로 여겨지는 인물이다. 공자는 자신이 처한 시대적 상황과 필요에 대해 누구보다도 시의적절하게 판단하고 처신하는 안목을 가지고 있었다. 그리고 세상에 나아가 백성을 편안하게 하고자 하는 자신의 뜻을 펼치고 싶어 했다.

❷ 조식은 백성들의 빈곤한 삶에 대해 누구보다도 괴로워했다. 조식은 칠언시 <유감(有感)>에서 다음과 같이 읊은 일이 있다. "굶주림을 참을 길은 오로지 굶주림을 잊는 일뿐입니다. 모두가 살아 있는 목숨이지만 편안히 쉴 곳이 없습니다. 쉬게 해주어야 할 주인(임금)은 눈을 감고 구제하지 않습니다. 푸른 산조차 푸름을 쉬지 못하고 저물녘 개울에 푸르게 드리워집니다. ㅡ(忍飢獨有忘飢事 摠爲生靈無處休 舍主眠來百不救 碧山蒼倒暮溪流) ㅡ<남명집> <유감(有感)>"

❸ 1568년 선조(宣祖)에게 올린 <무진봉사(戊辰封事)>에서, 조식은 스스로 다음과 같이 말한다. "신은 사람을 피해 깊은 산속에 살고 있습니다. 그러나 아래로 고개를 숙여 백성들의 생활을 살펴보고 위로 하늘을 우러러봅니다. 이렇게 하늘을 우러러보다 보면 한숨을 몰아쉬며 훌쩍거리다가 끄억끄억 울음을 삼킬 때가 자주 있습니다. 연이어 눈물을 쏟는 일이 자주 있습니다. ―(臣索居深山 俯察仰觀 噓唏掩抑 繼之以淚者 數矣) ―<남명집> <무진봉사(戊辰封事)>"

❹ 자신의 이익만을 생각하며 살아가는 자들에게, 꿋꿋하게 공의(公義)를 실천하고자 하는 사람의 삶은 도무지 이해할 수 없는 것이었을 테다. 더군다나 자신의 이해관계와 상관없이 눈물을 쏟는 일이라면 바보스러운 짓으로 보이기까지 했을 테다. 조식이 현자로 여겼던 학자 김굉필(金宏弼)은 당시의 풍조에 대해 다음과 같이 말한다. "대개 해야 할 바른 말을 다하면서 거리낌이 없는 자라면, 어김없이 나라를 걱정하고 백성을 근심하는 데 뜻이 있는 사람입니다. 하지만 자신을 보호할 계책만을 가진 자라면 반드시 이렇게 말합니다."정치를 잘하거나 잘못하거나, 백성이 기뻐하거나 걱정하거나 별 상관이 없습니다. 이런 일은 나 자신에게는 손해를 가져오지도 않고 이익을 가져오지도 않습니다. 어찌 반드시 감히 바른 말을 하여 임금의 마음을 거역하겠습니까?" 조정에 온갖 벼슬아치가 있지만 묵묵하게 입을 다물고 한 마디 말도 없는 것은 이런 까닭에서입니다. 그 사이에, 그럴 리는 없지만 혹시라도, 홀로 우뚝 서서 감히 바른 말을 다하는 자가 한 사람이라도 있다면 필시 여러 사람이 모여서 이를 비웃을거리로 만들고 맙니다. 어리석고 고지식한 사람으로 지목하지 않으면 반드시 미치광이나 망령든 사람으로 몰아갑니다. ―(夫盡言不諱者 皆有志於憂國恤民者也 如有保身之計者 必曰 政雖得失 民雖休戚 於吾身無所損益也 何必諤諤敢言 以忤君上之心乎 此所以朝中百執事默默無一言者也 其間儻有一人 獨立而敢言 則必群聚而笑之 不以愚戇目之 則必以狂妄譏之) ―<경현속록(景賢續錄)> <1480년 경자년에 성종에게 올린 상소(成化庚子上疏)>"

47   先生 念生民困悴 若恫瘝在身
懷抱委襞言之 或至嗚噎 繼以涕下
與當官者言 有一分可以利民者
極力告語 覬其或施

생민(生民)이 곤궁함에 지쳐 파리하게 생기를 잃어가는 시대였습니다. <서경>에서는 "백성의 쓰라린 고통이 내 몸에 있는 것처럼 여겨 백성을 공경해야 한다"❶고 말합니다. 선생은 생민의 곤궁함을 자신의 곤궁함과 같이 뼈아프게 생각했습니다. 도저히 잊을 수 없는 일을 옷 주름 사이사이 겹쳐 놓았다가 사람들을 만나면 이 일에 대해 말했습니다. 이런 말을 할 때는 혹은 감정이 북받쳐 올라 오열했습니다. 연신 눈물을 흘리곤 했습니다.❷ 관직을 가지고 있는 자와 이야기할 때는 10분의 1이라도 백성들을 이롭게❸ 할 수 있는 일에 대해 말했습니다. 온 힘을 다해 설명함으로써 이것이 혹시라도 백성들에게 베풀어질 수 있기를 기대한 것이었습니다.❹

❶ <서경> <강고(康誥)>에 이와 같은 말이 나온다. "—(恫瘝乃身 敬哉)" 이 말에 대한 채침(蔡沈 ; 1167~1230)의 주에 다음과 같은 말이 나온다. "백성의 불안함을 보면 마치 질병의 고통이 자신의 몸에 있는 것과 같이 생각합니다. 그러므로 경하지 않을 수 없습니다. —(視民之不安 如疾痛之在乃身 不可不敬之也)" 채침은 주희의 제자로 주희가 완성하지 못한 <서경집전(書經集傳)>을 완성했다.

❷ 훗날의 임금 정조(正祖 ; 1752~1800)는 조식의 치제문(致祭文)을 지으면서 다음과 같이 읊는다. "제갈량을 하찮게 여기고 이윤은 배우고자 했습니다. 이와 같은 뜻으로 어찌 세상을 끝내 잊을 수 있었겠습니까? 백성을 걱정하는 마음으로 밤늦도록 눈물을 떨구었습니다. —(小哉諸葛 願則伊尹 志豈果忘 有涕夜隕) —<홍재전서(弘齋全書)> <문정공 조식 치제문(文貞公曹植致祭文)>" 문정공(文貞公)은 1615년(광해군 재위 시) 조식에게 내려진 시호이다.

❸ 백성을 이롭게 한다고 말할 때의 이로움은 이욕(利慾)이나 이해(利害)를 말할 때의 이로움과는 다른 것이다. 이때의 이로움은 마땅하고(宜) 올바른(正) 이로움이다. <주역> <건괘(乾卦)> <문언전(文言傳)>에 다음과 같은 말이 나온다. "사물(다른 사람)을 이롭게 하는 일은 의로움과 조화를 이루어야 하는 것입니다. —(利物 足以和義)"

❹ <명종실록>의 사관은 조식에 대해 다음과 같이 말한다. "가난한 것을 편안히 여기고 스스로 도를 즐겼습니다. 끝내 벼슬에 나아가려고 하지 않았습니다. 그 뜻을 높이 살 만합니다. 그러나 세상일을 아주 잊지는 못했습니

다. 상소를 올려 의로움을 지키며 당시의 폐단을 적극적으로 이야기했습니다. 사연이 간절하고 의리가 강직했습니다. —(安貧自樂 終不肯就 其志可尙也 然非果於忘世 陳疏抗義 極論時弊 辭懇義直) —<명종실록> 1555년 11월 기사"

48 ① 或言今之科擧 決不可廢 先生曰
古有選士法 士比肩而出者 皆良才
譬如養得林木 棟楹樑桷之材 靡有不具
比株而伐之 以搆大廈
養之有道而取不遺 材用自無不足矣

어떤 사람이 "지금의 과거는 결코 폐지할 수 없다"고 말했습니다. 선생은 이에 대해 다음과 같이 말했습니다. "옛날에는 인재를 뽑을 때 '선사(選士)'의 방법을 썼습니다. 지방 고을에서 토론을 통해 성품이 훌륭하고 학문에 밝은 인재가 과연 누구인지를 가리고 이들을 중앙 조정으로 올려 보내는 것❶입니다. 이 방법을 통해 선비들이 어깨를 나란히 하여 나왔는데 모두가 좋은 인재였습니다. 이는 나무 기르는 일에 비유할 수 있습니다. 숲의 나무를 기르면 마룻대와 기둥, 대들보와 서까래로 쓸 재목을 두루 갖출 수 있습니다. 나무그루를 견주어보며 이것을 벌목해 큰 집을 지을 수 있습니다. 숲을 기르는 데는 법도가 있고 재목을 취하는 데는 버려지는 것이 없습니다. 그러므로 자연히 유용한 재목이 부족한 경우가 없습니다. 말하자면 이렇습니다. 숲을 기르는 데 뜻을 두면 다양한 재목을 풍족하게 얻을 수 있지만 재목을 기르는 데 뜻을 두면 재목을 얻기가 힘듭니다."❷

❶ 선사(選士)는 향리에서 토론으로 인재를 가려 조정에 추천하는 인재 선발 방법을 말한다. <예기(禮記)> <왕제(王制)> 편에 다음과 같은 말이 나온다. "지방 고을에 명하여 뛰어난 인재를 선발하여 사도(司徒 ; 교육 담당 관원)에게 올려 보내도록 합니다. 이들을 선사(選士)라 합니다. 사도가 선사 가운데 뛰어난 자를 논의하여 태학에 올려 보냅니다. 이들을 준사(俊士)라 합니다. ―(命鄕 論秀士 升之司徒 曰選士 司徒論選士之秀者 而升之學 曰俊士)" 선사의 기준에 대해 정명도는 다음과 같이 말한다. "인재를 뽑을 때는 모두, 성품과 행실이 단정하고 결백한 자, 부모에게 효도하고 형제간에 우애 있는 자, 염치와 예의를 아는 자, 학업에 통달한 자, 정치의 도리에 밝은 자로써 해야 합니다. ―(凡選士之法 皆以性行端潔 居家孝悌 有廉恥禮遜 通明學業 曉達治道者) ―<근사록> <정치의 방법(治法)>"

❷ 토론을 통한 추천 방법을 이야기한다고 해서, 조식이 과거 제도 자체를 부정하는 것은 아니다. 정이천은 학문하는 일과 과거 준비(擧業)에 대해 다음과 같이 말한다. "한 달 중에 과거 공부를 열흘 하면 나머지 날들은 학문하기에 충분합니다. 그러나 사람들은 학문하는 일에 뜻을 두지 않고 과거 공부에 뜻을 둡니다. 과거 공부가 공부를 방해하는 것은 걱정이 아닙니다. 걱정은 오로지 과거 공부가 학문하는 뜻을 빼앗아가는 일입니다. ―(一月之中 十日爲擧業 餘日 足可爲學 然人不志于此 必志于彼 故科擧之事 不患妨功 惟患奪志) ―<근사록> <나아가고 물러나는 일(出處)>" 조식이 걱정하는 것은 학문하는 이들이 학문의 목표를 잃는 일이다. 많은 이들이 과거 합격을 공부의 목표를 삼고, 정작 자신을 수양하는 공부의 본래 의미에 대해서는 생각조차 않고 있다는 것이 조식의 생각이다.

48 ⑪ 或人問 使先生得行於世 做得大事業否
日吾未嘗有德有才而不長 豈得當了事
但尊舊相獎後輩 推拔多少賢才
使之各效其能 坐觀其成功 吾或庶幾焉

어떤 사람이 물었습니다. "선생이 세상에 나와 도(道)를 펼칠 수 있다면 큰 사업(事業)❶을 이루어낼 수 있습니까?" 선생이 대답했습니다. "나는 일찍이 덕행을 쌓은 적도 없고 재주를 가진 적도 없어서 장점을 키우지 못했습니다. 어찌 큰 사업을 직접 맡아 처리할 수 있겠습니까? 다만 경험 있는 재상들을 존중하고 새로 온 후배들을 장려하는 일이라면 담당할 수 있을 것입니다. 크고 작은 재주를 가진 현명한 인재들을 추천하고 발탁하여 각각 그 능력을 발휘하도록 하고, 앉아서 그 성공을 관찰하는 일이라면 감당할 수 있을 것입니다.❷ 한나라의 한유(韓愈)❸는 "인재를 쓸 때는 장점을 비교하고 단점을 헤아려서 그 그릇에 적합하도록 한다"❹고 말했습니다. 이런 일이라면 내가 아마도 거의 근접하게 해낼 수 있을 것이라고 생각합니다."

❶ 자신을 바르게 닦는 수신(修身)과 이로써 백성을 교화하는 치민(治民)이, 곧 사업이다. <근사록>에 다음과 같은 주돈이의 말이 나온다. "성인의 도를 귀로 듣고서 마음으로 간직합니다. 이것을 쌓아서 덕행을 이루고 이것을 실행하여 사업을 이룹니다. 저 말로만 떠드는 자들은 비루할 뿐입니다. ─(聖人之道 入乎耳 存乎心 蘊之爲德行 行之爲事業 彼以文辭而已者 陋矣) ─<근사록> <학문하는 일(爲學)>" 여기서 성인의 도는 곧 유학의 도, 유학의 이상을 말한다. <주역>에 사업(事業)에 대한, 다음과 같은 말이 나온다. "천하의 백성들에게 시행하여 따르게 하는 일을 사업이라고 한다. ─(擧而措之 天下之民 謂之事業) ─<주역> <계사전상(繫辭傳上)>"

❷ 이와 같은 일은 곧 재상의 일이다. 정이천은 인재를 쓰는 일에 대해 다음과 같이 말한다. "정치를 잘 말하는 사람은, 반드시 인재를 성취하는 일을 가장 시급한 직무로 여깁니다. 인재가 부족하면 비록 좋은 법이 있다 하더라도 이 좋은 법을 실행할 수 없습니다. ─(善言治者 必以成就人才爲急務 人才不足 雖有良法 無與行之矣) ─<이정수언(二程粹言)> <논정(論政)>" 조식은 독서록(<학기유편> <정치하는 도리(治道)>)에 정이천의 이 말 중 일부를 적어 놓는다. 사실 '인재를 쓰는 일'이야말로 가장 큰 정치적 역량을 필요로 한다. 조식은 이런 일이라면 누구보다도 잘할 수 있다는 자신감을 드러내고 있는 것이다.

❸ 한유(韓愈 ; 768~824) : 당나라의 학자이다. 도가와 불교 사상을 비판하면서 인의(仁義)의 도덕을 강조했다. 또한 문인으로서 고문(古文) 운동을 제창했다. 당송팔대가(唐宋八大家) 중 첫 번째 자리를 차지하는 인물이다. 독실한 불교 신자인 황제에게 "불교를 믿는 왕조는 오래가지 못한다"는 내용의 직언을 한 것으로 유명하다. 자는 퇴지(退之), 호는 창려(昌黎)이다.

시문집으로 <창려선생집(昌黎先生集)>이 있다.

❹ 한유의 <진학해(進學解)>에 다음과 같은 말이 나온다. "등용하는 일은 투
명하고 선발하는 일은 공정합니다. 잘하는 사람과 못하는 사람을 뒤섞어
벼슬에 나아가도록 하고, 재능이 넉넉한 사람을 훌륭하다고 하고 탁월한
사람을 걸출하다고 평가합니다. 장점을 비교하고 단점을 헤아려서 오로지
그 그릇에 적합하도록 등용하고 선발합니다. 이것이야말로 재상의 도리입
니다. —(登明選公 雜進巧拙 紆餘爲姸 卓犖爲傑 較短量長 惟器是適者 宰
相之方也) —<고문진보(古文眞寶)> <진학해(進學解)>" 이 말은 <고문진
보>에 실려 있는데 <고문진보>는 조식이 제자들에게 읽기를 장려한 책 중
하나이다. 진학해(進學解)는 '학문에 나아가는 일에 대한 해명'을 뜻한다.

49 先生惜世之君子 出爲時用 要做好事
事敗身僇 貽禍士林者 正坐見幾不明
相時不審 又不知與元豊大臣同之義也

선생은 바로 앞 시대의 군자들에 대해 몹시 안타깝게 생각했습니
다. 가령 조광조(趙光祖)❶와 같은 이들은 벼슬에 나아가 시대적 필
요에 따라 '좋은 사업'을 펼치고자 했습니다. 그러나 사업에 실패하
여 자신이 죽임을 당했을 뿐만 아니라 사림(士林) 전체에 화를 불러
오기까지 했습니다. 이는 책임 있는 자리에 앉아 낌새를 살피는 것
이 밝지 못했기 때문입니다. 알맞은 때를 기다리는 것이 자세하지
못했기 때문입니다. 또 송나라 철종(哲宗) 때 구법당(舊法黨)의 일
원이었던 정명도(程明道)가 "왕안석(王安石)❷ 등 신종(神宗) 황제
때의 신법당(新法黨) 대신들과 정치를 공동으로 해야 한다"고 말했
던 뜻❸을 알지 못했기 때문입니다. 정책을 변경하여 실행할 때는
반대파까지 감화시킬 수 있어야 하는데 이렇게 하지 못했다는 말입
니다.❹

❶ 조광조(趙光祖 ; 1482~1519) : 중종 때의 문신 관료이다. 김종직(金宗直), 김굉필의 학통을 잇는 사림의 영수로서 정치 개혁을 이끌었다. 현량과를 실시해 사림파를 등용했고, 훈구파 공신들의 공을 없애는 위훈 삭제를 단행했다. <소학>을 강조하고 향약(鄕約)을 보급했다. 부제학, 대사헌 등을 지냈다. 1519년의 기묘사화(己卯士禍) 때 죽임을 당했다. '백성의 생활을 먼저 생각하는' 성리학적 이상을 열정적으로 실천하고자 했다. 본관은 한양(漢陽)이다. 자는 효직(孝直), 호는 정암(靜菴)이다. <정암집(靜菴集)>이 있다.

❷ 왕안석(王安石 ; 1021~1086) : 송나라 신종(神宗 ; 재위 1067~1085) 때의 명재상이다. 유학의 실용적 해석과 응용을 강조하며 법치(法治)를 강조했다. 신법(新法)으로 일컬어지는 청묘법(靑苗法), 모역법(募役法), 시역법(市易法) 등의 정책을 입안하고 추진했다. 당송팔대가(唐宋八大家) 중 한 명으로서 뛰어난 산문과 서정시를 남겼다. 자는 개보(介甫), 호(號)는 반산(半山)이다.

❸ 송나라 신종(神宗) 때 왕안석 등은 개혁적인 신법을 추진했다. 그러나 철종(哲宗, 재위 1085~1100)이 즉위하면서 사마광(司馬光) 등의 구법당(舊法黨)이 집권해 이 신법을 모두 폐지했다. 정명도(程明道) 또한 신법에 반대하는 입장을 가지고 있었다. 그러나 정명도는 신법을 폐지하는 과정에서 신법당을 참여시켜야 한다고 생각했다. 이에 정명도는 "마땅히 신종 때의 신법당(新法黨) 대신들과 공동으로 정치해야 한다 ―(當與元豐大臣 共政)"고 말한다. 정책과 법 제도를 바꿀 때는 반대파까지 감화시킬 수 있어야 한다는 것이다. 주희의 <회암집(晦庵集)> <여조겸의 연원록 논의에 대한 답장(答呂伯恭論淵源錄)>에 이러한 내용이 나온다.

❹ 이황(李滉)은 조광조의 불행에 대해 다음과 같이 한탄했다. "선생(조광조)의 첫 번째 불행은 등용되어 중책을 맡은 것이 너무나 갑작스러웠던 일입니다. 두 번째 불행은 벼슬에서 물러나기를 원했으나 뜻을 이루지 못한 일입니다. 세 번째 불행은 귀양 가서 이내 죽은 일입니다. 중년과 만년의 나이에 이르도록 덕을 충분하게 쌓을 만한 겨를이 없었다고 말하는 것은 이런 이유에서입니다. 불멸의 말을 후세에 남겨주는 일은 더군다나 이룰 수 없었습니다. 그렇다면 하늘이 이 사람에게 큰 책임을 내려준 뜻은 끝내 무엇이었단 말입니까? ―(一不幸 而登擢大驟 再不幸 而求退莫遂 三不幸 而謫日斯終 向之所謂積累飽飫於中晩者 皆有所不暇矣 其於立言垂後之事 又已無所逮及焉 則天之所以降大任於是人之意 終如何也) ―<정암집(靜菴集)>, 이황의 <정암 조선생 행장(靜庵趙先生行狀)>"

50 先生以爲當國大事者
不知幾不相時不協心 强銳自任
胡亂作爲 或相前却 因較勝負
初非赤心謀國 只是循私意而已

국가의 큰 사업을 담당하는 사람들이 낌새를 알아차리지 못한다고 생각했습니다. 또 때를 살펴 시기에 알맞게 행동하지❶ 못하고 같은 목적을 가진 이들과 뜻을 합하지 못한다고 판단했습니다. 스스로 강함과 예리함을 함께 가지고 있다고 착각하면서 아무렇게나 일을 한다고 비판했습니다. 간혹 상대방을 유인하여 앞으로 오게 한 후 다시 상대방을 죽이는 비열함으로 승부를 겨룬다❷고 보았습니다. 국가의 큰 사업을 담당하는 사람은 '붉은 마음(赤心)'을 가지고 있어야 합니다. 붉은 마음은 잡스러운 것이 없는, 진실한 마음을 말합니다. 그렇다면 비열함으로 승부하는 일은, 애시당초 붉은 마음으로 국가를 위해 사업을 도모하려 한 것이 아닙니다. 이는 단지 새빨간 사욕(私慾)을 따른 것일 뿐입니다.

❶ 원문의 상시(相時)를 풀이한 것이다. 상시는 시기에 알맞게 행동하는 것을 말한다. <춘추좌씨전>에 다음과 같은 말이 나온다. "시기에 알맞게 행동해서 후인에게 누가 없게 했습니다. 예(禮)를 알았다고 말할 만합니다. ―(相時而動 無累後人 可謂知禮矣) ―<춘추좌씨전> <은공(隱公)> 11년 조"

❷ 원문의 전각(前却)을 풀이한 것이다. 전각은 권력을 차지하기 위해 서로 속이며 이전투구를 벌이는 무뢰한들의 모습을 가리킨다. <자치통감강목(資治通鑑綱目)> <사정전훈의(思政殿訓義)>에 다음과 같은 말이 나온다. "전각(前却)이란, 스스로를 신하(臣)라고 칭하며 오(吳)나라의 사신을 유인해서 앞으로 오게 한 후, 이윽고 또 그 사신을 참수하여 물리침을 말합니다. ―(前却 謂稱臣以誘吳使使前 旣又斬其使以却之也) ―<자치통감강목> <촉한(蜀漢)> 233년 조의 <사정전훈의>"

七

선비를 좋아하여

사람을 사랑하고

비록 비루한
사내(鄙夫)나
시골의
야인(野人)이라
하더라도 반드시
온화하게
대했습니다.

51 先生燕居 終日危坐 未嘗有惰容
對貴客不爲動 接卑幼不以懈
年踰七旬 常如一日

此下記 先生接物之事

한가롭게 거처할 때는 종일토록 무릎을 꿇고 꼿꼿하게 앉아 있었습니다.❶ 일찍이 단정하지 않은 모습을 보인 적이 없었습니다. 귀한 손님을 대할 때 마음이 흔들리지 않았을 뿐만 아니라, 항렬이 낮거나 나이가 어린 사람❷을 대할 때도 함부로 하지 않았습니다. 나이가 일흔이 넘었을 때도 늘 한결같았습니다.

이 아래로는 선생이 다른 사람을 대할 때의 일에 대해 기록했습니다.

❶ 위좌(危坐)를 풀이한 것이다. 위좌란 무릎을 꿇고 상체를 꼿꼿하게 세워서 단정하게 앉아 있는 것을 가리킨다. 책상다리를 하고 편안하게 앉아 있는 것은 반좌(盤坐)라 한다. 제자 여대림(呂大臨 ; 1040~1092)이 쓴 장횡거(張橫渠)의 행장에 다음과 같은 말이 나온다. "선생은 종일토록 방안에서 무릎을 꿇고 앉아 글을 읽었습니다. 좌우에 책을 쌓아두고 머리를 숙여 글을 읽은 후 다시 생각에 몰두했습니다. 그리고 터득한 것이 있으면 이를 기록했습니다. 때로는 한밤중에 일어나 앉아 촛불을 밝혀 놓고 기록하기도 했습니다. 선생은 도에 뜻을 두고 정밀하게 생각했는데 잠시라도 쉰 적이 없었습니다. 또한 잠시라도 잊은 적이 없었습니다. 一(終日危坐一室 左右簡編 俯而讀仰而思 有得則識之 或中夜起坐 取燭以書 其志道精思 未始須臾息 亦未嘗須臾忘也) 一<여대림이 쓴 횡거선생 행장(呂大臨橫渠先生行狀)>" 여대림은 송나라 학자로, 처음에 장횡거에게서 배우고 나중에 정이천에게서 배웠다. 자는 여숙(與叔)이다.

❷ 원문의 비유(卑幼)는 항렬이 낮거나 나이가 어린 사람을 아울러 일컫는 말이다. 항렬이 높거나 나이가 많은 사람은 존장(尊長)이라고 한다.

52 先生言論英發 雷厲風起
　　　使人潛消利欲之念 而不自覺

말씀은 우레가 치는 것과 같았고 바람이 일어나는 것과 같았습니다. 꽃부리가 피어오르는 것과 같았습니다. 사람들로 하여금 이익에 대한 욕심을 감추도록 하고 없애도록 했습니다. 선생은, 스스로도 알지 못하는 사이에 감화가 이루어지도록 했습니다.❶

❶ 훗날 노론의 영수 송시열(宋時烈 ; 1607~1689)은 <남명 조선생 신도비명(南冥曹先生神道碑銘)>을 지으면서 다음과 같이 쓴다. "선생이 세상을 떠난 후 선비들은 더욱 구차해지고 세상 사람들은 더욱 야박해졌습니다. 이에 식견있는 자들은 선생을 더욱 그리워합니다. 그러나 사람마다 오히려 의(義)를 귀중하게 여기고 이익을 천박하게 여길 줄은 알고 있습니다. 욕심없이 물러나는 일은 높일 만한 것이고 명예와 이권을 탐하는 일은 부끄러워할 만한 일이라는 것도 알고 있습니다. 이것은 선생의 공로입니다. 그러므로 선생의 공로가 실로 대단합니다. ─(先生旣沒 士益苟俗益偸 有識者思先生益甚 然人人尙知貴義賤利 恬退之可尙 貪冒之可羞 則先生之功實大矣) ─ <송자대전(宋子大全)> <남명 조선생 신도비명(南冥曹先生神道碑銘)>"

53 先生長於譬喩 引物連類 明爽不凡
　　　亦有英氣太露處 雜以諧謔嘲諷之言

비유하는 말을 잘했습니다.❶ 송나라 시인 소식(蘇軾)❷은 스승 구양수(歐陽修)❸의 문집을 편찬하며 다음과 같이 말했습니다. "사물을 끌어와 서로 잇닿도록 했고, 이것이 지극한 이치를 절충해서 보여주었습니다."❹ 선생 또한 서로 다른 사물을 끌어와 알기 쉽게 설명했는데, 이 말이 명확하고 시원했습니다. 범상치 않았습니다. 또한 영특한 기운이 너무 드러나는 곳이 있으면, 익살맞은 농담과 가벼운 풍자를 뒤섞어 말했습니다.

❶ 후한(後漢)의 경학가 조기(趙岐 ; 108~201)는 <맹자장구(孟子章句)>의 서문에서 다음과 같이 말한 일이 있다. "맹자는 비유하는 말을 잘했습니다. 말이 다급하고 절박하지는 않았으나 그 뜻은 이미 매우 지극했습니다. ―(孟子長於譬喩 辭不迫切 而意已獨至)"

❷ 소식(蘇軾 ; 1037~1101) : 달빛 아래 산책하기를 즐겼던 시인이다. 당송팔대가(唐宋八大家)의 한 사람으로, 불멸의 명작 <적벽부(赤壁賦)>를 지었다. 스물두 살 때 과거에 응시했는데 구양수가 이 답안을 보고 "30년 후에는 아무도 구양수의 이름을 말하지 않을 것"이라며 격찬했다. 구제 불능의 낙천가, 위대한 인도주의자로 알려져 왔다. 구법당(舊法黨)의 일원으로서 왕안석(王安石)의 개혁적인 신법을 반대했다. 자는 자첨(子瞻)이고 호는 동파거사(東坡居士)이다. 흔히 소동파로 일컬어진다.

❸ 구양수(歐陽脩 ; 1007~1072) : 송나라의 시인이다. 송나라 초기의 미문조(美文調) 문체를 개혁하고, 당나라 한유의 고문 운동을 계승하는 시문(詩文) 혁신론을 주장했다. 당송팔대가(唐宋八大家)의 한 사람이다. 유학자로서 유학의 새로운 전통을 확립하는 데 기여했다. 왕안석(王安石)의 개혁적인 신법이 백성을 더욱 힘들게 한다고 보았다. 자는 영숙(永叔)이다. 호는 취옹(醉翁), 육일거사(六一居士)이다.

❹ 인물연류(引物連類)를 풀이한 것이다. 소식(蘇軾)은 스승 구양수(歐陽修)의 글에 대해 다음과 같이 말한다. "그의 말은 간단하고도 명료했으며, 진실하면서도 통달했습니다. 사물을 끌어와 비슷한 것을 서로 잇닿도록 했는데 이것이 지극한 이치를 절충해서 보여주었습니다. 이로써 사람들이 마음으로 복종하도록 했습니다. ―(其言 簡而明信而通 引物連類 折之於至理 以服人心) ―<고문진보> <육일거사 문집 서문(六一居士集序)>"

54 賓侶之就省者 見先生神色峻厲
簡默少言 必斂容曲膝 悚然敬畏
終莫與之闌語譁笑

선생을 찾아와 문안하는 이들은 선생의 준엄한 얼굴빛을 볼 수 있었습니다. 과묵하여 말수가 적은 것을 알 수 있었습니다. 선생은 반드시 자신의 몸가짐을 바로잡고❶ 무릎을 꿇고 앉아 있었습니다. <중용장구(中庸章句)>에서는 "군자의 마음은 항상 삼가고 두려워하는 일을 간직한다"❷고 말합니다. 선생은 항상 이러한 자세로 온몸을 옹송그리고 있었습니다. 이에 선생을 찾아와 문안하는 이들은 마침내 아무도 허튼소리로 떠들어대거나 시끄럽게 웃지 못했습니다.

❶ 염용(斂容)을 풀이한 것이다. <소학> <아름다운 말(嘉言)> 편에 다음과 같은 말이 나온다. "본래 교만하고 사치스러운 자는 옛사람들의 모습을 관찰해 보아야 합니다. 옛사람들은 씀씀이를 절도에 맞도록 했으며, 몸가짐을 삼가고 검박했습니다. 스스로를 낮추어 덕을 길렀으며 예(禮)로써 가르침의 근본을 삼았습니다. 옛사람들은 경(敬)하는 일을 자신을 닦는 터전으로 삼았습니다. 교만하고 사치스러운 자는 이러한 옛사람들의 모습을 보고 놀라워해야 합니다. 이로써 자신을 버려야 합니다. 이렇게 해서 산만한 자신의 몸가짐을 바르게 하고 방만한 뜻을 억제해야 합니다. —(素驕奢者 欲其觀古人之恭儉節用 卑以自牧 禮爲敎本 敬者身基 瞿然自失 斂容抑志也)"

❷ 원문의 경외(敬畏)를 풀이한 것이다. <중용장구(中庸章句)>에 다음과 같은 말이 나온다. "군자의 마음은 항상 경하고 두려워하는 일을 간직합니다. 그러므로 비록 보지 않고 듣지 않는 때라도 또한 감히 소홀히 하지 않습니다. —(君子之心 常存敬畏 雖不見聞 亦不敢忽) —<중용장구> <성도교장(性道敎章)>"

55   先生一切世好 視若草芥
　　　而不以此望於人

세상 사람들이 좋아하는 모든 것을 한갓 지푸라기 조각처럼 보았습니다.❶ 그러나 다른 사람들 또한 이처럼 하기를 바라지는 않았습니다.❷

❶ 세상 사람들이 좋아하는 것은 권력과 재물이다. 조식은 이와 같은 것을 아주 하찮게 생각했을 뿐만 아니라 때로는 불편하게 여기기까지 했다. 조식은 전주부윤으로 있던 벗 이윤경(李潤慶)에게 보낸 서신에서 다음과 같이 말한 일이 있다. "삼가현에서의 살림살이가 빈한해 매일 끼니를 잇기도 힘든 형편입니다. 그러나 허물이 없고 걱정거리도 적습니다. 내 입장에서 공을 보면 오히려 내가 더 낫습니다. —(三嘉縣 且飢且寒 日不自給 然累寡而憂少 自我視公 則猶我得矣) —<남명집> <전주부윤에게 주는 글(與全州府尹書)>"

❷ 정인홍의 <남명 조선생 행장(南冥曺先生行狀)>에 다음과 같은 말이 나온다. "선생은 타고난 자질이 이미 평범한 사람들과는 달랐습니다. 오랫동안 자신을 이기고 다스리는 일에 힘썼습니다. 의로움을 바탕으로 삼아 신실함으로 이루어냈습니다. 능력과 도량은 만 길 산악처럼 우뚝 솟아나 있었습니다. 정신과 풍채는 일월(日月)과 빛을 다툴 정도였습니다. 세상 사람들이 좋아하는 모든 것을 한갓 지푸라기처럼 보았습니다. 그러나 이렇게 하는 일로써 다른 사람들에게 기대하지는 않았습니다. —(先生天資旣異 克治力久 義爲之質而信以之成 力量足以岳立萬仞 神采可與日月爭光 一切世好 視若草芥 而不以此望於人) —<내암집> <남명 조선생 행장(南冥曺先生行狀)>"

56 先生愛人好士 不事表襮 開心坦懷
一見如舊 豪氣絶倫 議論凜然
儀表士林 至於鄙夫野人
皆知有南冥先生 而學士大夫識與不識
稱先生者 必曰秋霜烈日云

사람을 사랑하고 선비를 좋아했습니다. 화려한 수를 놓아 옷감을 꾸미는 것처럼 겉으로 자신을 치장해서 자랑하려 하지 않았습니다.❶ 개심탄회(開心坦懷)—, 솔직하게 마음을 열고 거리낌없이 상대방을 대했습니다. 이에 한번 보면 마치 오래전부터 알고 지낸 사람과도 같았습니다. 호방한 기운은 견줄 만한 사람이 없었고 주장하는 의론(議論)은 꿋꿋하고 의젓했습니다. 이러한 몸가짐과 태도

를, 사림의 선비 모두가 본받아야 할 의표(儀表)❷로 삼았습니다. '비루한 자(鄙夫)❸'나 시골의 야인(野人)에 이르기까지 모두 '남명 선생(南冥先生)'의 명성을 알고 있었습니다. 학인(學人), 선비, 벼슬 아치들은 선생과 친분이 있든 없든 모두 선생을 칭송했습니다. 반 드시 '추상열일(秋霜烈日)'과도 같다고 말했습니다.❹ 추상열일은 "늦가을의 찬 서리와 같고 여름날의 뜨거운 태양과도 같다"❺는 말 입니다.

❶ 원문의 표박(表襮)은 옷깃에 수를 놓아 드러낸다는 뜻이다. 옷감에 수를 놓 는 사람은 십상팔구 화려한 그림과 무늬로 본래 옷감의 실제 모습을 감춘 다. 그러나 선생은 자신의 삶과 학문을 드러내면서 이처럼 수를 놓아 꾸미 려 하지 않았다. 있는 그대로의 모습을 솔직하게 내보였다는 것이다.

❷ 의표(儀表)는 본받을 만한 몸가짐과 태도를 말한다. 정이천은 <역전> <관 괘(觀卦)>의 상전(象傳)에서 다음과 같이 말한다. "비록 그 지위에 있지 않 다 하더라도 사람들이 그 덕을 살피고 이로써 모범으로 삼습니다. 그러므 로 당연히 신중하게 스스로를 돌이켜 보아야 하고 그 자신에게서 나온 것 을 보아야 합니다. 늘 군자다움을 잃지 않으면 사람들이 실망하지 않고 감 화를 받습니다. ―(雖不在位 然以人觀其德 用爲儀法 故當自愼省 觀其所 生 常不失於君子 則人不失所望而化之矣)"

❸ 비루한 자(鄙夫)는 부귀에만 뜻을 둔, 마음씨가 더러운 자를 말한다. <논어 > <양화(陽貨)> 편에 다음과 같은 공자의 말이 나온다. "비루한 자들과 함 께 임금을 섬길 수 있겠습니까? 부귀를 얻기 전에는 그것을 얻으려고 안달 합니다. 부귀를 얻고 나서는 그것을 잃을까 걱정합니다. 참으로 잃을까 걱 정한다면 못하는 짓이 없을 것입니다. ―(鄙夫可以事君也與哉 其未得之 也 患得之 旣得之 患失之 苟患失之 無所不至矣)"

❹ 조식의 제자 오건(吳健 ; 1521~1574)은 1565년의 일기에서 다음과 같이 쓴다. "남명선생이 서신을 보내 가르침을 주었습니다. 혼미함과 나태함에 대한 경계가 지극했습니다. 비록 선생은 천 리 밖에 계셨지만, 나는 이 서 신만으로도 추상열일을 대하는 것과 같았습니다. 흠칫하여 머리털이 일 어서는 듯했습니다. ―(南冥先生貽書見敎 其警發昏惰至矣 雖在千里 如 對秋霜烈日 凜然髮豎) ―<덕계집(德溪集)> <덕계선생 연보(德溪先生年 譜)>" 조식의 명성은 100년 이후에도 사라지지 않는다. 1657년 '조식 신도 비명'을 요청받은 남인의 영수 조경(趙絅)은 다음과 같이 쓴다. "추상열일

과도 같은 남명선생의 기상은 지금까지도 아녀자와 어린아이와 농부의 입에서 사라지지 않고 있습니다. ―(南冥先生之爲秋霜烈日 至今不泯 於娛孺田畯之口) ―<용주유고(龍洲遺稿)> <남명 조선생 신도비명(南冥曺先生神道碑銘)>"

❺ 추성열일(秋霜烈日)을 풀이한 것이다. 소식(蘇軾)은 송나라 명신 왕우칭(王禹偁 ; 954~1001)을 찬미하는 글에서 다음과 같이 말한다. "공은 조정에서 받아들여지지 못했습니다. 그러나 꼿꼿한 모습이 늦가을의 찬서리와도 같고 한여름의 태양과도 같았습니다. ―(公猶不容於中 耿然如秋霜夏日) ―<당송팔대가문초>, 소식의 <왕우칭의 초상화에 대한 찬사(王元之畫像贊)>"

57　先生雖於鄙夫野人 必和顔溫語
　　　使得盡其情 爲善必面稱 有過輒導
　　　於相識之人 不諱其病痛 因投鍼劑
　　　使之自治 雖疎遠不沒其長
　　　雖親愛不掩其短

사양좌(謝良佐)는 스승 정명도에 대해 말하면서, "사람과 만나는 것이 온화한 기운 덩어리와 같았다"❶고 표현한 일이 있습니다. 선생의 모습 또한 이와 같았습니다. 비록 비루한 사내(鄙夫)나 시골의 야인(野人)이라 하더라도 반드시 온화하게 대했습니다. 부드러운 얼굴빛과 따뜻한 말로 다가가 이들로 하여금 자신의 심정을 다 말할 수 있도록 했습니다. 선(善)한 일을 행하면 반드시 대면하여 칭찬했고 과실이 있으면 곧바로 그 잘못을 알려주었습니다. 서로 안면이 있는 사람일 경우에는 그 사람의 병통(病痛)을 외면하지 않았습니다.❷ 침(鍼)이나 약제를 투입한 후, 그로 하여금 스스로 다스릴 수 있도록 했습니다. 비록 서먹서먹한 사이라도 그 장점을 그대로 드러

냈습니다. 비록 친애하는 사이라도 그 단점을 감추지 않았습니다.❸

❶ <근사록>에 다음과 같은 사양좌의 말이 나온다. "명도선생은 앉아 있을 때는 흙으로 만든 소상(塑像)과도 같습니다. 그러나 사람을 만나는 모습을 보면 혼연한 것이 한 덩어리의 온화한 기운과도 같습니다. ―(明道先生 坐如泥塑人 接人則渾是一團和氣) ―<근사록> <성현의 진면목(觀聖賢)>

❷ 조식은 독서록 <학기>에 다음과 같은 말을 적어 놓는다. "선이라는 것은 세상의 공적인 도구입니다. 자신이 얻은 선을 다른 사람에게 알려주지 않는 일은 다른 사람이 선으로 나아가는 것을 두려워하는 일입니다. 이로써 선을 자신의 사사로운 도구로 삼는 일이니, 마침내 이익을 탐하는 죄를 면할 수 없을 것입니다. ―(善者 天下之公物 不以己之所得者告人 恐人之進於善也 是以善爲己私 終不免貪利之惡) ―<학기유편> <사람을 가르치는 일(教人)>"

❸ <순자(荀子)> <불구(不苟)> 편 양경(楊倞)의 주(注)에 다음과 같은 말이 나온다. "그 장점을 과시하려 하지 않고 그 단점을 숨기려 하지 않습니다. 다만 정직한 도리에 따라 그 진실한 사정을 그대로 드러낼 뿐입니다. ―(不矜其長 不掩其短 但任直道而竭盡其情也)" 조식은 누구를 만나더라도, 장점과 단점을 있는 그대로 드러냈을 뿐이라는 말이다. 억지로 편들고 꾸미려 하지 않았다는 말이다.

58   先生聞人之善 喜動於色 若己有之
聞人之惡 恐或一見 避之如仇

정이천은 정명도(程明道)의 행장에서 "선한 행동을 보면 자신이 한 것처럼 기뻐했다"❶고 말했습니다. 선생 또한 다른 사람의 선한 행실을 들으면 몹시 기뻐하는 기색을 얼굴에 드러냈습니다. 마치 자신이 그 일을 한 것처럼 생각했습니다. 또 다른 사람의 악한 행실을 들으면 혹시 한 번이라도 그를 만날까 두려워했습니다. 이에 원수를 피하듯 그를 피했습니다.❷

❶ 정이천은 정명도의 행장에서 이와 같이 썼다. "—(見善 若出諸己) —<명도선생 행장(明道先生行狀)> —<근사록> <성현의 진면목(觀聖賢)>"

❷ 공자는 다음과 같이 말한 일이 있다. "선한 일을 보면 자신은 미치지 못할 것처럼 노력합니다. 선하지 못한 일을 보면 끓는 물을 만지는 것처럼 재빨리 피합니다. 니는 이렇게 하는 사람을 보았으며 이렇게 하는 사람이 있다는 말도 들었습니다. —(見善如不及 見不善如探湯 吾見其人矣 吾聞其語矣) —<논어> <계씨(季氏)>" 또 송나라 학자 소강절(邵康節)은 다음과 같이 말한 일이 있다. "선한 사람 보기를 즐겨 하며, 선한 일 듣기를 즐겨 해야 합니다. 선한 말 말하기를 즐겨 하며, 선한 뜻 실행하기를 즐겨 해야 합니다. 다른 사람의 악행을 들으면 가시와 까끄라기를 등에 진 것 같이 하고, 다른 사람의 선행을 들으면 난초와 향초를 몸에 지닌 것 같이 해야 합니다. —(樂見善人 樂聞善事 樂道善言 樂行善意 聞人之惡 如負芒刺 聞人之善 如佩蘭蕙) —<명심보감(明心寶鑑)> <자신을 바르게 하는 일(正己)>"

59 先生 聞人遭死喪之威 痛若在己
救之如救水火 輕出貨力 猶棄粃粺

어떤 사람이 목숨을 잃을까 두려워한다는 소문을 들으면 그 고통이 마치 자신에게 있는 것과 같이 했습니다. 마치 물에 빠지거나 불길에 휩싸인 사람을 구출하듯 그 사람을 구원했습니다.❶ 자신의 소중한 재물과 시간을, 여물지 않은 쭉정이나 먹기 힘든 피❷를 버리기라도 하는 것처럼 아낌없이 내주었습니다.

❶ 조식이 위기에 처한 이웃을 돕기 위해 있는 힘을 다했다는 말이다. <공자가어(孔子家語)>에 다음과 같은 공자의 말이 나온다. "<시경>에서는 "사람들이 상(喪)을 당하면 손과 발로 기어가서라도 온 힘을 다해 구원한다" 고 말합니다. 하물며 옛 벗이라면 더 말할 것이 무엇이 있겠습니까? 벗이 아니라 하더라도 나는 구원하러 갔을 것입니다. —(凡民有喪 匍匐救之 況故舊乎 非友也吾其往) —<공자가어(孔子家語)> <굴절해(屈節解)>" 굴절해(屈節解)는 '절개를 굽히는 일에 대한 해설'을 말한다. 또 황간은 <주자행장>에서 다음과 같이 쓴다. "길한 일과 흉한 일, 경사스러운 일과 조문할 일에

는 예를 빠뜨리는 법이 없었습니다. 구휼하고 안부를 묻고 물품을 보내 주어야 할 일에도 은택을 줄이는 법이 없었습니다. 그러나 자신의 생계 문제와 관련해서는 이와 달리 검소했습니다. 옷은 몸을 가리는 정도였고 음식은 배를 채울 정도였습니다. 또 거처는 비바람을 막는 정도로 만족했습니다. 다른 사람들은 견디기 힘든 곳에 거처하면서도 여유로웠습니다. ―(吉凶慶弔 禮無所遺 賙恤問遺 恩無所闕 其自奉則衣取蔽體 食取充腹 居止取足以障風雨 人不能堪而處之裕如也)"

❷ 원문의 비패(粃粺)를 풀이한 것이다. 비패는 쭉정이와 피를 가리킨다. 쭉정이는 여물지 않은 곡식이나 씨앗이나 열매로 껍질만 있고 알맹이는 없다. 피는 벼와 비슷한 모습의 잡풀인데 씨앗이 매우 작다.

60 先生每值國諱 不聆樂啖肉
一日有二三名宦 請先生會佛寺張飲
先生徐言曰 某大王諱辰 今日是也
諸公豈偶忘之耶 左右失色驚謝
亟命退樂去肉

선생은 국휘(國諱)를 만나면 음악을 듣지 않고 고기를 씹지 않았습니다.❶ 하루는 벼슬아치 두서너 명이 절에 모여 송별연을 연다며 선생을 초대했습니다. 그런데 선생은 천천히 입을 열어 이렇게 말했습니다. "아무개 임금의 제삿날이 바로 오늘입니다. 여러 공들께서는 어찌하여 이 일을 잊은 것입니까? 어쩌다가, 마침 잊은 것입니까?" 좌우에 있던 벼슬아치들이 아연실색(啞然失色)―, 얼굴빛을 잃고❷ 놀라서 사죄했습니다. 즉시 악사들을 물리치고 고기를 거두어들이도록 했습니다.

❶ 국휘(國諱)는 임금이나 왕후의 제삿날을 말한다. 이 국휘는 국기(國忌)라고도 한다. 국휘에 고기를 먹지 않는 일은 정이천에게서 비롯되었다. 정이

천은 국휘에 "육식을 하는 것은 옳지 않다 一(以肉食爲非)"고 주장하며 소식(素食)을 했다.

❷ <예기(禮記)> <표기(表記)> 편에 다음과 같은 공자의 말이 나온다. "군자는 다른 사람 앞에서 장중한 몸가짐을 잃지 않습니다. 다른 사람 앞에서 평온한 얼굴빛을 잃지 않고 신중한 어조를 잃지 않습니다. 이런 까닭에 군자의 외모는 경외할 만합니다. 얼굴빛은 조심스러워 할 만하고 말은 믿을 만합니다. 一(君子不失足於人 不失色於人 不失口於人 是故君子貌足畏也 色足憚也 言足信也)"

61

儒生居接于斷俗寺 乃火佛像焚經板
其後齊進謁先生謝其過擧 先生曰
後生務爲調適則他日安得見其進就也
夫子之取狂簡者此意也
但經板則有可惜者存 若能切以細鉅
分作活字 印出諸書 則取彼家無用之物
爲吾家有用之器矣 計不出此
而有用之物 俱付於灰燼中 此可惜也

1568년, 진주목 일대의 유생들이 지리산 동쪽의 단속사(斷俗寺)❶에 모여 과거 공부를 할 때❷였습니다. 유생들이 불상(佛像)의 목을 자르고 불서(佛書) 경판을 불태운 일이 있었습니다.❸ 이후 유생들은 일제히 인근의 덕산동(德山洞)❹으로 선생을 찾아뵙고, 이 과격한 행동에 대해 사죄했습니다. 이에 선생은 이렇게 말했습니다. "젊은 사람들이 모나지 않게 행동하며 적당히 안주하려고만 한다면 훗날 어찌 무엇인가를 터득하여 성취하는 것이 있겠습니까? 공자가 '광간(狂簡)한 젊은이들'❺을 그래도 인정해 준 것은 이런 뜻에서일

것입니다. 그러나 경판을 불태운 일이라면 안타까운 부분이 있습니다. 가는 톱으로 이 경판을 잘라서 활자판을 만들었다면 여러 가지 책을 인쇄할 수 있었을 것입니다. 만약 이렇게 했다면 저쪽에서는 쓸모없는 물건을 가져다가 우리 쪽에서는 유용한 것으로 만드는 일이었을 것입니다. 그런데 계책이 여기에서 나오지 않았습니다. 이에 유용한 물건을 '불탄 끝 잿더미'로 만들고 말았습니다. 이것이 안타깝습니다."

❶ 단속사(斷俗寺)는 산청군 단성면 운리에 있었던 절이다. 신라 때 창건되었는데, 쌍삼층석탑을 비롯해 창건 초기의 것으로 보이는 일부 석물이 현재까지 남아 있다. 고려 때 번창했던 이 절의 규모는 조선시대로 들어설 때까지도 여전했다. 조선 세종 때의 기록 중에는 "단속사의 승려가 100명이고 딸린 전답이 100결"이었다는 내용이 남아 있다. 이는 "승려가 100명이고 딸린 전답이 80결"이었던 합천군 해인사를 능가하는 것이었다. 신라의 학자 최치원이 이곳의 독서당(讀書堂)에 머문 적이 있다고 한다.

❷ 원문의 거접(居接)은, 유생들이 절이나 글방에 함께 모여 공부하는 일을 말한다.

❸ 1568년 진주목에서는 일대의 우수한 유생 10명을 뽑아 단속사에서 거접하면서 과거를 준비하도록 했다. 이 유생 가운데는 훗날 조식의 제자로 명성을 얻는 성여신(成汝信 ; 1546~1632)도 있었다. 이때 마침 단속사에서 <삼가귀감(三家龜鑑)>이라는 책을 간행했는데, 유가를 맨 마지막에 소개했다. 성여신은 이를 보고 크게 분개해 이 책판을 불태우도록 했다. 또 사천왕상(四天王像), 나한상(羅漢像) 등을 끌어내 목을 자르도록 했다. 성여신의 <부사집(浮査集)> <부사선생 연보(浮査先生年譜)> 23세(1568년) 조에 이와 같은 내용이 나온다.

❹ 덕산동(德山洞)은 현재의 경상남도 산청군 시천면 사리 일대이다. 지리산 천왕봉 동쪽, 시천(矢川)과 삼장천(三壯川)이 합류하면서 덕천강을 이루는 곳이다. 조식은 1561년 예순한 살 때 이곳으로 거처를 옮겼다.

❺ 광간(狂簡)이란 뜻이 사납고 행동이 대범하다는 말이다. 곧 뜻은 지나치게 크지만 행동으로는 이 뜻을 제대로 이행하지 못하는 일을 가리킨다. <논어> <공야장(公冶長)> 편에 다음과 같은 공자의 말이 나온다. "우리 고을의 젊은이들은 뜻이 사납고 행동이 대범합니다. 이는 화려한 문장을 지었지만

이를 마름질하는 방법은 알지 못하는 것과 같습니다. —(吾黨之小子 狂簡
斐然成章 不知所以裁之)" 이 말에 대해 주희는 집주에서 다음과 같이 부
연한다. "선비의 뜻이 높고 멀다고 여긴 것은, 혹시라도 이 선비들과 함께
도(道)를 향해 나아갈 수 있지 않을까 하고 생각한 것입니다. —(以爲狂士
志意高遠 猶或可與進於道也)"

62 先生在山海時 林石泉億齡來訪 因言途道甚險 先生笑曰 君等所蹈之路 殆險於此也

임억령(林億齡)❶은, 선생이 "연꽃 꽃자루가 우뚝 솟아올라 있는 것
과 같다"❷고 여기는 사람이었습니다. 선생이 김해부의 산해정(山
海亭)에 머물 때, 임억령이 찾아온 일이 있습니다. 산해정으로 온
임억령은 "여기로 찾아오는 길이 매우 험난했다"고 말했습니다. 이
에 선생은 웃으면서 대답했습니다. "그대가 이전에 걸어왔던 길이
야말로 여기보다 위태롭고 음험했을 것입니다."❸

❶ 임억령(林億齡 ; 1496~1568) : 중종, 명종 때의 문신 관료이다. 1525년 문
   과에 합격한 후 사헌부지평(司憲府持平), 홍문관교리, 사간원사간, 동부승
   지, 강원도관찰사 등을 지냈다. 도량이 넓고 청렴결백하여 사람들의 존경
   을 받았다. 본관은 선산(善山)이다. 자는 대수(大樹), 호는 석천(石川)이다.

❷ 조식은 <석천자에게 보내는 시(贈石川子)>를 지어 이렇게 읊은 적이 있
   다. "지금 같은 세상에도 석천자 같은 분이 있습니다. 이 사람은 옛사람이
   물려 준 절조를 지니고 있습니다. 연꽃 꽃자루가 우뚝 솟아올라 피어난 것
   과 같습니다. 어찌 높이 솟은 것과 조금 솟은 것을 구별하여 말하겠습니까?
   여러 해 전에 달팽이 굴과도 같은 산해정으로 찾아온 일이 있습니다. 자세
   히 살펴보니 딱딱한 콩알 같은 연밥이 여물어 있습니다. —(今有石川子 其
   人古遺節 芙蓉儘聳豪 何言大小別 昔年要我乎 山海之蝸穴 看來豆子熟)
   —<남명집> <석천자에게 보내는 시(贈石川子)>" 여기서 석천(石川)은 임
   억령의 호이다. 곧 연꽃의 모습에 견주어 임억령의 인품을 말한 것이다.

❸ 임억령이 을사사화(乙巳士禍) 때 괴로움을 당한 일을 비유하여 말하는 듯
하다. 임억령은 1545년의 을사사화 때 금산군수로 나가 있었다. 그런데 동
생 임백령(林百齡)이 권간(權奸) 윤원형 일파에 가담해 온갖 간악한 짓을
저질렀다. 임억령은 동생에게 여러 번 타일렀으나 듣지 않자 큰 죄책감을
느꼈다. 이에 관직에서 물러났고, 해남(海南)으로 가 은거했다. 아마도 임
억령은 이 무렵 김해부의 산해정으로 조식을 찾아왔던 듯하다. 이에 조식
이 임억령을 보고 "여기보다 위태롭고 음험한 길을 걸어왔을 것"이라고 말
하는 것이다.

63   先生在山中 有一士人遊頭流
歷靑鶴洞 歸謁先生
因言入靑鶴洞見鶴之事 先生曰
此非鶴也 乃鸛也 因戲之曰 君之此行
徒自勞耳 訪鶴而見鸛 訪隱而見吾
惡在其所得也

선생이 산 가운데 있을 때❶의 일입니다. 두류산(頭流山)을 유람하
던 어떤 선비 하나가 청학동(靑鶴洞)❷을 거쳐 선생을 뵈러 왔습니
다. 그리고 청학동에 들어갔다가 학을 본 일에 대해 말했습니다. 그
런데 선생은 이렇게 말했습니다. "그것은 신선이 타고 다니는 학
(鶴)❸이 아닙니다. 황새입니다." 이내 이 일을 웃음엣거리로 삼아
또 이렇게 말했습니다. "그대의 이번 여행은 한갓 부질없는 일일 뿐
입니다. 학을 찾으러 왔다가 황새를 보았습니다. 은자를 만나러 왔
다가 나를 보았습니다.❹ 어찌 무엇이라도 얻은 것이 있겠습니까?"

❶ 조식이 지리산 천왕봉 동쪽의 덕산동에 거처할 때를 말하는 듯하다. 조식
은 1561년 삼가현에서 덕산동으로 거처를 옮겼고, 이곳 덕산동에 산천재
(山天齋)를 짓고 일생의 마지막을 보냈다.

❷ 청학동(靑鶴洞)은 불일암이 있는 불일폭포 일대를 가리킨다. 당시의 유학자들은 이곳에 날개가 푸른 청학(靑鶴)이 살며, 신선이 학을 타고 노닌다고 생각했다. 이곳을 끔찍한 현실 세계와는 멀리 떨어진 초월적인 이상향(理想鄕)으로 여겼다. 청학동은 조식 또한 여러 차례 다녀온 곳이었다.

❸ 학(鶴)은 보통 신선이 타고 다니는 새로 여겨진다. 청학동에 실제로 청학이 살았는지는 알 수 없다.

❹ 조식은 지리산 기슭의 은자(隱者)로 이름이 높았다. 하지만 조식은 티끌세상을 피해 달아난 것이 아니었다. 조식은 자신을 유학자로 인식했고 이 유학자로서의 태도를 단 한 순간도 잃지 않았다. 조식이 지리산으로 간 것은 오히려 '티끌세상'으로 돌아 나오려는 것이었다. 조식은 칠언시 <청학동>에서 또 이렇게 읊는다. "한 마리 학이 구름을 뚫고 하늘로 올라갑니다. 하나의 물줄기는 구슬을 굴려 인간 세상으로 내려갑니다. 이에 알았습니다. 얽매일 일 없는 것이 도리어 얽매일 일이 됩니다. 잘못한 일 없는 것이 도리어 잘못이 됩니다. 마음 깊은 곳의 산과 물은 지금껏 보지 못했던 것을 말해줍니다. ㅡ(獨鶴穿雲歸上界 一溪流玉走人間 從知無累飜爲累 心地山河語不看) ㅡ<남명집> <청학동>" 여기서 학과 하늘로 올라가는 것은 신선이다. 하지만 조식은 물줄기를 따라 인간 세상으로 내려온다. "은자를 만나러 왔다가 나를 보았다"는 것은 곧 조식이 자신을 '현실 세계와 인연을 끊은 은자'가 아니라고 생각했다는 말이다.

64   先生常佩寶刀 李相國陽元
       爲本道監司 來謁先生 因指之曰
       此劍得無重乎 先生曰 何重之有
       吾念相公腰下金帶 爲重也 李謝曰
       材薄任重 恐未堪也

선생은 항상 칼❶을 차고 다녔습니다. 재상 이양원(李陽元)❷이 1569년 가을 경상도관찰사로 내려왔다가 선생을 뵈러 왔습니다. 그리고 칼을 보며 말했습니다. "이 검이 무겁지 않습니까?" 선생은 말했습니다. "어떻게 무겁다고 하겠습니까? 나는 공이 허리에 차고 있는 금대(金帶)❸가 더 무거울 것이라고 생각합니다." 이양원이 부끄러워하며 말했습니다. "재주는 가벼운데 중책을 맡았으니 제대로 감당하지 못할까 두렵습니다."❹

❶ 경의검(敬義劍)을 말한다. 조식은 늘 작은 칼을 차고 다니며 자신을 경계하고자 했다. 이 칼에는 "내면에서 밝히는 것은 경이고 외면에서 결단하는 것은 의로움이다 ─(內明者敬 外斷者義)"라는 검명이 새겨져 있었다.

❷ 이양원(李陽元 ; 1526~1592) : 명종, 선조 때의 문신 관료이다. 1556년 문과에 합격해 벼슬에 나왔다. 명종이 죽은 후 선조를 왕위에 올리는 데 공을 세웠다. 임진왜란 때 유도대장(留都大將)으로서 서울에 남아 왜군에 대항했다. 의주(義州)의 선조가 명나라 요동(遼東)으로 건너가려 한다는 소식을 듣고 탄식하며 8일간 단식하다가 피를 토하고 죽었다. 호조참의, 경상도관찰사, 평안도관찰사, 형조판서, 대제학, 대사헌, 우의정, 영의정 등을 지냈다.

❸ 금대(金帶)는 정이품 벼슬아치가 조정 관복에 띠던 띠이다. 가장자리와 띳돈을 금으로 장식한다.

❹ <논어(論語)> <태백(泰伯)> 편에 다음과 같은 증자(曾子)의 말이 나온다. "선비는 도량이 넓고 뜻이 굳세지 않으면 안 됩니다. 책임은 막중한데 가야 할 길은 멀기 때문입니다. 인(仁)으로 자기의 책임을 삼으니 또한 막중하지 않겠습니까? 죽은 후에야 그만둘 수 있는 것이니 또한 멀지 않겠습니까? ─(士不可以不弘毅 任重而道遠 仁以爲己任 不亦重乎 死而後已 不亦遠乎)" 또 <주역> <계사전하(繫辭傳下)>에 다음과 같은 말이 나온다. "덕이 없으면서 지위가 높고, 지혜가 부족하면서 꾀하는 일이 크고, 능력이 모자라면서 책임이 무거우면 화가 미치지 않는 경우가 드물다. ─(德薄而位尊 知小而謀大 力小而任重 鮮不及矣)"

65 ① 李二相長坤晚年 來居昌寧故土
先生與渠有舊 因過行一見
語及其爲咸鏡監司時 道內凶荒

流民滿路 前差賑救方急
聞一州飢民甚多 單騎不意馳往
猝入賑濟所 飢民無一口 心怪之
宿于公廨 平明發行五里許
一驛卒喟然曰 此州飢民聚何處而死
卽駐馬嚴詰 乃曰 慮道行不意來到
驅飢民於僻巷中空賑幕 欺上使爾
卽旋馬 令其卒先導 直入其巷
無慮數百飢民皆濱死 卽捉致牧使杖
啓聞 因留一月 爲粥飯饋之
皆有生意然後乃去

우찬성(右贊成)을 지낸 이장곤(李長坤)❶은 고향인 창녕현(昌寧縣)
❷으로 돌아와 말년을 보냈습니다. 선생이 이 사람과 인연이 있었으
므로 한번 찾아가 만났습니다. 이장곤은 1517년 무렵 함경도관찰사
로 있었는데, 이야기가 함경도에 흉년이 들어 유랑민이 길에 가득
했을 때의 일로 흘러갔습니다. 이장곤이 말했습니다. "먼저 사람을
파견해 구휼을 서둘렀습니다. 한 고을에 굶주린 백성이 매우 많다
는 소식을 듣고 혼자 말을 몰아 달려갔습니다. 급하게 진제소(賑濟
所)❸에 들어갔지만 굶주린 백성이 한 사람도 없었습니다. 마음속으
로 이를 괴이하게 생각했습니다. 관아 숙소에서 묵은 후 동틀 무렵
길을 나섰습니다. 다섯 마장❹ 정도 가자 역(驛)이 나왔는데 이곳의
역졸이 한숨을 쉬며 혼잣말을 했습니다. "이 고을 굶주린 백성들을
어디에 모아서 죽일 것인가?" 즉시 말에서 내려 엄하게 따져 물었
습니다. 역졸이 이렇게 대답했습니다. "관찰사의 행차가 불시에 당
도할 것을 염려해, 굶주린 백성들을 궁벽한 마을에 몰아넣고 진제

소를 비운 것입니다. 이로써 관찰사를 기만한 것입니다." 곧장 말을 돌렸습니다. 그 역졸에게 길을 인도하도록 하여 굶주린 백성들이 있는 마을로 찾아갔습니다. 무려 이삼백 명의 백성들이 모두 '죽음의 물가'에 이르러 있었습니다. 그 자리에서 목사를 잡아다 곤장(棍杖)을 치고 이 일을 조정에 알렸습니다.❺ 한 달 정도 머물면서 굶주린 백성들에게 죽을 먹였습니다. 모두 생기가 도는 모습을 본 이후에 떠났습니다."

❶ 이장곤(李長坤 ; 1474~?) : 연산군, 중종 때의 문신 관료이다. 연산군 때 문과에 합격해 홍문관교리(弘文館校理)를 지내다가 갑자사화(甲子士禍) 때 거제도로 귀양 갔다. 중종반정으로 조정으로 돌아와 사헌부장령, 동부승지, 평안도병마절도사, 이조참판, 대사헌, 함경도관찰사, 이조판서, 우찬성 등을 지냈다. 기묘사화 때 병조판서로 있으면서 조광조 등의 처형을 반대했다. 김굉필(金宏弼)의 문인이다. 본관은 벽진(碧珍)이다. 자는 희강(希剛), 호는 학고(鶴皐)·금헌(琴軒)·금재(琴齋) 등이다.

❷ 창녕현(昌寧縣)은 현재의 창녕군 고암면, 대지면, 대합면, 성산면, 유어면, 이방면, 창녕읍, 남지읍 북쪽 일부를 포함하는 고을이었다.

❸ 진제소(賑濟所)는 흉년이 들었을 때 굶주린 백성들을 구제하기 위해 임시로 설치한 급식소이다. 보통 죽을 쒀서 무상으로 나누어 주었다.

❹ 마장은 거리의 단위이다. '리(里)'와 거의 같은 거리를 나타낸다. 한 마장은 약 393m이고, 1리(里)는 약 392m이다. 10리 미만의 거리를 말할 때 마장이라는 단위를 흔히 쓴다.

❺ 함경도관찰사 이장곤이 1517년 5월 조정에 올린 장계 중에 다음과 같은 내용이 있다. "북청 판관(北靑判官) 이수영(李守英)은 염산(斂散 ; 쌀값 조절 정책)을 시행하지 않았습니다. 구휼에도 뜻이 없어, 관아에서 사들인 곡식을 나누어주려고 하지 않았습니다. 또 굶주린 백성들이 곡식을 받고자 하면 모두 내쫓아 버렸습니다. 진제소에는 민간의 쌀 세 말을 거두어 두고는 이로써 난잡한 죄상을 살핀다고 합니다. 백성을 살리는 일은 전혀 하지 않고 있는 것입니다. 이에 백성들은 살아갈 희망이 없습니다. ─(北靑判官李守英 憚於斂散 無意賑救 不肯數給官糴 飢民等告飢請受者 一切黜送 賑濟場收合民間穀米三斗 以備摘奸 專不供饋 民無生活之望) ─<중종실록> 1517년 5월 기사"

65 ⑪ 　先生徐答曰 活人誠多矣 李解其意
　　　　舉兩手指天曰 願死者再三而無忿色
　　　　先生之意以爲渠在己卯
　　　　以兵判隨袞貞指揮 不能救名流一人
　　　　以活飢民自多 故以此諷之
　　　　渠亦自知而服其罪

선생이 천천히 입을 열어 이렇게 대답했습니다. "사람을 살린 것이
참으로 많습니다." 이장곤은 선생의 말뜻을 이해하고 두 손을 들어
하늘을 가리키며 말했습니다. "죽기를 원한 것이 두 번 세 번이었습
니다." 그러나 성내는 기색을 보이지는 않았습니다. "사람을 살린
것이 참으로 많다"고 말한 선생의 의도는, 이장곤이 1519년의 기묘
사화(己卯士禍)❶ 때 오히려 사람들을 살리지 못했다는 데 있었습
니다. 이장곤은 1519년 기묘년에 병조판서로 있었으면서도 권간 남
곤(南袞), 심정(沈貞)❷의 지시를 따랐을 뿐, 어려움에 빠진 현자들
을 한 사람도 구원하지 못했습니다. 그런데도 이장곤이 굶주린 백
성을 살린 일을 스스로 자랑하므로 짐짓 이렇게 풍자한 것입니다.❸
이장곤 또한 선생의 의도를 알고 스스로 죄를 인정한 것입니다.❹

❶　기묘사화(己卯士禍)는 1519년, 남곤(南袞), 심정(沈貞) 등의 훈구파가 조
　　광조(趙光祖), 김정(金淨) 등의 신진 사림파를 죽이거나 귀양 보낸 사건이
　　다. 조광조 등의 신진 사림파가 향약 실시, 현량과(賢良科) 설치, 위훈 삭제
　　등의 개혁 정책을 펼치자, 이에 대한 훈구파의 반발로 일어났다. 훈구파가
　　나뭇잎에 꿀로 주초위왕(走肖爲王 ; 조씨가 왕이 된다)이라고 쓴 뒤 벌레
　　가 갉아 먹도록 한 일로 유명하다.

❷　원문의 곤정(袞貞)은 중종 때의 문신 관료인 남곤(南袞)과 심정(沈貞)을 가
　　리킨다. 이들은 훈구파의 핵심 인물로 1519년 조광조 등의 신진 사림파를
　　일망타진한 기묘사화를 주동했다.

❸ 이장곤은 기묘사화 때 조광조 등의 처형을 반대했고 이 일로 훈구파의 비판을 받아 벼슬자리에서 물러나야 했다. 또 '기묘년의 여덟 현자(己卯八賢)' 중 한 명으로 여겨지기도 했다. 그러나 조식은 이장곤이 다만 처형을 반대한 것만으로는 부족했다고 본 것이다.

❹ 조식이 이장곤을 만난 것은 1519년 이후, 1520년을 전후한 시기였을 것으로 보인다. 그런데 이때 이장곤은 이미 우찬성을 지낸 바 있는 명사(名士)였고 조식은 스무 살 무렵의 젊은 청년에 불과했다. 무엇보다도 조식은 이장곤보다 나이가 스물일곱 살이나 어렸다. 이런 부분을 생각해 보면 조식이 이장곤과 만나 실제로 이런 이야기를 나누었을지는 알 수 없다.

八

부귀가 아니라
학문과 덕(德)을
기준으로

그 사람이 벗할
만하면 초라한
베옷을 입은
사람이라도
왕공(王公)과도
같이 귀하게
여겼습니다.

66 松溪嘗入京時 先生因付藥債
與之書曰 初欲乞諸原吉
而更料則一身病痛 何關於世
而向人乞求官藥乎 誠所不敢

此下記 先生辭受之義

벗 신계성(申季誠)❶이 서울로 갈 때, 선생이 신계성에게 약값을 보내며 약 구입을 부탁한 일이 있었습니다. 선생은 신계성에게 서신을 보내며 이렇게 말했습니다. "애초에는 조정에 있는 이준경(李浚慶)❷에게 부탁해 보려고 했습니다. 그러나 다시 생각을 바꾸었습니다. 내 한 몸의 병통이 세상과 무슨 상관이 있어 조정에 있는 사람에게 관청의 약을 구해 달라고 하겠습니까? 이는 참으로 감히 하지 못할 일입니다."

이 아래로는 선생이 사양하고 받아들이는 의리에 대해 기록했습니다.

❶ 신계성(申季誠 ; 1499~1562) : 중종, 명종 때의 학자이다. 경상도 밀양부에 살았으며 삼가현의 조식, 초계군의 이희안(李希顔) 등과 교유했다. 학문과 덕행이 높았다. 조식, 이희안과 더불어 '삼고(三高)'로 불렸다. 여러 번 유일(儒逸)로 천거되었으나 출사하지 않았다. 자는 자함(子誠), 호는 송계(松溪)이다. 본관은 평산(平山)이다.

❷ 이준경(李浚慶 ; 1499~1572) : 명종, 선조 때의 명재상이다. 홍문관부제학, 대사헌, 우의정, 영의정 등을 지냈다. 정치가, 외교관, 군사전략가로 대단한 활약을 펼쳤으며 이미 당대에 '안정적인 치세(治世)'의 능력을 갖춘 인물로 인정을 받았다. 특히 인재를 등용하는데 탁월한 안목을 가진 것으로 평판이 높았다. 성리학을 조선의 정치 이념으로 정착시키기 위해 노력했다. 조식의 어린 시절 벗이다. 조식과는 달리 일생을 벼슬길에서 보냈다. 자는 원길(原吉)이다. 호는 동고(東皐)·남당(南堂)·양와(養窩)·홍련거사(紅蓮居士)이다. 본관은 광주(廣州)이다.

67 先生曰 銓門如市 無非苞苴事也
固當一切謝去 若在無權之地
朋友有寄髓滫 寧可不受耶
若一切却之 則無亦狹隘 而非人情乎

이조판서(吏曹判書)의 집 앞은 늘 시장과도 같이 북새통을 이룹니다. 이조는 벼슬아치의 선발을 담당하는 전조(銓曹)❶이기 때문입니다. 그러므로 이조판서의 집으로 가져오는 선물 중에는 뇌물 아닌 것이 없습니다. 물건을 감싼 것과 물건 밑바닥에 깔아놓은 것은 곧 그 나쁜 뜻을 감춘 것일 뿐입니다.❷ 진실로 통틀어서 거절하고 떠나야 마땅합니다.❸ 만약 아무런 권력도 없을 때에 붕우(朋友)가 부드럽고 담백한 음식을 보내준다면 어찌 받지 않을 수 있겠습니까? 만약 통틀어서 이것을 물리친다면 또한 마음이 너그럽지 못한 일이 아니겠습니까? 인정이 없는 일이 아니겠습니까? 그러나 이조판서로 있을 때는 이렇게 할 수 없는 것입니다.

❶ 전조(銓曹)는 문관의 전형을 맡아 보던 이조(吏曹)와 무관의 전형을 맡아 보던 병조(兵曹)를 아울러 말한다.

❷ 원문의 포저(苞苴)는 물건을 감싸는 것과 물건 밑바닥에 까는 것이라는 뜻이다. 곧 뇌물로 보내는 물건을 이르는 말이다.

❸ 여기서의 이조판서는 이언적(李彦迪 ; 1491~1553)을 말한다. 이언적은 1542년 이조판서를 제수받았다. 조식은, 이언적이 이조판서로 있을 때 꿩과 생선을 선물로 받은 일이 있다며 이와 같이 말하고 있는 것이다. <남명집> <관서문답에 대한 해설(解關西問答)>에 이와 같은 내용이 나온다.

68

三足堂家富 其卒也先生視之
三足念先生貧乏 遺令諸子
歲遺之粟若干 以視先生 先生不受
以詩復之曰 於光亦不受 此人劉道原
所以胡康侯 至死貧不言

김대유(金大有)❶ 선생은 집안이 부유했습니다. 김대유 선생은 선생(조식)보다 나이가 스물두 살이나 많았지만 '나이 차이를 잊은 망년우(忘年友)'로 교유했습니다. 김대유 선생이 세상을 떠나려 할 때 선생(조식)이 문병을 갔습니다. 김대유 선생은 선생이 궁핍한 것을 걱정했습니다. 이에 여러 아들에게 유언을 남겨 해마다 얼마간의 곡식을 보내도록 했습니다. 이에 그 아들들이 곡식을 가지고 선생을 찾아뵈었습니다. 그러나 선생은 곡식을 받지 않고 돌려보내며 다음과 같은 오언시(五言詩)를 지어주었습니다. "사마광과 함께 <자치통감>을 편찬했던 유서(劉恕)❷는 자신을 알아주던 사마광(司馬光)❸이 보낸 옷조차 받지 않았습니다. 유서(劉恕)는 이런 사람이었습니다. 다음 시대의 학자 호안국(胡安國)❹이 죽음에 이르도록 가난을 말하지 않았던 것도 이런 이유에서였습니다."❺

❶ 김대유(金大有 ; 1479~1552) : 중종 때의 학자이다. 현량과에 합격해 호조 좌랑, 사간원정언을 지냈으나 1519년의 기묘사화로 현량과가 혁파되자 벼슬을 삭탈당했다. 이후 경상도 청도군 운문산(雲門山) 아래로 내려가 은거했다. 정여창(鄭汝昌)의 문인이다. 나이가 자신보다 스물두 살이나 적은 조식과 망년우(忘年友 ; 나이 차이를 생각하지 않는 벗)로 교유했다. 김대유가 세상을 떠났을 때 조식이 묘갈문을 썼다. <삼족당일고(三足堂逸稿)>를 남겼다. 본관은 김해(金海), 자는 천우(天祐), 호는 삼족당(三足堂)이다.

❷ 유서(劉恕 ; 1032~1078) : 송나라 역사가이자 장서가이다. 사마광(司馬光)이 <자치통감(資治通鑑)>을 편집할 때 부주편(副主編)으로 일했다. 역사

적 사실이 복잡해 파악하기 어려운 부분이 있으면 상세하게 고증하는 일을 담당했다. 벼슬이 비서승(秘書丞)에 이르렀다. 살림이 빈한해 겨울에 입을 옷도 없을 정도였다. 사마광이 옷 몇 벌을 주었지만 받지 않았다고 한다. 도원(道原)은 자이다.

❸ 사마광(司馬光 ; 1019~1086) : 송나라 신종(神宗), 철종(哲宗) 때의 정치가이다. 어렸을 때부터 독서를 좋아했으며 1038년 진사시에 합격했다. 1067년 신종이 즉위하자 한림학사(翰林學士), 어사중승(御史中丞), 추밀부사(樞密副使)를 지내며 출세가도를 달렸다. 신종이 왕안석(王安石)의 신법(新法)을 시행하자 이를 반대하며 사퇴했다. 1085년 철종(哲宗)이 즉위한 후 섭정(攝政) 태후에게 발탁되어 중앙 조정으로 복귀했다. 벼슬이 '상서좌복사 겸 문하시랑(尚書左僕射兼門下侍郎)'에 이르렀다. 또한 위대한 역사가로서 이름이 높다. 1065년부터 1084년까지, 20권에 이르는 중국 역사서 <자치통감(資治通鑑)>을 편집했다. 매우 엄정하고 성실했다. 자는 군실(君實)이다. 호는 우부(迂夫)·우수(迂叟)이며 시호는 문정(文正)이다. 죽은 후 온국공(溫國公)에 봉해졌으므로 사마온공(司馬溫公)이라고도 한다.

❹ 호안국(胡安國 ; 1074~1138) : 송나라 학자이다. 정이천을 사숙하고 사양좌(謝良佐), 양시(楊時) 등과 교유했다. 거경궁리(居敬窮理)의 학문을 중요하게 생각했으며, 출처(出處)에 엄격했다. 20여 년 동안 <춘추>를 공부해 <춘추호씨전(春秋胡氏傳)>을 저술했다. 호는 무이(武夷), 시호는 문정(文定)이다. 강후(康侯)는 자이다.

❺ 김우옹의 <동강집> <남명선생 언행록>에 이와 같은 말이 있다. 이 말에 이어 또 다음과 같은 말이 나온다. "선생(조식)이 사양하고 받아들이는 일이 이와 같이 구차하지 않았습니다. ―(其辭受之不苟 如此)"

69 有新進少年 踐淸班擅盛譽
先生一見告人曰 觀其挾才自恃
乘氣加人 異日賊賢害能 未必不由此人
其後果登崇位 陰結兇魁 弄法行威
士類殲焉

此下記 先生知人之明

갓 벼슬길에 나선 한 청년이 '출세를 보장받는 청요직(淸要職)❶'의 자리에 올랐습니다. 그런데 이 청년은 자신의 명예를 제멋대로 높이며 우쭐거렸습니다. 선생이 이 청년을 한번 보고 사람들에게 이렇게 말했습니다. "그 재주를 믿고 스스로 뽐내며 다른 사람을 업신여기고 있습니다. 이를 보면 나중에 현명한 사람을 죽이고 능력있는 사람을 해치는 일이 이 사람으로 말미암지 않을 것이라는 보장이 없습니다." 훗날 이 사람이 과연 높은 자리에 오르자 흉악무도한 자들과 남몰래 결탁했습니다. 그리고 법을 악용해 제멋대로 위력을 행사해 선비들을 섬멸했습니다. 사람을 알아보는 선생의 명철(明哲)함은 이와 같았습니다.❷

이 아래로는 사람을 알아보는 선생의 명철함에 대해 기록했습니다.

❶ 원문의 청반(淸班)은 곧 청요직(淸要職)을 말한다. 청요직은 학문이 뛰어나고 가문이 훌륭할 뿐만 아니라 강직한 인재로만 임명하는 관직을 말한다. 홍문관(弘文館), 예문관(藝文館), 규장각(奎章閣), 사헌부, 사간원, 승정원(承政院) 등의 관직이 청요직이었다. 또 이조와 병조의 정랑과 좌랑, 각도(各道)의 도사(都事) 또한 청요직으로 여겨졌다. 이들 관직은 비록 직위가 낮았지만 국왕의 측근에서 '다스리는 도리(治道)'를 이끄는 핵심적인 위치에 있었다.

❷ 김굉필은 <한빙계>에서 다음과 같이 말한다. "<서경>(<고요모(皐陶謨)>)에서는 "사람을 알아보는 일은 명철한 것이니 요(堯)임금조차 어려워했다"고 말했습니다. 그러나 사람을 알아보고자 한다면 반드시 그 말을 살펴야 합니다. 말이라는 것은 마음을 드러내는 것이기 때문입니다. 공자는 이렇게 말합니다. "장차 배반할 자는 그 말이 떳떳하지 못합니다. 마음속에 의심을 품은 자는 그 말이 지리멸렬합니다. 길한 사람은 말이 적고 조급한 사람은 말이 많습니다. 선한 사람을 속이려는 사람은 그 말이 번지르르하고 지조를 잃은 사람은 그 말이 비굴합니다." —(書曰 知人則哲 惟帝其難之 然欲知其人 必察其言 言者 心之表 夫子曰 將叛者其辭慚 中心疑者其辭枝 吉人之辭寡 躁人之辭多 誣善之人其辭遊 失其守者其辭屈) —<경현부록(景賢附錄)> <한빙계(寒氷戒)>"

70　有士子有文藝未第 其人陰猜媚嫉
　　　仇視賢人 先生偶見於群會中
　　　退而語友人曰 吾察於眉宇之間
　　　而得其爲人 貌若坦蕩 中藏禍心
　　　如使得位逞志 善人其殆乎 友人服其明

선비 중에 글재주가 있으나 아직 과거에는 합격하지 못한 사람이
있었습니다. 그런데 이 사람은 음험하게 다른 사람이 가지고 있는
재주를 시기하고 질투했습니다.❶ 현자(賢者)를 원수처럼 보았습니
다. 선생이 여러 사람이 모이는 회합 자리에서 우연히 이 사람을 보
았습니다. 그리고 자리에서 물러나 벗들에게 이렇게 말했습니다.
"내가 이 사람의 눈썹 사이를 살펴보고 그 사람됨을 알았습니다. 용
모가 마치 군자와도 같이 평탄하고 여유가 있어 보이지만❷ 속으로
는 남을 해치려는 마음을 감추고 있습니다. 가령 이 사람이 자리를
얻어 자신의 뜻을 펼친다면 선한 사람들이 위태로울 것입니다." 벗
들이 선생의 분명한 안목을 보고 탄복했습니다.❸

❶ 음시모질(陰猜媚嫉)을 풀이한 것이다. <대학> <혈구장(絜矩章)>에 다음
　과 같은 말이 나온다. "다른 사람이 가진 재주를 시기하고 미워하는 신하가
　있습니다. 다른 사람이 가진 훌륭함과 성스러움을 반대하여 통하지 못하게
　하는 신하가 있습니다. 이런 신하는 다른 사람을 포용할 수 없는 것이니,
　이로써 우리의 자손과 백성을 제대로 보호할 수 없습니다. 또한 '위태롭다'
　고 말할 수 있습니다. ─(人之有技 媚疾以惡之 人之彦聖 而違之俾不通 寔
　不能容 以不能保我子孫黎民 亦曰殆哉)" '혈구(絜矩)'는 마치 자로 잰 것처
　럼, 나의 마음을 살펴 다른 사람의 마음을 헤아리는 일을 말한다.

❷ 모약탄탕(貌若坦蕩)을 풀이한 것이다. <논어> <술이(述而)> 편에 다음과
　같은 공자의 말이 나온다. "군자는 평탄하고 여유가 있으며 소인은 늘 근심
　한다. ─(君子坦蕩蕩 小人長戚戚)"

❸ 사람을 알아보는 조식의 안목에 대해 제자 정인홍은 다음과 같이 말한다.

"선생은 사람을 관찰할 때 사람의 인품을 알아보는 안목이 있었습니다. 사람의 능력을 파악하는 지혜가 있었습니다. 이는 다른 사람들이 쉽게 헤아릴 수 있는 것이 아니었습니다. —(至於觀人之際 視察之鑑 斤兩之蘊 有未易窺測者) —<내암집> <남명 조선생 행장(南冥曺先生行狀)>"

71 李芑嘗出使嶺外 芑曾以喜讀中庸
爲時所推 以書抵先生 論義理疑處
先生答曰 相公以植棄擧業入山林
意或積學有見 而不知被欺已多矣
此身多病 仍投閑靜 只保得餘生
義理之學 非所講也

芑後卒爲乙巳兇魁

1544년 이기(李芑)❶가 경상도순변사(慶尙道巡邊使)로 내려온 일이 있었습니다.❷ 이기는 일찍이 <중용(中庸)> 읽기를 좋아해서 사람들로부터 인정을 받았습니다. 이에 선생에게 서신을 보내 의리(義理)가 의심스러운 곳에 대해 논박하고자 했습니다. 선생은 다음과 같은 답장을 썼습니다. "재상께서는 내가 과거를 버리고 산림에 들어와 있으니, 혹 학문이 쌓여 식견이 있을 것으로 생각합니다. 그러나 세상 사람들이 나에게서 기만당한 것이 매우 많다❸는 사실은 알지 못합니다. 이 몸은 병이 많아, 한가하고 고요한 곳에 깃들어 다만 여생을 편안하게 보내고자 할 뿐입니다. <중용>에서 말하는 의리의 학문이라면 강학(講學)해온 바가 아닙니다."❹

이기는, 이후 마침내 을사사화의 흉악한 우두머리가 되었습니다.

❶ 이기(李芑 ; 1476~1552) : 중종, 명종 때의 권간(權奸)이다. 평안도관찰사,

한성부판윤, 형조판서, 좌찬성, 우의정, 영의정 등을 지냈다. 1545년 명종이 즉위하자 윤원형 일파와 손을 잡고 을사사화를 일으켰다. 이 공으로 보익공신(保翼功臣) 1등을 받았으며, 좌의정을 거쳐 영의정의 자리에 올랐다. 을사사화의 원흉이라 하여, 선조 때 모든 관직을 삭탈당했다. 본관은 덕수(德水), 자는 문중(文仲), 호는 경재(敬齋)이다.

❷ <중종실록> 1544년 7월 기사에 "경상도순변사(慶尙道巡邊使) 이기(李芑)가 배사(拜辭)했다"는 기록이 보인다. 원문의 영외(嶺外)는 조령 바깥쪽이라는 뜻으로 곧 영남(嶺南)을 말한다.

❸ 조식은 1555년 명종에게 올린 <을묘사직소(乙卯辭職疏)>에서 자신의 학문이 아직 '엉성하고 어둡다'고 말한다. 그리고 자신의 명성이 널리 알려진 것은 보잘것없는 자신이 '명성을 도둑질한 것'이며 세상 사람들이 '기만당한' 것이라고 말한다. 자신을 천거한 벼슬아치들은 물론, 이조의 담당자와 임금까지 모두 자신에게 속았다는 것이다.

❹ 주희는 <독중용법(讀中庸法)>에서 다음과 같이 말한다. "<중용>은 남에게 물어보아도 소용이 없습니다. 다만 대충대충 보고 넘어가야 합니다. 알기 쉬운 사람의 일을 내버려 두고 도리어 알기 어려운 천리(天理)를 먼저 공략해서는 안 됩니다. 그런데 <중용>에서는 형체와 그림자가 없는 일에 대해 주로 이야기합니다. —(不用問人 只略略恁看過 不可掉了易底 却先去攻那難底 中庸 多說無形影)" <중용>으로 명성을 얻은 이기는 '형체와 그림자가 없는 일'에 대해 조식과 논쟁을 벌이고 싶었을 것이다. 그러나 조식은 이와 같은 일에 대해 논쟁하는 일을 달가워하지 않았다.

72　先生取友必端 其人可友 雖在布褐
尊若王公 必加禮敬 不可友
官雖崇貴 視如土梗 恥與之坐

此下記 先生交朋友之道

벗으로는 반드시 단정한 사람과 사귀었습니다.❶ 그 사람이 벗할 만하면 초라한 베옷을 입은 사람이라도 신분이 높은 왕공(王公)과도

같이 귀하게 여겼습니다. 반드시 예우하고 공경했습니다. 그 사람이 벗할 만하지 못하면 관직이 비록 높고 귀한 사람이라도 아랑곳하지 않았습니다.❷ '흙 인형'❸과도 같이 하찮은 것으로 보아, 함께 앉아 있는 일조차 수치스러워 했습니다.

이 아래로는 선생의, 붕우와 사귀는 도리에 대해 기록했습니다.

❶ 취우필단(取友必端)을 풀이한 것이다. <맹자> <이루하(離婁下)> 편에 "윤공타는 단정한 사람이니, 그가 사귀는 벗들도 반드시 단정한 사람일 것이다 ―(夫尹公之他 端人也 其取友必端矣)"라는 말이 나온다. 여기서 단정(端正)하다는 것은 자세가 꼿꼿하고 마음이 곧다는 뜻이다.

❷ 그 사람이 벗할 만하다는 것은 덕(德)이 있다는 말이고 그 사람이 벗할 만하지 못하다는 것은 덕이 없다는 말이다. <맹자>에 '벗을 사귀는 일'에 대한, 다음과 같은 말이 나온다. "벗을 사귈 때는 나이를 내세우지 않고 신분을 내세우지 않습니다. 형제의 세력이 많다는 점을 내세우지 않습니다. 벗을 사귄다는 것은 그 덕을 벗하는 일입니다. 내세우는 것으로 사귀어서는 안 됩니다. ―(不挾長 不挾貴 不挾兄弟而友 友也者 友其德也 不可以有挾也) ―<맹자> <만장상(萬章上)>"

❸ 흙 인형은 비에 젖으면 무너져 내린다고 하여 하찮은 물건이나 사람을 비유하는 말로 쓰인다. <전국책(戰國策)> <조책(趙策)>에 다음과 같은 말이 나온다. "흙 인형인 나는 흙으로 만들어진 것입니다. 만약 내가 질풍과 장맛비를 만나면 무너져 내려 다시 흙으로 돌아갈 것입니다. ―(我者乃土也 使我逢疾風淋雨 懷沮 乃復歸土)"

73 　一時名士 如聽松成先生 大谷成先生
　　　東洲成先生 黃江李先生 松溪申先生
　　　皆爲知己友 與成參奉 郭司諫交契亦厚
　　　二人死於乙巳 每念之未嘗不流涕
　　　與三足金先生交道最深 嘗以天下士許之
　　　一時名士以道義相交者 固不止此 此特言其交道之最深者耳

부귀가 아니라 학문과 덕(德)을 기준으로　　　　　　　　　　129

당대의 이름난 선비들과 벗으로 교유했습니다. 파주목의 성수침(成守琛) 선생, 보은현의 성운(成運)❶ 선생, 공주목의 성제원(成悌元)❷ 선생, 초계군의 이희안(李希顔) 선생, 밀양부의 신계성(申季誠) 선생은 모두 선생과 서로를 알아주는 벗들이었습니다. 제릉참봉(齊陵參奉)을 지낸 성우(成遇)❸, 사간원사간을 지낸 곽순(郭珣)❹과의 교분도 두터웠습니다. 그러나 이 두 사람은 을사사화(乙巳士禍) 때 죽임을 당하고 말았습니다.❺ 선생은 이들을 생각할 때마다 매번 눈물을 흘리지 않은 적이 없었습니다. 청도군 김대유 선생과의 교분은 특히 깊은 것이었습니다. 선생은 김대유 선생을 항상 '천하의 선비'로 인정했습니다.❻

선생이 당대의 이름난 선비들과 서로 도의(道義)로써 교유한 일은 다만 여기에 그치지 않습니다. 여기서는 특별히 그 교분이 가장 깊었던 사람들만을 말했을 뿐입니다.

❶ 성운(成運 ; 1497~1579) : 중종, 명종 때의 학자이다. 충청도 보은현의 속리산 자락에 은거해 학문에 전념했다. 백성들의 신망을 받는 학자로서 여러 차례 유일로 천거되었으나 한 번도 출사하지 않았다. 처사형 사림(士林)을 대표하는 인물이다. 조식의 가장 절친했던 벗이다. 10대 후반 처음 서울에 살 때 조식과 이웃하여 살았고, 일생 동안 한결같은 마음으로 교유했다. 조식의 묘갈명(墓碣銘)을 썼다. 자는 건숙(健叔), 호는 대곡(大谷)이다. 문집으로 <대곡집(大谷集)>이 있다.

❷ 성제원(成悌元 ; 1506~1559) : 중종, 명종 때의 학자이다. 성리학 외에 지리, 의학, 점복(占卜) 등에 두루 능통했다. 유일로 천거되어 보은현감을 지냈다. 성운, 조식, 신계성, 이희안 등과 교유했다. 자는 자경(子敬)이다. 호는 동주(東洲)・소선(笑仙)이다. 본관은 창녕(昌寧)이다.

❸ 성우(成遇 ; 1495~1546) : 조식의 절친한 벗이었던 성운(成運)의 형이다. 또한 조식과 벗으로 지냈다. 조식은 성우에 대해 "청빈하기가 물과 같아서 일찍이 나와 단금지교(斷金之交)를 맺었다"고 말했다. 제릉참봉(齊陵參奉)을 지냈다. 자는 중려(仲慮)이다.

❹ 곽순(郭珣 ; 1502~1545) : 중종 때의 문신 관료이다. 사간원사간, 홍문관교리 등을 지냈다. 김대유, 박하담, 조식 등과 교유했다. 조식이 "능력을 펼칠

만한 때를 만난다면 큰일을 해낼 인물"이라고 평했다. 본관은 현풍(玄風)
이다. 자는 백유(伯瑜), 호는 경재(警齋)이다.

❺ 을사사화(乙巳士禍)는 1545년 윤원형 등의 권간들이 일으킨 사화이다. 인
종이 죽고 명종이 즉위하자, 어린 명종을 대신해 문정왕후가 수렴청정을
펼쳤다. 그리고 명종의 외숙부이자 문정왕후의 동생인 윤원형(尹元衡)이
정권을 장악했다. 정권을 잡은 윤원형의 소윤파(小尹派)는 을사사화를 일
으켜 인종의 외숙부 윤임(尹任)이 이끄는 대윤파(大尹派)를 제거했다. 이
과정에서 사림파(士林派) 또한 큰 화를 당했다. 이때 성우는 간신들을 비
난하는 말을 했다가 "역적을 편들고 공신을 모욕한다"는 죄목으로 끌려가,
1546년 8월 장형(杖刑)을 당해 죽었다. 또 곽순은 1545년 9월 이틀 동안 다
섯 차례나 고문을 당하다가 옥중에서 죽었다.

❻ 조식은 <호조좌랑 김대유의 묘갈문(宣務郎戶曹佐郎金公墓碣)>에서 다음
과 같이 쓴다. "내가 사람을 인정해주는 경우가 드문데 유독 공(김대유)만
은 세상에서 으뜸가는 선비로 인정합니다. 공은 갑(甲)의 입장으로 보면 크
고 아름다운 몸가짐으로 경전과 사서를 토론하던 큰 선비였습니다. 을(乙)
의 입장으로 보면 후리후리한 큰 키에 활쏘기와 말타기를 잘하던 호걸이
었습니다. ―(獨許以天下士者 公也 甲視之則容容大雅 討論經史之弘儒也
乙視之則仡仡長身 射御不違之豪士也) ―<남명집> <호조좌랑 김대유의
묘갈문(宣務郎戶曹佐郎金公墓碣)>

74 先生曰 吾友李君仲望
口未嘗有訕罵疾遽之言
心未嘗有忤逆忮害之萌 貪於古而悅乎朋
望之者 恚消忿釋 知其爲忠信人也

선생은 이렇게 말했습니다. "내 친구 이림(李霖)❶은 입으로 남을
헐뜯고 욕하는 말을 한 적이 없습니다. 조급하고 궁색하게 말한 적
이 없습니다. 부모를 거역하거나❷ 남을 해치는 일은 마음속으로조
차 생각한 적이 없습니다. 이런 마음의 작은 움싹조차 틔워 본 적이

없습니다. 옛날 훌륭한 사람들의 일을 더듬어 찾았으며 마음속으로
부터 벗들을 좋아했습니다. 이림은 바라보는 것만으로도 분노가 사
라지고 원망이 풀리는 사람입니다. 그러므로 알 수 있습니다. 이 사
람은 자신에게 충실하고 남에게 신의를 다하는❸ 사람입니다.❹ <논
어>에서는 "말이 진실하고 믿을 수 있으면 오랑캐의 나라에서라도
뜻을 실행할 수 있다"❺고 말합니다. 내 친구 이림은 바로 이런 사
람이었습니다."

❶ 이림(李霖 ; 1501~1546) : 중종, 인종 때의 문신 관료이다. 홍문관부수찬,
　이조정랑, 김해부사, 병조참지, 동부승지, 대사간, 병조참의 등을 지냈다.
　성격이 강직했다. 1545년의 을사사화 때 모함을 받아 유배되었다가 1546
　년 8월 사사당했다. 본관은 함안(咸安)이다. 자는 중망(仲望)이다.

❷ 원문의 오역(忤逆)은 부모를 거역한다는 뜻이다. <명심보감> <효행(孝
　行)> 편에 다음과 같은 말이 나온다. "효도하고 순종하는 사람은 다시 효도
　하고 순종하는 자식을 낳습니다. 부모를 거역하는 사람이 낳은 아이는 또
　한 부모를 거역하는 아이입니다. —(孝順 還生孝順子 忤逆 還生忤逆兒)"

❸ 충신(忠信)을 풀이한 것이다. 충(忠)은 자기 자신에게 충실한 것이고 신
　(信)은 다른 사람에게 신의를 다하는 것이다. 조식은 독서록 <학기>에 다
　음과 같은 정이천의 말을 적어 놓는다. "자신의 최선을 다하는 일을 충(忠)
　이라고 합니다. 다른 사람에게 극진하게 하는 일을 신(信)이라고 합니다.
　자신의 최선을 다하는 일은 자신의 선한 본성을 발휘하는 것입니다. 다른
　사람에게 극진하게 하는 일은 다른 사람이 그 선한 본성을 발휘하도록 하
　는 일입니다. 신이란 거짓이 없는 일일 뿐입니다. 천성(天性)에서 더하거나
　모자란 것이 있으면 이것은 곧 거짓입니다. —(盡己爲忠 盡物爲信 極言之
　則盡己者盡己之性也 盡物者盡物之性也 信者 無僞而已 於天性有所損益
　則爲僞矣) <학기유편> <학문하는 일의 요체(爲學之要)> —<하남정씨유
　서(河南程氏遺書)> <이천선생어(伊川先生語)>"

❹ 조식은 <이림이 선물한 '심경' 끝에(題李君所贈心經後)>에서 다음과 같이
　쓴다. "내 친구 이림은 어질고 공손한 사람입니다. 그 마음속은 얼음을 담
　은 옥항아리와도 같고, 그 외면은 옥색과도 같습니다. —(仁悌人也 其爲內
　也氷壺 其爲外也玉色) —<남명집> <이림이 선물한 '심경' 끝에(題李君所
　贈心經後)>" 이 절목의 말 또한 같은 글에 나온다. <논어>에는 "충(忠)과
　신(信)을 중심으로 삼아야 한다 —(主忠信) —<논어> <학이(學而)>"는 공

자의 말이 나온다. 이 말에 대해 주희는 다음과 같이 부연한다. "사람에게 충과 신이 없으면 실행하는 일에도 진실함이 있을 수 없습니다. 그러므로 이런 자는 악을 저지르기는 쉽고 선을 실천하기는 어렵습니다. 이런 까닭에 학문하는 자는 반드시 이 충과 신을 중심으로 삼아야 합니다. ―(人不忠信 則事皆無實 爲惡則易 爲善則難 故學者必以是爲主焉)"

❺ <논어>에 다음과 같은 공자의 말이 나온다. "말이 진실하고 믿을 수 있으며 행실이 독실하고 경하면 비록 오랑캐의 나라에서라도 뜻을 실행할 수 있습니다. 말이 진실하지 못하고 믿을 수 없으며 행실이 독실하지 못하고 경하지 못하면 자신이 사는 고장에서도 뜻을 실행할 수 없습니다. ---(言忠信 行篤敬 雖蠻貊之邦 行矣 言不忠信 行不篤敬 雖州里行乎哉) ―<논어> <위령공(衛靈公)>"

九

공부란 오직, 스스로 터득하는 것

후학을
가르칠 때는
경전에 대해
설명하기보다는
스스로
터득하도록
했을 뿐입니다.

75 先生敎人 各因其才而篤焉 有所質問 則必爲之剖析疑義 其言細入秋毫 使聽者 洞然暢達而後已

此下記 先生敎後學之道

선생은 사람을 가르칠 때, 각자의 재주에 따라 독려해 주었습니
다.❶ 주희는 "제자들에게 자세하고 곡진하게 설명해 주는 일을 게
을리한 적이 없다"❷고 합니다. 선생 또한 제자들이 질문하는 것이
있으면 반드시 그 의심스러워하는 뜻을 명확하게 분석해서 설명해
주었습니다. 가을철에 털갈이를 한 후 새로 돋아나는 짐승의 털은
더할 수 없이 가는 법입니다. 선생의 말은, 이 가을 털 사이로 들어
가기라도 하는 것처럼 자세했습니다.❸ 듣는 사람으로 하여금 막힘
없이 후련하게 통달하도록 한 후에야 마쳤습니다.❹

이 아래로는 선생이 후학을 가르친 방법에 대해 기록했습니다.

❶ 각인기재이독언(各因其才而篤焉)을 풀이한 것이다. <맹자> <고자하(告子
下)> 편에 다음과 같은 말이 나온다. "내가 달갑게 여기지 않아서 가르치기
를 거절하는 것 또한 가르치는 것일 뿐입니다. ―(予不屑之敎誨也者 是亦
敎誨之而已矣)" 그리고 이 말에 대한 주희의 집주에 다음과 같은 말이 나
온다. "혹은 억제하고 혹은 칭찬하며 혹은 인정하고 혹은 인정해주지 않는
일을 말합니다. 각각 가지고 있는 재주에 따라 독려하는 일을 말합니다. ―
(言或抑或揚 或與或不與 各因其材而篤之)"

❷ 황간이 쓴 <주자행장>에 다음과 같은 말이 나온다. "종유(從遊 ; 덕과 학
문이 있는 사람을 따르며 배우는 일)하는 제자들은 학습한 내용을 번갈아
암송하다가, 그 의심나는 것을 질문했습니다. 선생은 제자들이 아직 깨닫
지 못한 부분에 대해 자세하고 곡진하게 설명해 주는 일을 게을리 한 적이
없습니다. 질문한 내용이 아직 절실하지 않으면 반복하여 훈계했고 이를
숨긴 적이 없습니다. 학문에 힘쓰는 일이 독실하면 기뻐하는 기색이 말에
묻어 나왔습니다. 도에 나아가는 일을 어려워하면 걱정하는 마음이 얼굴
에 나타났습니다. ―(從遊之士 迭誦所習 以質其疑意有未諭 則委曲告之

而未嘗倦 問有未切 則反覆戒之而未嘗隱 務學篤則喜見於言 進道難則憂
形於色)"

❸ 배우는 자들로 하여금 주저 없이 질문하도록 장려한 것이다. <근사록>에
다음과 같은 말이 나온다. "처음 배우는 자들에게는 모름지기 그를 위하여
설명해 주어야 합니다. 이렇게 하지 않으면 그가 깨닫지 못할 뿐만 아니라
사람이 질문 좋아하는 마음을 막는 결과를 낳고 맙니다. —(初學者 須
是且爲他說 不然 非獨他不曉 亦止人好問之心也) —<근사록> <가르치고
배우는 일(敎學)>"

❹ 성운의 <남명선생 묘갈문>에 이 절목에서와 같은 말이 나온다. 성운은 이
와 같이 말하기에 앞서 또 다음과 같이 말한다. "공(조식)은 만년에 이르러
학문에 더욱 힘을 쏟았습니다. 이에 학문이 앞으로 나아갔고, 학문의 경지
가 정밀하고 심오해졌습니다. —(公晚歲 學力益進 造詣精深) —<대곡집
(大谷集)> <남명선생 묘갈문(南溟先生墓碣)>"

76 先生敎人 必觀其資禀 將順激勵之

사람을 가르칠 때는 반드시 그 타고난 자질을 살펴보았습니다.❶ 공
자는 "그 아름다운 점을 스스로 길러서 따르도록 하고 그 나쁜 점은
스스로 바로잡아 구제하도록 한다"❷고 말했습니다. 김굉필(金宏
弼) 또한 "제자들이 재주에 따라 성취하여 나아가도록 했다"❸고 합
니다. 선생 또한 이와 같이 사람의 자질에 맞추어 격려했습니다.❹

❶ <근사록>에 다음과 같은 장횡거(張橫渠)의 말이 나온다. "사람을 가르치
는 일은 지극히 어렵습니다. 반드시 그 사람이 재능을 다 발휘할 수 있도록
해야 합니다. 그래야 그 사람을 잘못되게 하지 않습니다. 그 사람이 도달
할 수 있는 위치를 관찰한 연후에 그에게 알려 줍니다. —(敎人至難 必盡人
之材 乃不誤人 觀可及處然後 告之) —<근사록> <가르치고 배우는 일(敎
學)> —<예기> <학기(學記)>" 장횡거(張橫渠)가 <예기>의 말을 인용한 것
인데, 장횡거는 또 다음과 같이 말한다. "사람의 재능은 어떤 훌륭한 일을
하기에 충분합니다. 다만 자신의 정성을 다하지 않기 때문에 그 재주를 발

휘하지 못합니다. 만약 다른 사람이 억지로 시켜서 한다면 어찌 정성을 다할 수 있겠습니까? ―(人之才足以有爲 但以其不由於誠 則不盡其才 若曰勉率而爲之 則豈有由誠哉) ―<근사록> <가르치고 배우는 일(敎學)>"

❷ 원문의 장순(將順)을 풀이한 것이다. <소학> <인륜을 밝히는 일(明倫)> 편에 다음과 같은 공자(孔子)의 말이 나온다. "군자는 다른 사람에게 아름다운 점이 있으면 그 사람으로 하여금 그 아름다운 점을 스스로 길러서 따르도록 합니다. 다른 사람에게 나쁜 점이 있으면 그 사람으로 하여금 그 나쁜 점을 스스로 바로잡아 구제하고자 합니다. ―(將順其美 匡救其惡)"

❸ 기대승이 쓴 <김굉필 선생 행장(金先生行狀)>에 다음과 같은 말이 나온다. "경서를 가지고 선생의 학당(學堂)으로 오는 자들이 너무 많아 학당에서 다 수용할 수 없을 정도였습니다. 선생은 가르치는 일을 게을리 하지 않았습니다. 재주에 따라 성취하여 나아가도록 했습니다. 이에 훗날 세상에 명성을 떨친 제자가 여럿 있었습니다. ―(執經升堂 至不能容 先生誨誘不倦 隨才成就 後多有名於世) ―<속경현록(續景賢錄)>, 기대승의 <김굉필 선생 행장(金先生行狀)>"

❹ <남명선생 편년(南冥先生編年)>에 다음과 같은 이야기가 나온다. "제자 정탁(鄭琢)이 선생에게 배우고 돌아가려고 할 때였습니다. 선생이 소 한 마리를 주면서 타고 가도록 했는데, 정탁은 그 뜻을 헤아릴 수 없었습니다. 선생은 이렇게 말했습니다. "공은 말이 너무 빠릅니다. 느리고 더디더라도 멀리까지 가는 것만 못합니다." ―(公嘗學于先生 及歸 先生贈一牛以騎去 公未解其意 先生曰 公辭氣太敏 不如用遲鈍而致遠) ―<남명선생 편년(南冥先生編年)> 61세(1561년) 조" 조식은 자신이 아는 것을 가르치려고 한 것이 아니라, 제자가 알아야 하는 것을 알 수 있도록 돕고자 한 것이다.

77 先生嘗語學者曰 今之學者
捨切近趨高遠 爲學初不出
事親敬兄悌長慈幼之間 如或不勉於此
而遽欲窮探性理之奧 是不於人事上
求天理 終無實得於心 宜深戒之

일찍이 학문하는 자들에게 이렇게 말했습니다. "정명도 선생은 "학문하는 자들이 가까운 것을 버리고 먼 것을 추구하는 일을 병폐로 생각했다"❶고 합니다. 그런데 요즘 우리나라의 학자들을 보면 또한 절실하고 가까운 것을 버려두고 높고 원대한 것을 추구하고 있습니다. 그러나 학문을 한다는 것은 애초에, 부모님을 섬기고 형제를 경애하고 어른을 받들고 어린아이를 돌보는 일에서 벗어나지 않습니다. 그리고 이와 같이 '일상적인 사람의 일(人事)'을 바탕으로 힘쓰는 동안 끊임없이 이루어져야 하는 것입니다.❷ 만약 혹시라도, 이러한 일에 힘쓰지 않고서 성급하게 성리학(性理學)의 심오한 뜻을 궁리하고 탐구해 보고자 해서는 안 될 것입니다. 이는 사람의 일을 바탕으로 힘쓰지 않고서 천리(天理)를 구하는 것입니다. 끝내 마음속으로 터득하는 실질은 없을 것입니다. 마땅히 깊이 경계해야 할 일입니다."❸

❶ 정이천은 정명도의 행장에서 다음과 같이 쓴다. "세속의 학자들이 가까운 것을 버리고 먼 것을 추구하며 아랫자리에 있으면서 높은 자리를 엿보는 일이 있었습니다. 이에 이런 일을 병폐로 생각했습니다. 이런 일은 경솔하게 자신을 과대평가하는 것이라고 여겼습니다. 그러므로 마침내는 아무것도 터득하는 것이 없는 일이라고 보았습니다. ―(病世之學者 捨近而趨遠 處下而闚高 所以輕自大而卒無得也) ―<명도선생 행장(明道先生行狀)> ―<근사록> <성현의 진면목(觀聖賢)>"

❷ 조식은 학문이란 일상생활 속에서 직접 부딪쳐야 하는 것이라고 보았다. 구체적인 삶과 동떨어진 학문은 쓸데없는 공리공담(空理空談)일 뿐이라고 생각했다. 조식은 독서록 <학기>에 원나라 학자 오징(吳澄 ; 1249~1333)이 한 말을 다음과 같이 적어 놓는다. "학문하는 자가 도에 대해서 뜻을 세우는 일은 마땅히 원대해야 합니다. 그러나 공력을 쓰는 일은 반드시 가깝고 작은 일부터 시작해야 합니다. 원대하다는 것은 그 근원을 탐구하는 일에 해당합니다. 가깝고 작다는 것은 그 느린 강물을 살펴보는 일에 해당합니다. 느린 강물을 살펴본다는 것은 현재의 흐름으로부터 근원으로 거슬러 올라간다는 말입니다. 급하게 근원을 탐구하는 일에 힘쓰지는 않는다는 말입니다. 도에 근원이 있는 것은 물에 수원이 있는 것과 같습니다. ―(學者

之於道 其立志當極乎遠大 而用功必循夫近小 遠大者何 究其源也 近小者何 有其漸也 漸者自流溯源 而不遽以探原爲務也 道之有原 如水之有原)—<학기유편> <사람을 가르치는 일(敎人)> —<성리대전> <학삼(學三)> <총론위학지방(總論爲學之方)>" 오징(吳澄)은 주희의 사전제자(四傳弟子)이며 허형(許衡)과 함께 원나라 이대학자(二大學者)로 일컬어진다. 흔히 임천오씨(臨川吳氏)로 불린다.

❸ 조식은 <어사 오건에게 주는 글(與吳御史書)>에서 다음과 같이 말한 일이 있다. "사람의 본성과 '천도(天道)'는 공자의 문하에서도 말하지 않던 것입니다. —(性與天道 孔門所罕言) —<남명집> <어사 오건에게 주는 글(與吳御史書)>" 또 <남명선생 편년>에 다음과 같은 말이 나온다. "남에게 보이는 일을 위해 어지럽게 달려가고 단계를 뛰어넘어 올라가려는 제자들이 있었습니다. 이렇게 해서 실천을 구하지 않는 제자들이 있었습니다. 이런 제자들을 보면 선생은 반드시 억눌러 규제했습니다. 일찍이 이렇게 말했습니다. "오늘의 폐단은 높고 먼 것을 찾으려고 힘쓰면서 자신에게 절실한 병통은 살피지 않는 데 있습니다." —(至見諸生之鶩外躐等 不求實踐者 則必抑規之 嘗曰 今日之弊 多務高遠 不察切己之病) —<남명선생편년> 48세 (1548년) 조" 조식은 형이상학적 논쟁이 당대 학문의 주류를 이루는 일에 대해 깊은 우려를 가지고 있었다.

78 ① 先生曰 濂洛以後 著述輯解 階梯路脈 昭如日星 新學小生開卷洞見 至其得力之淺深 則只在求之 誠不誠如何耳

학문하는 일에 대해 이렇게 말했습니다. "주돈이(周敦頤), 정명도, 정이천 등과 같은 송나라 학자들❶이 경전에 주해를 달고 글을 쓰기 시작한 이후 우리 학문에 섬돌과 사다리, 도로와 물길이 생겼습니다. 이에 우리 학문의 도(道)가 해와 별처럼 밝아졌고, 새로 공부를 시작하는 청년들은 책을 펴면 이를 환하게 꿰뚫어 볼 수 있습니다.❷

터득하여 얻는 힘이 깊은 경우도 있고 얕은 경우도 있는 것은, 다만 구하는 자세가 어떠한가에 달려 있을 뿐입니다. 오로지 구하는 노력이 정성스러운가, 정성스럽지 않은가에 달려 있을 뿐입니다.❸"

❶ 원문의 염락(濂洛)을 풀이한 것이다. 염락(濂洛)은 염계(濂溪) 땅의 주돈이 (周敦頤), 낙양(洛陽) 땅의 정명도(程明道)와 정이천(程伊川) 형제를 말한 것이다. 대체로 송나라 성리학자를 가리키는 줄임말이다.

❷ 정인홍의 <남명 조선생 행장(南冥曺先生行狀)>에는 또 다음과 같은 말이 나온다. "선생은 바로 함께 책을 펼쳐서 강론하고자 하지는 않았습니다. 대신 이렇게 말했습니다."예로부터 전해 오는 성인들의 정밀한 말과 오묘한 뜻 중에는 쉽게 깨달을 수 없는 것들이 있었습니다. 주돈이, 정명도, 정이천, 장횡거, 주희 등이 차례로 이것들을 밝혀 놓았습니다. 이에 남아 있는 것이 없습니다. 학문하는 자들은 이를 이해하기 어려울까 걱정할 것이 없습니다. 다만 자신을 위한 학문으로 삼지 못할까 걱정해야 할 뿐입니다." — (不欲便與開卷講論曰 終古聖人微辭奧旨 人不易曉者 周程張朱相繼闡明 靡有餘蘊 學者不患其難知 特患其不爲已耳) —<내암집> <남명 조선생 행장(南冥曺先生行狀)>"

❸ 어떤 사람이 지은, 어떤 책을 읽느냐는 더없이 중요한 일이다. 하지만 종종 책이 말하는 것은 책 읽는 사람이 읽고 받아들이는 것과 다르다. 그러므로 좀 더 중요한 것은 학문하는 자들의 정성스러운 자세이다. 학문하는 자들이 스스로 터득하고자 하는 노력이다.

78ⓘ 又曰 今之學者 全與古人不同
宋時群賢 講明備盡 盛水不漏
後之學者 只在用力之緩猛而已
寧有一毫不分門路 誤陞階梯事乎

또 이렇게 말했습니다. "지금 학자들은 옛날 학자들과는 조금도 동일하지 않습니다.❶ 송나라 때의 여러 현자(賢者)들이 연구하여 밝혀 놓은 것은 지극히 정밀합니다. 송나라 현자들의 말은 '물을 가득 채워도 새지 않는 그릇'과도 같습니다.❷ 나중에 공부하는 학자들의 성취는 단지 힘을 쓰는 것이 느슨한가, 팽팽한가에 달려 있을 뿐입니다. 어찌 털끝만큼이라도 들어가는 문을 분별하지 못하는 일이 있을 수 있겠습니까? 어찌 이로써 섬돌과 사다리를 잘못 오르는 일이 있을 수 있겠습니까?"

❶ '옛날 학자'는 옛 시대의 훌륭한 학자를 말한다. <근사록> <학문하는 일(爲學)> 편에 다음과 같은 말이 나온다. "옛날 학자들은 이미 오랜 시간을 두고 빠져들어 충분히 맛보았습니다. 이에 먼저 할 일과 나중에 할 일의 차례가 있습니다. 지금 학자들을 도리어 한 바탕 크게 말 조각을 펼쳐 놓고서는 고원한 것에 힘쓸 뿐입니다. ―(古之學者 優柔厭飫 有先後次序 今之學者 却只做一場話說 務高而已)"

❷ 성수불루(盛水不漏)를 풀이한 것이다. <주자어류(朱子語類)>에 다음과 같은 주희의 말이 나온다. "성인(공자)의 말은 자세하지 않은 것이 없습니다. 모서리를 다듬고 깨진 곳을 봉합하여, 물을 가득 채워도 조금도 새지 않는 그릇과도 같습니다. ―(聖人說話 無不子細 磨稜合縫 盛水不漏) ―<주자어류> <논어> <정공문일언흥방(定公問一言興邦)>" 이 비유는, '문장 구성(文理)'이 치밀한 것을 비유할 때 주희가 종종 쓰던 것이다. 주희는 이전 시대 성인들의 말을 높이기 위해 이 비유를 쓰지만, 조식은 주희를 포함한 송나라 성리학자들의 말을 높이기 위해 이 비유를 쓴다.

79   先生曰 吾於學者 只得警其昏睡而已 既開眼了 自能見天地日月矣

선생은 말했습니다. "나는 단지 학문하는 자들 옆에서 '말(言)'이라는 몽둥이를 들고 있을 뿐입니다.❶ 학문하는 자들의 정신이 혼수상태에 빠져 어둑어둑하고 흐리멍덩할 때 말로써 이를 깨우치고자 할 뿐입니다.❷ 눈을 뜨고 나면 이때는 스스로 세상(天地)의 해와 달을 볼 수 있습니다."❸

❶ 경(警) 자를 풀이한 것이다. 경(敬) 자는 '귀를 쫑긋 세운 개'와 몽둥이를 함께 그린 것(苟)이고, 또 경(警) 자는 경(敬) 자와 언(言) 자를 합친 것이다. 경(警) 자는 곧 "누군가가 말이라는 몽둥이를 들고 있다"는 뜻을 담고 있다.

❷ 조식은 '잃어버린 마음(放心)'을 한 군데로 수렴하는 '구방심(求放心)'이야말로 경(敬)하는 일이라고 생각했다. 그런데 여기서 잃어버린 마음이란 이리저리 달아나는 마음, 이리저리 달아나 산만해진 마음만이 아니다. 주희는 다음과 같이 말한다. "잃어버린 마음은 이리저리 달아나는 마음만을 말하는 것이 아닙니다. 마음이 조금이라도 어둑어둑하고 흐리멍덩한 것도 잃어버린 마음입니다. ―(放心 不獨是走作 喚做放 纔昏睡去也 卽是放) ―<심경부주> <인인심장(仁人心章)>" 인인심(仁人心)은 "인이 곧 사람의 마음이다"라는 뜻이다. 어둑어둑하고 흐리멍덩할 때 이를 깨우친다는 것은 학문하는 자들이 산만해져서 경(敬)하지 못할 때 이를 경계한다는 말이다.

❸ 조식은 독서록 <학기>에 다음과 같은 말을 적어 놓는다. "사물의 이치를 깨닫는 일을 등산에 비유해 말하면 이렇습니다. 단지 "이곳을 따라서 올라가라"고 설명해 줄 수는 있습니다. 그러나 이 산 정상에 도달하는 일은 등산하는 사람의 노력에 달려 있을 뿐입니다. 만약 진짜로 이 산 정상에 도달했다면 허다한 경치를 스스로 발견하고 터득할 것입니다. 설명을 기다리지 않아도 좋습니다. ―(譬如登山 只說得從此處去 至此山上 則在人努力耳 如眞箇到山上 則許多景致自見得 不待先說也) ―<학기유편> <학문하는 일의 요체(爲學之要)> ―<성리대전> <지행(知行)>"

80 先生曰 學者苟能收斂身心
久而不失 則群邪自息 而萬理自通矣

선생은 이렇게 말했습니다. "송나라 학자 윤돈(尹焞)은 "마음을 한 군데로 수렴해서 잡다한 외물을 한 가지라도 받아들이지 않는 일 "❶을 경(敬)이라고 설명합니다. 학문하는 자들은 진실로 자신의 몸과 마음을 한 군데로 수렴할 수 있어야 합니다. 이렇게 수렴하는 일을 오래도록 계속해서 잃지 않아야 합니다. 이렇게 하면 여러 가지 사악한 마음이 저절로 없어집니다.❷ 만 가지 이치가 저절로 통합니다."

❶ <심경부주> <경이직내장(敬以直內章)>에 이와 같은 윤돈의 말이 나온다. "一(其心收斂 不容一物)" 윤돈은 또 다음과 같이 말한다. "경(敬)하는 일에 어떤 형체와 그림자가 있겠습니까? 단지 몸과 마음을 수렴하는 일이 바로 '하나에 집중하는 일(敬)'입니다. 이는 사람이 신을 모신 사당 앞에서 공경하는 마음을 지극하게 할 때와 같은 것입니다. 이때는 마음이 한 군데로 거두어들여져서 다시 털끝만한 것도 더 가져다 붙일 수가 없습니다. 이것이 하나에 집중하는 일이 아니라면 무엇이겠습니까? 이것이 경(敬)하는 일이 아니라면 무엇이겠습니까? 一(敬有甚形影 只收斂身心 便是主一 且如人 到神祠中致敬時 其心收斂 更著不得毫髮事 非主一而何) 一<심경부주> < 경이직내장(敬以直內章)>"

❷ 원문의 군사자식(群邪自息)을 풀이한 것이다. 이리저리 달아나는 마음을 거두어들이는 경(敬) 공부의 효과를 말한 것이다. 주희는 경 공부의 효과에 대해 다음과 같이 말한 일이 있다. "학문하는 자는 항상 이 마음을 깨어 있도록 해야 합니다. 이 마음을 날마다 해가 떠오르는 것과 같이 하면 여러 가지 사악한 마음이 저절로 없어질 것입니다. 一(學者常提醒此心 如日之 升 群邪自息) 一<근사록집해> <간직하고 기르는 일(存養)>"

81 先生 未嘗爲學徒談經說書
只令反求而自得之

선생은 배우는 학도들에게 경서(經書)에 대해 열심히 말하고 설명한 적이 없습니다. 단지 배우는 학도들로 하여금 자신에게 있었던 일을 돌이켜 보고❶ 스스로 터득하도록 했을 뿐입니다.❷ 정이천은 "경전을 담론하고 설명하기보다는 스스로 터득하도록 해야 한다"❸ 고 말한 일이 있습니다. 선생은 곧 이와 같이 했던 것입니다.

❶ 유학자들이 말하는 반구(反求)는 문제의 원인을 자기 자신에게서 찾아본다는 말이다. <맹자> <공손추상(公孫丑上)> 편에 다음과 같은 말이 나온다. "활 쏘는 사수는 자신의 자세를 바르게 한 후에 화살을 쏩니다. 화살을 쏘아 과녁에 적중하지 않아도 승자를 원망하지 않습니다. 자기 자신을 돌

이켜볼 뿐입니다. ―(射者正己而後發 發而不中 不怨勝己者 反求諸己而
已矣)" <맹자> <이루상(離婁上)> 편에는 또 다음과 같은 말이 나온다. "어
떤 일을 실행했는데 만족스러운 결과를 얻지 못하면 모두 자기 자신을 돌
이켜 보아야 합니다. 자기 자신이 바르면 천하가 돌아와 따릅니다. ―(行有
不得者 皆反求諸己 其身正 而天下歸之)" 주희는 <이루상> 편의 이 구절
을 '백록동서원 게시(白鹿洞書院揭示 ; 주희가 만든 백록동서원의 규약으
로 이후 서원의 학칙으로 사용됐던 것)'의 다섯 규약 중 하나로 강조한다.
주희는 반구(反求)를, 학문하는 자가 지켜야 할 가장 중요한 원칙으로 본
것이다.

❷ <처사 조식의 졸기(處士曺植卒記)>에 이 절목에서와 비슷한 말이 나온다.
"일찍이 배우는 학도에게 경서를 담론하고 설명한 적이 없습니다. 단지 학
도들로 하여금 자신에게 일어났던 일을 돌이켜보고 스스로 터득하도록 했
습니다. 그 정신과 기풍이 사람을 격려하고 움직이는 점이 있었습니다. 이
런 까닭에 조식을 따라 배우는 자들 중에 공부가 열리고 재능이 꽃피는 자
가 많았습니다. ―(未嘗爲學徒談經說書 只令反求而自得之 其精神風力有
竦動人處 故從學者多所啓發) ―<선조수정실록> 1572년 1월 기사 <처사
조식의 졸기>" 조식은 경서의 내용을 자신의 경험에 비추어 따져 보고, 또
자신이 직면한 현실에 적용해 보아야 한다고 생각했다.

❸ 경서의 문장을 '기억하고 암송하는 공부(記誦)'는 자신을 과시하려는 것일
뿐이다. 자신을 수양하고 사회 현실을 살피는 데는 별 소용이 없다. 정이천
은 다음과 같이 말한 일이 있다. "책의 내용을 상세하게 설명하는 일은, 필
경 옛사람의 뜻은 아닐 것입니다. 이렇게 하는 일은 오히려 사람을 경박하
게 만듭니다. 학문하는 자는 모름지기 마음을 가라앉히고 생각을 쌓아야 합
니다. 그리고 자신의 마음속을 이리저리 헤엄쳐 다니며 자신의 마음을 함양
해야 합니다. 이렇게 해서 스스로 터득해야 합니다. ―(說書必非古意 轉使
人薄 學者須是潛心積慮 優游涵養 使之自得) ―<근사록> <가르치고 배우
는 일(教學)>" 정이천은 또 다음과 같이 말한 일이 있다. "학자들이 무엇인
가를 터득하는 일은, 반드시 경전을 말하고 도(道)를 논의하는 일에 달려 있
는 것이 아닙니다. ―(學者有所得 不必在談經論道間) ―<심경부주> <예악
불가사수거신장(禮樂不可斯須去身章)>" 예악불가사수거신(禮樂不可斯須
去身)은 "예악은 잠시라도 자신의 몸에서 없애버릴 수 없다"는 뜻이다.

82 先生嘗語肅夫曰 老夫雖或有
一分相長之力 能加絲髮於程朱立言乎
其中有語錄易經難解處 吾亦不强求
盡其閑語 且如穿井 初間汚濁 掘盡澄徹
然後銀花子歷歷 請勿欲一盡得
累以歲月 日有所得
然後見與老夫切磋 幸甚

일찍이 제자 김우옹(金宇顒)❶에게 이렇게 말한 일이 있습니다. "<
예기(禮記)>❷에 교학상장(敎學相長)이라는 말이 나옵니다. "가르
치는 교사와 배우는 학생이 서로를 성장시킨다"❸는 뜻입니다. 이
늙은이가 비록 열에 하나라도, 교학상장할 수 있는 힘을 가지고 있
는지는 알지 못합니다. 그러나 비록 이런 힘을 가지고 있다고 하더
라도 정명도, 정이천, 주희와 같은 학자들이 이미 '불멸의 이론'❹을
전해주었으니, 이 늙은이가 무슨 실오라기만큼이라도 더할 것이 있
겠습니까? 이 가운데 '어록(語錄)'이나 '역경(易經)'과 같은 글에는
나도 이해하기 어려운 곳이 있습니다. 나는 또한 억지로 답을 구하
지는 않습니다. 이해하지도 못하고 억지로 답하려다가는 실없는 말
을 늘어놓을 것입니다.❺" 김우옹에게 또 이렇게 말했습니다. "경전
을 읽는 일은 우물을 파는 일과 같습니다. 처음 파기 시작할 때는 혼
탁합니다. 하지만 다 파고 난 다음에는 밑바닥이 들여다보일 만큼
맑습니다.❻ 이렇게 한 연후에는 우물 바닥에 들어 있던 은비녀가
반짝반짝 빛날 것입니다. 청컨대, 한 번에 다 터득하려고 하지 마십
시오. 오랜 세월 거듭 쌓아 올리다 보면 어느 하루는 터득하는 바가
있을 것입니다.❼ 이렇게 한 연후에 이 늙은이와 함께 절차탁마(切
磋琢磨)ㅡ, 마음의 옥돌을 갈고 쪼개고 다듬을 수 있다면 매우 다행

한 일일 것입니다."

❶ 원문의 숙부(肅夫)는 김우옹(金宇顒)의 자이다. 김우옹은 조식의 손녀사위(外孫壻)이자 제자이다. 조식으로부터 성성자(惺惺子)를 받았다.

❷ <예기(禮記)>는 이상적인 유학자가 지켜야 할 각종 예법을 규정해 놓은 책이다. 예(禮)의 근본 정신이 무엇인지와 함께, 상황에 따라 '할 수 있는 일'과 '할 수 없는 일'이 무엇인지를 말한다. 유가의 오경(五經) 중 하나이다.

❸ <예기> <학기(學記)> 편에 다음과 같은 말이 나온다. "비록 훌륭한 안주가 있다 하더라도 먹어보지 않으면 그 맛을 알 수 없습니다. 비록 지극한 도가 있다 하더라도 배우지 않으면 그 훌륭함을 알 수 없습니다. 학자는 배운 연후에야 자신의 부족함을 알 수 있습니다. 교사는 가르친 연후에야 자신의 곤궁함을 알 수 있습니다. 학문하는 자는 배워서 부족함을 안 연후에 제대로 자신을 돌이켜 볼 수 있습니다. 교사는 가르쳐서 곤궁함을 안 연후에 제대로 자신을 강하게 만들 수 있습니다. 이런 까닭에 "가르치는 교사와 배우는 학자는 서로를 성장시킨다"고 말하는 것입니다. ―(雖有嘉肴 弗食 不知其旨也 雖有至道 弗學 不知其善也 是故學然後知不足 敎然後知困 知不足 然後能自反也 知困 然後能自强也 故曰敎學相長也)"

❹ 입언(立言)을 풀이한 것이다. 입언은 후세에 교훈으로 전할 불멸의 이론을 말한다. <춘추좌씨전>에 다음과 같은 말이 나온다. "가장 큰 것은 덕을 세우는 일이고, 그 다음으로 큰 것은 공을 세우는 일입니다. 그 다음으로 큰 것은 후세에 전할 만한 말을 남기는 것입니다. 비록 오랜 시간이 지난다 하더라도 폐해지지 않으면 이를 '불후(不朽)'라고 일컫습니다. ―(大上有立德 其次有立功 其次有立言 雖久不廢 此之謂不朽) ―<춘추좌씨전> <양공(襄公)> 24년 조"

❺ 조식은 많이 암송하는 일을 자랑으로 생각하지 않았다. 중요한 것은 자신이 읽고 깨닫고 자기 것으로 받아들이는 일이다. 그러므로 조식은 경전에서 깨닫지 못한 내용이 있다고 해서 수치스럽게 생각하지도 않았다. '나는 또한 억지로 답을 구하지 않았다'는 것은, 조식 자신도 유가 경전에서 깨닫지 못한 내용이 있었다는 말이다.

❻ 정이천은 '우물 파는 일'의 비유를 가지고 생각하는 일에 대해 말한다. "생각을 확실하게 만드는 일은 우물을 파는 일과 같습니다. 처음에는 혼탁한 물이 나오지만 오래 판 후에는 차츰 맑은 물이 이끌려 나옵니다. 사람의 생각도 처음에는 모두 혼란스럽다가 오래 생각한 후에는 자연스럽게 명쾌해집니다. ―(致思 如堀井 初有渾水 久後 稍引動得淸者出來 人思慮 始皆溷濁 久自明快) ―<근사록> <지식을 확실하게 만드는 일(致知)>" 또 주희는

'우물 파는 일'의 비유를 가지고 사색하는 일에 대해 말한다. "사물의 이치를 찾는 사색은 비유하자면 우물을 파는 일과 같습니다. 시작하자마자 곧바로 맑은 물을 얻을 수는 없습니다. 먼저 모름지기 탁한 물을 조금씩 제거해 나가면 결국은 저절로 맑은 물을 얻을 수 있습니다. ―(思索譬如穿井 不解便得淸水 先亦須是濁 漸漸刮將去 卻自會淸) ―<주자어류> <학삼(學三)> <지식과 실천에 대하여(論知行)> ―<학기유편> <지식을 확실하게 만드는 일(致知)>"

❼ 경전의 말을 단번에 한 글자도 빠짐없이 이해할 수는 없다. 경전의 말은 정밀하게 읽고 또 오랜 시간 공력을 들여야 조금씩 이해할 수 있다.

83 先生 常繹語孟庸學近思錄等書
以培其根 以廣其趣 就其中切己處
更加玩味 仍擧以告人 未嘗苟爲博洽
以徇聽聞之美 未嘗便爲講說
引惹外人論議

항상 <논어> <맹자> <중용> <대학> <근사록(近思錄)> 등과 같은 경서를 실마리로 삼았습니다.❶ 이로써 그 뿌리를 북돋우고 가지를 뻗게 만들었습니다.❷ 이로써 그 뜻을 확장했습니다. 이 가운데 자신에게 절실한 곳을 만나면, 다시 한번 그 뜻을 이리저리 궁굴려 보았습니다. 그리고 이와 같은 내용을 들어 사람들에게 알려주었습니다. 일찍이 구구하게 박학다식함을 내세우고❸, 이로써 들려오는 소문이 그럴듯하기를 바란 적이 없었습니다. 일찍이 간편하게 경서의 글을 해설하고, 이로써 외부인의 논란을 야기한 적이 없었습니다.

❶ 황간이 쓴 <주자행장>에 다음과 같은 말이 나온다. "선생(주희)은 사람을 가르칠 때 <대학> <논어> <맹자> <중용>으로써 도에 들어가는 순서를 삼았습니다. 이와 같은 책을 읽은 이후에 여러 가지 다른 경전을 읽도록 했습

니다. 이렇게 말했습니다. "<대학>을 먼저 공부하지 않으면 <논어>와 <맹자>의 정밀하고 은미한 뜻을 극진하게 이해하는 요령을 이끌어낼 수 없습니다. <논어>와 <맹자>를 살피지 못하면 <중용>의 깊은 뜻을 '찰떡처럼 이해하고' 꿰뚫어 보아서 그 지극한 데 이를 수 없습니다. 그렇다면 또한 어찌 큰 기본을 세우고 큰 도리를 다스릴 수 있겠습니까?" —(教人 以大學語孟中庸 爲入道之序 而後及諸經 以爲不先乎大學 則無以提綱挈領 而盡語孟之精微 不參之以論孟 則無以融會貫通 而極中庸之旨趣 然不會其極於中庸 則又何以建立大本 經綸大經)"

❷ 이배기근(以培其根)을 풀이한 것이다. 주희의 <소학제사(小學題辭)>에 다음과 같은 말이 나온다. "성인이 이를 측은하게 여겨 학교를 일으키고 스승을 세웠습니다. 이로써 그 뿌리를 북돋우고 이로써 그 가지를 뻗게 만들었습니다. —(惟聖斯惻 建學立師 以培其根 以達其支)"

❸ "박학다식(博學多識)함을 내세운다"는 말은 박흡(博洽)을 풀이한 것이다. <근사록집해> <학문하는 일(爲學)> 편에 다음과 같은 말이 나온다. "책을 읽는 자는 반드시 그 의리를 궁구해야 합니다. 문장과 어구를 해석하고 고증하는 일은 한갓 말단의 일일 뿐입니다. 그러므로 이런 일에만 매달려서는 안 됩니다. 책을 쓰고 편집하는 자는 반드시 그 취지를 구해야 합니다. 한갓 널리 찾고 흡족하게 구해서 기록하는 공부에만 힘써서는 안 됩니다. —(讀書者 必窮其義理 不徒事章句訓詁之末 編書者 必求其旨歸 不徒務博洽紀錄之功)"

84 先生答仁伯書曰 於今直把大學看
傍探性理大全一二年
常常出入大學一家 雖使之燕之楚
畢竟歸宿本家 作聖作賢
都不出此家內矣

<김효원(金孝元)❶에게 답하는 글>에서 이렇게 말했습니다. "지금 곧바로 <대학(大學)>을 가져다 읽어 보면서, 그 옆에 <성리대전(性理大全)>을 펼쳐 놓고 탐구하십시오. 이렇게 일이 년 동안 보십시

오. <대학>은 하나의 집과도 같습니다.❷ 늘 드나들어야 합니다. 늘
이 집에 드나들다 보면, 어디를 가더라도 결국은 본가(本家)로 돌아
올 것입니다. 비록 북쪽의 연(燕)나라로 가거나 남쪽의 초(楚)나라
로 가더라도❸ 저녁에는 이 <대학>이라는 본가로 돌아와 머물 것입
니다. 성학(聖學)❹의 이상을 성취하는 일이나 현자(賢者)의 경지에
도달하는 일도 모두 이 <대학>이라는 집을 벗어나지 않습니다.”❺

❶ 김효원(金孝元 ; 1542~1590) : 선조 때의 문신 관료이다. 선조 즉위 초기
진출한 신진 사림파를 대표하는 인물이다. 청렴결백한 선비로서 신진 사림
파 인사들의 존경을 받았다. 이조전랑(吏曹銓郎)의 추천과 임명을 둘러싸
고 심의겸(沈義謙)과 반목하면서 사림이 동인(東人)과 서인(西人)으로 분
열하는 계기를 만들었다. 1565년 문과에 합격한 후 경차관(敬差官 ; 지방
고을에 임시로 파견하여 곡식의 손실 등을 조사하고 민정을 살피던 관원)
으로 경상도에 왔다가, 조식을 찾아와 학문하는 방법에 대해 들었다. 이조
정랑, 경흥부사(慶興府使), 삼척부사 등을 지냈다. 본관은 선산(善山), 자
는 인백(仁伯), 호는 성암(省庵)이다.

❷ 조식은 사서(四書) 중에서도 <대학(大學)> 읽기를 특히 중요하게 생각했
다. 조식은 <대학>에 대해 다음과 같이 말하기까지 한다. “굶주리다가 먹
을 것을 얻었고 근심하다가 즐거움을 얻었습니다. 나의 곤궁함을 세상 사
람들의 통달함과 바꿀 수 있겠습니까? 나는 바꾸지 않을 것입니다. 다만 두
려운 것은, 다리가 저리고 힘이 줄어들어 용감하게 나아가고 힘껏 실행할
수 없는 일일 뿐입니다. 선(善)으로 자신을 반성할 수 있는 방법이 모두 이
<대학> 속에 들어 있습니다. 나의 벗이 이 책으로 나를 권면해 주었으니,
벗과 더불어 선을 실행하고자 하는 뜻이 지극할 뿐입니다. 이 뜻이 어찌 쇠
를 끊을 수 있는 우정일 뿐이겠습니까? 이 책으로 힘을 쓰는 일이 느슨한
가, 열정적인가는 나에게 달려 있습니다. 마땅히 누런 종이 묶음으로만 이
책을 보아서는 안 될 것입니다. ―(飢而食 憂而樂 吾窮有可以換做世人之
通乎 吾不換也 但恐脚力痿退 有不能勇往力行焉已 善反之具 都在是書
吾友以是勗之 與人爲善之意 奚啻斷金耶 若力之緩猛 則在吾而已 當不以
黃卷視之 可也) ―<남명집> <송인수가 선물한 ‘대학’의 책가위 안에(書圭
菴所贈大學冊衣下)>”

❸ 연(燕)나라는 춘추전국시대의 제후국 중 가장 북쪽(현재의 하북성 북부)에
있었던 나라이고, 초(楚)나라는 가장 남쪽(양자강 남부)에 있었던 나라이
다. 연나라에도 가고 초나라에도 간다는 것은 세상 끝 어디라도 간다는

말이다. 학문으로 치면 병법(兵法)이나 의학(醫學)은 말할 것도 없고 불교나 도가(道家)의 세계로도 찾아가 살펴본다는 말이다.

❹ 성학(聖學)이란 성인(聖人)이 가르친 학문, 곧 유학을 말한다. 유학은 누구든지 수양을 통해 성인의 학문을 배울 수 있다는 '성인가학(聖人可學)'의 입장을 가지고 있다. 여기서 성인은 완전한 인격과 충분한 지식을 획득한 이상적인 인간형을 가리킨다.

❺ 이 절목의 말은 <남명집> <김효원에게 답하는 글(答仁伯書)>에 나온다. 이 말에 이어 조식은 또 다음과 같이 말한다. "주희가 평생 동안 깊이 깨달아서 확실한 힘을 얻었던 것이 모두 이 <대학> 안에 있었습니다. 어찌 후세 사람들을 속이는 것이겠습니까? —(晦菴平生得力 盡在此書 豈欺後人耶)"

85 先生示松坡子曰 古今學者 窮易甚難 此不會熟四書故也 學者須精熟四書 眞積力久 則可以知道之上達 而窮易庶不難矣

<송파자에게 보이는 글(示松坡子)>에서 이렇게 말했습니다. "<주역> 공부는 고금의 학자들이 모두 몹시 어렵게 생각하는 것입니다.❶ 이것은 사서(四書)❷를 여물도록 이해하지 못했기 때문입니다. 학자는 모름지기 사서를 정밀하게 읽고 또 여물도록❸ 읽어야 합니다. 진실로 오래, 노력을 축적하면 천리(天理)에 통달하는 방법(道)을 알 수 있습니다. 그러므로 이후로는 <주역> 공부가 그리 어렵지 않을 것입니다."

❶ <주역(周易)>은 세상의 본질은 '변화(易)'라고 말한다. 서로 대립하는 두 기운이 시간에 따라 변화하며 서로에게 영향을 미치는 것이 곧 세상이라는 철학을 담고 있다. 대립하는 두 기운을 음효(陰爻)라고 부르는 '끊어진 선(--)'과 양효(陽爻)라고 부르는 '이어진 선(—)'으로 나타낸다. 음효 또는 양

효를 여섯 번 겹쳐 쌓아 64괘를 만들고 이 64괘를 통해 이 세상 모든 사물의 천변만화를 설명하고자 한다. 64개의 괘상에 대해 설명하는 경(經), 이 경에 대해 설명하는 전(傳)으로 이루어져 있다. 전(傳)은 공자가 지은 것으로 여겨져 온 <단전(彖傳)>, <상전(象傳)>, <문언전(文言傳)>, <계사전(繫辭傳)> 등을 말한다. 유가의 오경(五經) 중 하나이다. 하지만 도가(道家) 등 제자백가도 중요하게 받아들였으며 불가의 승려들도 읽었다.

❷ 사서(四書)는 <대학> <논어> <맹자> <중용>을 말한다. <대학>과 <중용>은 원래 <예기(禮記)>의 편(篇)이었는데, 각각 송나라 때(<대학>)와 남북조시대(<중용>) 이후로 독립된 책으로 여겨지기 시작했다. 정명도, 정이천이 <대학> <논어> <맹자> <중용>를 육경(六經)에 앞서 읽어야 할 책으로 강조했다. 그리고 주희가 주해(注解)를 달고 사서(四書)라는 이름으로 묶었다.

❸ 조식은 <송파자에게 보이는 글>에서 또 다음과 같이 쓴다. "대체로 정밀하게 읽었으나 여물도록 읽지 않으면 이로써 도(道)를 알 수는 없습니다. 여물도록 읽었으나 정밀하게 읽지 않으면 또한 이로써 도를 알 수는 없습니다. 정밀하게 읽고 여물도록 읽는 일이 함께 이루어져야 합니다. 이렇게 한 연후라야 경전의 핵심(骨子)을 꿰뚫을 수 있습니다. ―(蓋精而未熟 則不可以知道 熟而未精 則亦不可以知道 精與熟俱至 然後可以透見骨子了) ―<남명집> <송파자에게 보이는 글(示松坡子)>" <소학>에 또 다음과 같은 말이 나온다. "꼭 많이 읽을 필요는 없지만, 다만 중요한 것은 정밀하게 읽고 여물도록 읽는 것입니다. 모름지기 고요한 방에 무릎을 꿇고 앉아 한 곳을 이삼백 번씩 읽어야 합니다. ―(不須多 只要令精熟 須靜室危坐 讀取二三百遍) ―<소학> <아름다운 말(嘉言)>"

86 先生 學必以自得爲貴曰
徒靠冊子上講明義理 而無實得者
終不見受用 得之於心 口若難言
學者不以能言爲貴

학문하는 일은 반드시 스스로 터득하는 자득(自得)❶을 귀하게 여겼습니다. 이에 이렇게 말했습니다. "책자에만 의지해 사람이 지켜

야 할 의리를 강론하여 밝히는 일은 헛된 것입니다. 여기에는 실제
로 터득하는 점이 없습니다. 이런 사람은 끝내는 책자 속의 가르침
을 자신의 것으로 받아들여 사용하지❷ 못합니다. 마음속에서 터득
한 것이라도 입으로 말하기는 어렵습니다.❸ 그러므로 배우는 자는
말 잘하는 능변(能辯)❹보다는 스스로 터득하는 자득을 귀하게 여
기는 것입니다."

❶ 경전의 말을 머리로 이해하고 암기하는 것만으로는 아직 자득(自得)이라
고 할 수 없다. 사실 경전의 말을 이해하고 암기하는 일 따위는 중요한 것
이 아니다. 좀 더 중요한 것은 이것을 '몸으로' 직접 실천하는 일이다. 자기
수양을 위해 이것을 적용하고 사회 문제 해결을 위해 이것을 사용하는 일
이다.

❷ 원문의 수용(受用)은 경전 속의 가르침을 자신의 것으로 받아들여 이용한
다는 뜻이다. <근사록>에 다음과 같은 정이천의 말이 나온다. "<논어>와 <
맹자>를 읽을 때는 우선 마땅히 여물도록 읽어야 합니다. 마음속으로 이리
저리 궁굴려 보며 읽어야 합니다. 그리고 성인의 말을 가지고서 자신의 일
로 절실하게 여겨야 합니다. 다만 한 바탕의 이야깃거리로만 삼아서는 안
됩니다. 사람이 다만 이 <논어>와 <맹자>를 읽고서 자신에게 절실하게 여
긴다면, 일생을 마치도록 받아들여 이용할 것이 많습니다. ―(凡看語孟 且
須熟讀玩味 將聖人之言語 切己 不可只作一場話說 人只看得此二書 切己
終身儘多也) ―<근사록> <지식을 확실하게 만드는 일(致知)>"

❸ 춘추시대 제(齊)나라의 수레바퀴 장인 윤편(輪扁)은 임금인 환공(桓公)에
게 다음과 같이 말한다. "수레바퀴를 깎을 때 넉넉하게 깎으면 바퀴가 헐
렁해서 견고하지 못합니다. 그렇다고 빡빡하게 깎으면 바퀴가 들어가지 않
습니다. 넉넉하지도 않고 빡빡하지도 않게 깎는 일은 손으로 터득하고 마
음으로 호응하는 것입니다. 이렇게 깎아야 한다, 저렇게 깎아야 한다, 입으
로 말할 수는 없습니다. 넉넉함과 빡빡함 사이에 교묘한 기술이 있습니다.
저도 이 기술을 제 자식에게 말로 깨우쳐줄 수 없고 제 자식 또한 저에게서
이 기술을 말로 전수받을 수 없습니다. 그렇다면 임금께서 지금 읽고 있는
책도 옛사람들의 찌꺼기일 뿐입니다. ―(斲輪 徐則甘而不固 疾則苦而不
入 不徐不疾 得之於手而應於心 口不能言 有數 存焉於其間 臣不能以喩
臣之子 臣之子亦不能受之於臣 然則君之所讀者 古人之糟魄已夫) ―<장
자(莊子)> <천도(天道)>" 조식은 칠언시 <경전(經傳)>에서 이 수레바퀴 장
인의 이야기를 인용하며 다음과 같이 읊는다. "경전을 활용하는 방법은 모

름지기 대청 아래에서 수레바퀴를 깎던 장인(匠人)이 알고 있었습니다. ―
(活法會須堂下斲) ―<남명집> <경전(經傳)>"

❹ 조식은 독서록 <학기>에 다음과 같은 정이천의 말을 적어 놓는다. "말이
더욱 많다고 해서 우리의 도에 반드시 밝은 것은 아닙니다. 이런 까닭에 말
은 간략한 것을 귀하게 여깁니다. ―(言愈多 於道未必明 故言以簡爲貴) ―
<학기유편> <경계하고 삼가는 일(戒謹) ―(言貴簡 言愈多 於道未必明)
―<하남정씨유서(河南程氏遺書)> <이천선생어(伊川先生語)>"

87   先生曰 遨遊於通都大市中 金銀珍玩
靡所不有 盡日上下街衢 而談其價
終非自家家裏物 只是說他家事爾
却不如用吾一匹布 買取一尾魚來也
今之學者 高談性理 而無得於己
何以異此

선생은 이렇게 말했습니다. "도성의 큰 시장에서 놀다 보면 금과 은
과 진귀한 물건 따위가 없는 것이 없습니다. 그러나 하루 종일 거리
를 오르내리면서 그 값을 열심히 흥정해 보아야 결국은 자기 집 안
의 물건은 아닙니다. 단지 이것은 남의 집 물건에 대해 노닥거리는
일일 뿐입니다. 이것은 도리어 자신의 베 한 필을 가지고 가서 생선
한 마리를 사 가지고 오는 일보다 못합니다.❶ 지금 학자들은 성리
학(性理學)에 대해 열정적으로 말합니다. 그러나 자신에게서 터득
하는 바는 없습니다. 그렇다면 이는 시장에 가서 금은보화를 구경
하기만 하고 빈손으로 돌아오는 일과 무엇이 다르겠습니까?"❷

❶ 우리의 삶과 동떨어진 형이상학적 학문은 공허하다. 그리고 학문이란 자신
이 이해하고 실천할 수 있는 것부터 차근차근 밟아 올라가야 한다. 조식은

금은보화와 생선 한 마리를 들어 당대 학문의 경향을 비판하고 있는 것이다. 생선 한 마리는 금은보화보다 값비싼 것은 아닐지 모르지만 실생활에 필요하고 도움을 준다. 그리고 금은보화와는 달리 당장 자신이 가진 능력으로 구입해서 가져올 수 있다.

❷ 조식은 <또 김우옹에게 주는 글(又與肅夫書)>에서 다음과 같이 말한 일이 있다. "길이를 재는 자는 집집마다 모두 가지고 있습니다. 집집마다 가지고 있을 뿐만 아니라 어리석은 사내와 보잘것없는 아녀자도 모두 가지고 있습니다. 한 푼, 한 촌의 눈금 또한 매우 분명합니다. 이것을 써서 구장복(九章服 ; 아홉 가지 수를 놓은 임금의 옷)을 마름질하는 사람이 있는가 하면, 한 자짜리 버선조차 짓지 못하는 사람도 있습니다. ―(嘗見尺度人家皆有之 非但人家 愚夫愚婦皆有之 錙銖分寸 亦甚明白 而用是有裁九章服者 有不能制一尺足巾者) ―<남명집> <또 김우옹에게 주는 글(又與肅夫書)>" 또한 아무리 이상적인 학문이라 하더라도 실제로 사용할 수 있는 학문이 아니라면 소용이 없다는 말이다.

十

하학(下學)

사람의 일을 배우는

아래에서

지금 학자들의
습속(習俗)이
얄팍하고
비열한 것을
병통으로
여겼습니다.

155

88 先生曰 世之學者 其於四書 厭其尋常
讀之無異 俗儒記誦章句之習而求者
喜於聞見之書 好著枉功
此所謂索隱行怪者 不啻不知道體而已
終不能覬覦其門戶矣

이렇게 말했습니다. "요즘 세속의 학자들은 사서(四書)를 읽는 일에 싫증을 느낍니다. 사서가 흥분을 불러일으키지 않는, 예사로운 책이라고 보기 때문입니다. 옛글을 암송하는 일에 익숙하지만, 실천하는 데는 익숙하지 못한 사람들을 속유(俗儒)라고 합니다. 이 변변치 못한 속유들은 사서의 문장도 암송하기만을 구할 뿐입니다.❶ 그런데 요즘 학자들의 사서 읽기는 이 속유와 조금도 다를 바 없습니다. 사서의 깊은 뜻을 도외시한 채, 문장을 기억하는 일만으로 사서를 읽는 것입니다. 이들은 신기한 견문을 기록한 책에서 기쁨을 찾고, 이런 책에 공력을 쏟는 일을 좋아합니다. 이것은 곧 <중용(中庸)>에서 말하는 색은행괴(索隱行怪)와 같습니다. 색은행괴란 은벽(隱僻)한 것을 찾고 괴이한 짓을 행하여 남에게 특이하게 보이려 하는 일입니다.❷ 이와 같은 색은행괴로는 '도의 본체(道體)'를 알 수 없습니다. 뿐만이 아닙니다. 끝내 도를 향해 들어가는 쪽문조차 엿볼❸ 수 없을 것입니다."❹

❶ 속유기송장구지습(俗儒記誦章句之習)을 풀이한 것이다. 기송(記誦)은 옛글을 암송하기만 하고 그 뜻을 이해하거나 실천하려고는 하지 않는 일을 가리킨다. 사서는 흥분을 불러일으키는 책이고 예사로운 책이 아닌데, 요즘 학자들이 이 가치를 알지 못한다는 것이다. 주희의 <대학장구 서문(大學章句序)>에 다음과 같은 말이 나온다. "옛글을 암송하고 시문(詩文)을 짓는 당나라 때 속유(俗儒)들의 공부는 그 노력이 <소학> 공부의 갑절이 넘지만 쓸 데는 없었습니다. —(俗儒記誦詞章之習 其功倍於小學 而無用)"

❷ <중용> <색은행괴장(索隱行怪章)>에 다음과 같은 공자의 말이 나온다. "색은행괴(索隱行怪)는 은벽한 것을 찾고 괴이한 짓을 행하는 일입니다. 후세 사람들은 이 색은행괴를 칭송하지만 나는 이러한 일을 하지 않습니다. 도를 준수하며 행하다가 중간에 멈추는 군자들이 있지만, 나는 멈출 수 없습니다. 군자는 중용(中庸)에 의거해 행동합니다. 속세를 등졌다가 인정을 받지 못하더라도 후회하지 않습니다. 오직 성인만이 이렇게 할 수 있습니다. —(素隱行怪 後世有述焉 吾弗爲之矣 君子遵道而行 半塗而廢 吾弗能已矣 君子依乎中庸 遯世不見知而不悔 唯聖者能之)"

❸ 원문의 기유(覬覦)는 분수에 넘치는 욕심으로 기회를 엿본다는 뜻이다. 곧 색은행괴(索隱行怪)를 일삼으면서 도의 본체를 찾고자 하는 일은 분수에 넘치는 일이라는 말이다. <근사록>에 다음과 같은 정이천의 말이 나온다. "지금의 학문은 자신에게서 도(道)를 구하지 않고 밖에서 도를 구합니다. 널리 듣고 잘 기억하며 화려하고 기교 있는 문장을 구사하는 일을 재주라고 생각합니다. 그 말을 화려하게 꾸며 이름이 나지만 도에 도달한 자는 드뭅니다. 지금의 학문은 안회(顔回)가 좋아한 것과는 다릅니다. —(不求諸己而求諸外 以博聞强記巧文麗辭爲工 榮華其言 鮮有至於道者 則今之學 與顔子所好 異矣) —<근사록> <학문하는 일(爲學)>"

❹ 정여창의 행장에 다음과 같은 말이 나온다. "세속의 학자들은 암송하는 일을 급선무로 생각하고, 다듬고 수식하는 일을 공부로 생각합니다. 그러나 선생(정여창)은 우리 유학의 도를 근본으로 삼았습니다. 이로써 도의(道義)를 탐구하여 구하고자 했습니다. 실제 사정이 어떠한지 서술하는 일을 위주로 삼았습니다. —(俗學以記誦爲務 以組繪爲工 而先生則以推求道義爲本 以敍述事情爲主) —<일두집(一蠹集)>, <필자가 알려져 있지 않은 정여창의 행장(行狀 ; 姓名逸)>"

89 先生與吳子强書曰 熟看時尙
痼成麟楦驢鞹 渾世皆然
已急於惑世誣民 雖有大賢 已不可救矣
此實斯文宗匠者 專主上達 不究下學
以成難救之習 曾與之往復論難
而不肯回頭 公今不可不知此弊之難收矣

<오건(吳健)❶에게 주는 글>에서 이렇게 말했습니다. "요즘 사람들이 숭상하는 바를 자세히 들여다보면 큰 고질병(痼疾病)이 있습니다. 기린 모형에 당나귀 가죽을 뒤집어씌운 것과 같은 일이 이것입니다. 학문의 실질은 당나귀처럼 보잘것없는데 학문의 겉모습은 기린처럼 풍성하게 꾸며 놓습니다.❷ 온 세상이 모두 이러하여, 세상 사람들을 현혹하고 백성들을 기만하는 데 급급합니다. 대단한 현자(賢者)가 앞장선다 하더라도 이미 구제할 수 없을 지경입니다. 이것은 사실 우리 유학의 종장(宗匠)라고 할 수 있는 사람❸이 오로지 '위로 천리를 터득하고자 하는 상달(上達)'만을 주로 추구하기 때문입니다. 이 사람이 '아래에서 사람의 일을 배우는 하학(下學)'을 궁구하지 않기 때문입니다.❹ 이로써 학문하는 자들 사이에서 구제하기 어려운 풍습이 생겼던 것입니다. 나는 일찍이 우리 유학의 종장이라고 할 수 있는 이 사람과 서신을 주고받으며 이런 문제에 대해 논란을 벌인 일이 있습니다.❺ 그러나 이 사람은 뱃머리를 돌려 진로를 바꾸려고 하지 않았습니다.❻ 지금 이러한 일의 폐단은 수습하기가 몹시 어렵습니다. 그대(오건)는 이를 꼭 알고 있어야 합니다."

❶ 오건(吳健 ; 1521~1574) : 명종, 선조 때의 문신 관료이다. 1558년 문과에 합격해 사간원헌납, 사헌부지평, 이조정랑 등을 지냈다. 일 처리에 거리낌이 없었으므로 "옛날의 훌륭한 사람과 다르지 않다"는 평을 들었다. 현실 개혁에 있어 강경한 입장을 취했다. 조식의 문인이다. 조식을 장사지낼 때 조식의 제자 중 첫 번째 자리에 섰다. 김인후(金麟厚), 이황(李滉)에게서도 배웠다. 본관은 함양(咸陽)이다. 자는 자강(子强), 호는 덕계(德溪)이다. <덕계집(德溪集)>, <역년일기(歷年日記)> 등의 책이 있다.

❷ 원문의 인훤여곽(麟楦驢鞹)을 풀이한 것이다. 인훤은 기린 모양을 본뜬 신발 모형을 가리키고 여곽은 신발을 만드는 당나귀 가죽을 가리킨다. 조식은 이로써 학문하는 일의 실질과 겉모습을 비유한 것이다.

❸ 종장(宗匠)은 '학문에 밝고 글을 잘 짓는 사람' 또는 '장인의 우두머리'를 가리키는 말이다. 이 절목에서는 조식과 함께 당대의 학자로 쌍벽을 이루었던 이황(李滉)을 말한다.

❹ 하학이상달(下學而上達)은 학문하는 방법으로 조식이 여러 차례 강조한 것이다. <논어>에 다음과 같은 공자의 말이 나온다. "나는 하늘을 원망하지도 않고 사람을 탓하지도 않습니다. 아래에서 사람의 일을 배우고 위로 천리를 터득하려고 노력할 뿐입니다. 나를 알아주는 사람을 아마도 하늘뿐일 것입니다. ―(不怨天 不尤人 下學而上達 知我者 其天乎) ―<논어> <헌문(憲問)>"

❺ 조식은 1564년 9월 이황에게 보낸 편지에서 다음과 같이 말한 일이 있다. "요즈음 공부하는 사람들을 보니, 쇄소응대(灑掃應對)하는 예절도 제대로 알지 못합니다. 쇄소응대는 곧 집 안팎을 깨끗이 청소하고 다른 사람의 부름에 공손하게 응대하는 일을 말합니다. 그런데 이런 일도 모르면서 입으로는 천리(天理)를 이야기하고 있습니다. 이는 헛된 이름을 도둑질하여 다른 사람을 속이려 하는 일이나 마찬가지입니다. 그러나 이는 도리어 사람들이 사실과 다르게 헐뜯는 일을 낳고 그 폐해가 다른 사람들에게까지 미칩니다. 선생(이황)과 같은 어른이 꾸짖어서 그만두도록 하지 않는 것은 무슨 까닭입니까? ―(近見學者 手不知洒掃之節 而口談天理 計欲盜名 而用以欺人 反爲人所中傷 害及他人 豈先生長老無有以呵止之故耶) ―<남명집> <이황에게 주는 글(與退溪書)>" 조식이 이 편지를 보낸 1564년 무렵은 이황과 기대승(奇大升)이 한창 '사칠논변(四七論辯)'을 펼칠 때였다.

❻ 조식의 편지를 받은 이황은 다음과 같은 내용의 답장을 보낸다. "학문하는 이들이 이름을 훔치고 세상을 속이는 것은 '식견이 높고 사리에 밝은(高明)' 분(조식)만 걱정하는 일이 아닙니다. 우둔한 나도 걱정하는 일입니다. 그러나 꾸짖어 억제하는 일은 또한 쉬운 일이 아닙니다. 무슨 까닭이겠습니까? 마음가짐이 본래부터 세상을 속이고 이름을 훔치려는 자는 말할 필요도 없습니다. 생각건대 하늘이 사람에게 떳떳한 양심을 내려주었으니 누구나 다 선(善)을 좋아합니다. 그러므로 천하의 영재이면서 진실한 마음으로 학문하기를 원하는 사람이라면 어찌 제한을 두겠습니까? 만약 세상에서 우려하는 바를 범했다는 이유로 일체 꾸짖어 그만두도록 한다면, 이는 선한 사람들을 세상에 보내준 하늘의 뜻을 어기는 것입니다. ―(學者盜名欺世之論 此非獨高明憂之 拙者亦憂之 然而欲訶抑者 亦非易事 何者 彼其設心 本欲欺世而盜名者 姑置不言 獨念夫降衷秉彝 人同好善 天下英材其誠心願學者何限 若以犯世患之故而一切訶止之 是違帝命錫類之意) ―이황(李滉)의 <퇴계집> <조식에게 답하는 글(答曺楗仲)>" 이황은 조식의 말에 전적으로 동의하지는 않았다. 이론적 논쟁을 무조건적으로 삼가도록 하면, 이는 도리어 학문의 자유를 억압하는 결과를 낳을 수 있을 것이라고 본 것이다.

90

先生嘗與同志之士慨然曰 今之學者
每病陸象山之學 以經約爲主
而其爲自己之學
則不先讀小學大學近思而做功
先讀周易啓蒙 不求之格致誠正之次序
而又必欲先言性命之理
則其流弊不但象山而已也

일찍이 뜻이 같은 선비들과 함께 개탄스러워 하며 이렇게 말했습니다. "지금 학자들은 육상산(陸象山)❶의 학문을 병통으로 여깁니다. 이는 육상산의 학문이 지름길로 가서 요약하는 일❷을 위주로 삼는다고 생각하기 때문입니다. 그러나 자신의 학문을 위해서는 차근차근 순서를 밟아 나가지 않습니다. <소학(小學)> <대학> <근사록>을 먼저 읽지 않고 <주역>과 <역학계몽(易學啓蒙)>❸을 먼저 읽습니다. 격물(格物), 치지(致知), 성의(誠意), 정심(正心)과 같은 공부의 순서❹를 구하지 않고, 또 반드시 성명(性命)의 이치를 먼저 말하고자 합니다. 그렇다면 이와 같은 공부의 폐단은 단지 육상산과 같은 정도에서 그치지 않을 것입니다."

❶ 육상산(陸象山 ; 1139~1192) : 송나라 학자 육구연(陸九淵)을 말한다. 상산(象山)은 육구연의 호이다. 주희(朱熹)와 같은 시대를 살았으며, 주희와 함께 당대 송나라를 양분(兩分)하는 학문적 세력을 형성했다. '심즉리설(心卽理說)'을 바탕으로 가장 높은 지식은 내면의 성찰을 실천함으로써 얻을 수 있다고 주장했다. 이로써 '성즉리설(性卽理說)'을 바탕으로 끊임없는 탐구를 강조했던 주희와 경쟁했다. 귀계(貴溪 ; 현재의 강서성 소재)에 강당을 짓고 후학을 양성했다. 자는 자정(子靜), 시호는 문안(文安)이다.

❷ 원문의 경약(經約)은 경약(徑約)과 통하는 말이다. 곧 "지름길로 가서 요약한다"는 뜻으로, '널리 학문을 닦는 박문(博文)'을 거치지 않고 성급하게

'예로써 요약하는 약례(約禮)'를 우선으로 삼는다는 말이다. 육상산은 1175
년 아호사(鵝湖寺 ; 현재의 강서성 소재)에서 주희와 함께 자신의 학설에
대해 논쟁을 벌인 일이 있다. 이때 주희는 '널리 배우는 박학(博學)'을 우선
으로 삼아야 한다고 주장했고, 육상산은 먼저 사람의 본심부터 발명(發明)
해야 한다고 주장했다. 주희는 육상산의 학설이 너무 간단하고 엉성하여
선학(禪學)에 가깝다고 비판했고, 육상산은 주희의 학설이 너무나 지리(支
離)할 뿐이라고 반박했다.

❸ <역학계몽(易學啓蒙)>은 주희가 괘(卦)의 형상과 변화, 점서(占筮)에 관한
수리적(數理的) 설명을 통해 <주역>을 풀이한 책이다.

❹ 격치성정(格致誠正)을 풀이한 것이다. 격치성정은 격물치지(格物致知)와
성의정심(誠意正心)을 줄인 말로, <대학>에 나오는 학문의 순서를 말한
다. 격물치지는 "사물을 들여다보며 사물의 이치를 궁구하고 ─(卽物而窮
其理)" "사물에 대한 지식을 확고부동하게 만드는 ─(推極吾之知識)" 일을
가리킨다. 성의정심은 마음속에 싹튼 생각(意)을 선한 것으로 채우고, 다시
망령되게 움직이는 마음이 있으면 이를 바로잡는 일을 가리킨다.

91 ① 先生 病今之士習偸弊 利欲勝而義理喪 外假道學 內實懷利 以趨時取名者 擧世同流 壞心術誤世道 豈特洪水異端而已

지금 선비들의 습속(習俗)이 얄팍하고 비열한 것을 병통으로 여겼
습니다. 이렇게 생각했습니다. "지금 선비들은 이욕이 지나쳐 의리
를 잃고 있습니다. 겉으로는 도학(道學)❶을 공부하는 체하지만, 마
음속으로는 이욕에 빠져 있습니다. 시류(時流)를 쫓아 이리저리 종
종걸음질치며 명성을 얻으려 합니다.❷ <맹자>에서는 세상에 아첨
하는 향원(鄉愿)❸을 말하면서 "쇠퇴하는 세상과 함께 흐르고 더러
운 세상에 영합한다"❹고 말합니다. 지금 선비들의 모습이 이 위선

적인 향원과 같습니다. 사람들의 마음을 무너뜨리고 세상의 도의를
망치는 것이 어찌 홍수와 맹수뿐이겠습니까?❺ 어찌 불교나 도가와
같은 이단뿐이겠습니까?"

❶ 도학(道學)이란 자신의 몸에 도(道)를 구현함으로써 공의(公義)를 이루고
자 하는 학문을 말한다. 도학자(道學者)들은 치열한 자기 성찰을 통해 사
욕을 이겨내고 예(자연스러운 질서)를 회복하고자 한다. 조식은 <성운에게
주는 글(與成大谷書)>에서 다음과 같이 말한다. "온 조정이 뿔을 세우고
있는데 흑색과 백색이 환하고 뚜렷합니다. 권세 있는 가문에 손을 뻗어 윗
사람과 아랫사람 모두를 위력으로 제압합니다. 흑색을 바꾸어 백색으로 실
행합니다. 비록 옛날의 권간(權奸)이라 하더라도 이보다 더하지는 않았을
것입니다. ㅡ(擧朝角立 黑白昭昭 而交手權門 威制上下 轉黑爲白 雖古權
奸 蔑以加此) ㅡ<남명집> <성운에게 주는 글(與成大谷書)>" 조식에게 도
학이란, 곧 흑색이라고 생각한 것을 흑색으로 실천하는 학문이다.

❷ 정인홍은 <조식이 당한 무고를 변호하는 글의 초략(辨誣草略)>에서 이와
비슷한 말을 한다. "권세 있는 세도가의 식객으로 드나들다가, 지금은 도
의를 추구하는 학자의 무리에 끼어들었습니다. 이전에는 명성과 이익을 탐
하는 비루한 사내였는데, 이후로는 도학을 토론하는 이름난 선비입니다.
한번 변화하는 것이 어찌 이리도 급박하고 빠른 것입니까? ㅡ(向爲權勢之
客 今爲道義之徒 以前則貪名利之鄙夫 以後則論道學之名士 一何變化之
遽速) ㅡ<변무(辨誣)>, 정인홍의 <조식이 당한 무고를 변호하는 글의 초략
(辨誣草略)>" 변무(辨誣)는 사리를 따져 억울함을 밝힌다는 말인데, 여기
서는 조식이 당한 무고를 변호한다는 뜻이다.

❸ 향원(鄕愿)은 향리에서 덕이 있는 사람인 체 행동하지만 실제로는 자기 이
익만을 챙기는 위선자를 가리킨다. <논어> <양화(陽貨)> 편에 다음과 같은
공자의 말이 나온다. "향원은 덕을 해치는 도적입니다. ㅡ(鄕原 德之賊也)"
주희는 이 말에 대해 다음과 같이 부연한다. "향원은 겉으로는 덕 있는 사
람과 비슷해 보이지만 실제로는 덕 있는 사람이 아니기 때문에 도리어 덕
을 혼란하게 만든다고 본 것입니다. 이런 까닭에 덕을 해치는 도적이라 말
하며 이 향원을 매우 증오한 것입니다. ㅡ(夫子以其似德非德 而反亂乎德
故以爲德之賊而深惡之)"

❹ 원문의 동류(同流)는 '쇠퇴하는 풍속과 함께 흐르는 일'을 말한다. 맹자(孟
子)가, 향원(鄕愿)을 말하면서 이 표현을 사용한다. "향원은 비난하려 해도
비난할 것이 없고 풍자하려 해도 풍자할 것이 없습니다. 그러나 쇠퇴하는
풍속과 함께 흐르고 더러운 세상에 영합합니다. ㅡ(非之無擧也 刺之無刺

也 同乎流俗 合乎汙世) —<맹자> <진심하(盡心下)>"

❺ <맹자> <등문공하(滕文公下)> 편에 다음과 같은 말이 나온다. "옛날에 하
(夏)나라 우(禹)임금이 홍수를 막자 세상이 화평해졌습니다. 옛날에 주(周)
나라 주공(周公)이 오랑캐를 회유하고 맹수를 몰아내자 백성이 평안해졌
습니다. —(昔者 禹抑洪水 而天下平 周公兼夷狄驅猛獸 而百姓寧)" 이 구
절에 대한 집주에 다음과 같은 말이 나온다. "부정한 학설이 횡행하여 사람
의 마음을 무너뜨리는 것이 홍수나 맹수의 재앙보다 더 심합니다. —(蓋邪
說橫流 壞人心術 甚於洪水猛獸之災)"

91 ⑪ 觀其行己做事 往往專不似學者所爲
俗學輩從而譏誚焉
此固取名蔑實者之罪也
其間倘有眞實爲學者 亦被假僞之名
誠可痛也 然特患學不眞實而已
庸何病於此乎

몸가짐을 단속하며 일을 처리하는 선생의 모습을 보면, 보통 학자
들과는 다른 경우가 자주 있었습니다. 천박한 속유(俗儒) 무리가 제
멋대로 이를 조롱하고 헐뜯었습니다. 이것은 틀림없이 명성을 취하
면서 실제의 학문을 멸시한 자들의 죄악입니다. 이 가운데는 간혹,
진실하게 학문하는 것인데도 또한 거짓과 가짜라는 오명을 뒤집어
쓴 경우도 있었습니다. 참으로 가슴 아픈 일입니다.❶ 그러나 선생
은 다만 자신의 학문이 진실하지 못할까를 걱정했을 뿐입니다. 어
찌 천박한 속유들의 말 따위를 병통으로 여겼겠습니까?❷

❶ 조식의 학문은 진실한 것인데도, 억울하게 도가나 불교를 높인다는 누명
을 뒤집어쓰고 있다는 말이다. 정인홍은 <조식이 당한 무고를 변호하는 글
의 초략(辨誣草略)>에서 다음과 같이 말한 적이 있다. "선생은 늘 '아래로
사람의 일을 배우는 하학(下學)'을 긴급하게 여겼습니다. 이런 뜻으로 지은

글이 상소문에도 있고 서신(書信)에도 있습니다. 그러나 또한 단 한 구절이라도 '허무한 학문(도가)'과 가까운 것이 없었습니다. 단 한 글자라도 '적멸(寂滅)의 학문(불교)'에 이르는 것이 없었습니다. 이는 눈이 있으면 모두가 볼 수 있는 사실입니다. ─(先生眷眷以下學爲急 所作文辭 見於封事 見於書札者多矣 亦無一句一字近於虛無 涉於寂滅者 則有目皆可見) ─<변무(辨誣)>, 정인홍의 <조식이 당한 무고를 변호하는 글의 초략(辨誣草略)>" 여기서 조식이 당한 무고를 변호한다는 말은, "조식이 노장을 높였다(老莊爲崇)"는 이황의 말이 무고라는 것이고 이를 반박한다는 것이다.

❷ 정인홍은 <조식의 학문이 고항하다는 말에 대한 변론>에서 다음과 같이 말한 일이 있다. "이황이, 선생의 학문을 고항하다고 말한 것은 이황이 본 것이 자세하고 적절하지 못해서입니다. 이황은 선생(조식)이 자신의 병통으로 여기기에는 충분할 것이라고 보았습니다. 그러나 선생에게 무슨 병통이 있겠습니까? ─(退溪高亢學問之說 乃自家所見之不審適 足以自病 於先生何病) ─<변무(辨誣)>, 정인홍의 <조식의 학문이 고항하다는 말에 대한 변론(高亢學問辨)>" 고항(高亢)은 지나치게 높아 교만한 태도가 있다는 말이다.

92 宇顒初見求敎 先生曰 沈潛底人 須剛克做事 天地之氣剛 故不論甚事 皆透過

1563년 김우옹이 처음 뵙고 가르침을 청했을 때입니다. 선생이 이렇게 말했습니다. "학문은 자신의 타고난 기질을 바꾸는 것입니다. 기질이 물속에 깊이 가라앉아 있고 물러나 숨어 있는 것과 같은 사람은 모름지기 강건함으로 극복해야 합니다.❶ 그리고 과감하게 일을 처리해야 합니다. 천지(天地)의 기운은 강건한 까닭에 무슨 일이든 가리지 않고 모두 꿰뚫고 지나갈 수 있습니다."❷

❶ 원문의 침잠(沈潛)은 타고난 기질이 지나치게 유약하고 소극적이라는 말이다. <서경>에 다음과 같은 말이 나온다. "침잠한 자는 강건함으로 다스

리고 고명(高明)한 자는 부드러움으로 다스린다. —(沈潛剛克 高明柔克) —<서경> <홍범(洪範)>" 그리고 이 말에 대한 채침(蔡沈)의 주에 다음과 같은 구절이 나온다. "침잠한 자는 깊이 가라앉아 있고 물러나 숨어 있어 중도에 미치지 못하는 사람입니다. 고명한 자는 지나치게 밝고 높아서 중도를 지나친 사람입니다. 대체로 습관이 치우친 사람이고 기질이 지나친 사람입니다. —(沈潛者 沈深潛退 不及中者也 高明者 高亢明爽 過乎中者也 蓋習俗之偏 氣稟之過者也)" 유학자들은 사람의 타고난 기질에는 치우침이 있기 때문에 이를 교정해 나가야 한다고 생각했다. 조식은 김우옹을 보고 유약하고 소극적인 측면이 있다고 여겼기 때문에, 이를 강건함으로 교정해 나가야 한다고 말했던 것이다.

❷ 김우옹의 <남명선생 언행록>에 이 절목에서와 같은 조식의 말이 나온다. 이 말에 이어 조식은 김우옹에게 또 다음과 같이 말한다. "그대는 역량이 얄팍합니다. 당연히 남이 한 번 공부하면 자신은 백 번 공부하고, 남이 열 번 공부하면 자신은 천 번 공부해야 합니다. 그래야 남들에게 근접할 수 있을 것입니다. —(公力量淺薄 須做人一己百 人十己千底工夫 庶可耳) —<동강집> <남명선생 언행록>"

93 宇顯又請敎 先生擧古語誨之曰
行己之初 當如金玉 不受微塵之汚

김우옹이 또 가르침을 청했습니다. 선생은 송나라 재상 한기(韓琦) ❶의 말을 인용해 깨우쳐 주며 말했습니다. "처음 몸가짐을 단속하는 일에 대해 배울 때는 마땅히 금(金)과 옥(玉)을 다루듯이 깨끗하게 해야 합니다. 티끌 먼지와 같이 작은 더러움도 받아들여서는 안 됩니다."❷

❶ 한기(韓琦 ; 1008~1075) : 송나라 인종(仁宗), 영종(英宗), 신종(神宗) 때의 명신이다. 서하(西夏)의 침입을 방어하고, 사천(四川) 지방의 굶주린 백성 190만 명을 구제한 일로 이름을 얻었다. 후사가 없는 황제들을 위해 어진 종실을 후사로 세워야 한다고 주장해, 영종과 신종을 차례로 즉위하도

록 했다. 범중엄(范仲淹)과 함께 한범(韓范)으로 일컬어졌다. 신종 때 왕안석(王安石)의 청묘법(靑苗法)을 반대하다가 관직에서 물러났다. 자는 치규(稚圭), 호는 공수(贛叟), 시호는 충헌(忠獻)이다.

❷ 한기(韓琦)가 이와 같이 말한 일이 있다. "一(始學行已 當如金玉 不受微塵之汚) 一<송나라 명신 언행록(宋名臣言行錄)>

十一

사지가 찢기더라도 두개골이 갈라지고

'거짓말하고 속이는 허깨비들 (虛僞)'의 우두머리 노릇을 할 수는 없다고 생각했습니다.

94 先生答仁伯書曰 如今時俗 汚毀已甚
要須壁立千仞 頭分支解
不爲時俗所移 然後方可做成吉人

<김효원에게 답하는 글>에서 이렇게 말했습니다. "지금의 시류(時流)와 풍속은 오염되고 훼손된 것이 매우 심합니다. 모름지기 선비로서의 기상(氣像)을 벽립천인(壁立千仞)과도 같이 세워야 합니다. 벽립천인은 곧 천 길 높이의 벼랑바위와도 같이 씩씩해야 한다는 말입니다.❶ 두개골이 갈라지고 사지가 찢기더라도❷ 자신의 절의(節義)를 지켜야 합니다. 불한당과도 같은 시류에 영합해 자신의 뜻을 이리저리 옮겨 다녀서는 안 됩니다. 이렇게 한 연후에라야 장차 길인(吉人)❸의 일을 성취할 수 있을 것입니다."

❶ 주희는 유학의 도통을 전수한 증자(曾子)에 대해 말하면서 벽립천인(壁立千仞)이라는 표현을 쓴다. "증자는 평소에 강직하고 용감했습니다. 가지고 있는 역량이 천 길 높이의 벼랑바위와도 같이 우뚝한 사람이었습니다. 증자는 이렇게 말했습니다. "선비는 도량이 넓고 의지가 굳세지 않으면 안 됩니다." 또 이렇게 말했습니다. "어린 임금을 부탁할 만하고 제후국의 운명을 맡길 만하며 죽을 위기를 당해서도 그 절조를 빼앗을 수 없습니다." 이와 같은 말을 보면 증자의 역량을 알 수 있습니다. ―(曾子平日 是箇剛毅有力量 壁立千仞底人 觀其所謂 士不可以不弘毅 可以託六尺之孤 可以寄百里之命 臨大節而不可奪 底言語可見) ―<주자어류(朱子語類)> <역행(力行)>"

❷ 조식은 마음속의 사욕을 끊어내고 끊어낸다. 치열한 자기 극복을 통해 마음속에 의롭지 못한 욕망이 조금이라도 발견되면 이를 즉각 물리치고자 한다. 조식은 칠언시 <냇물에 몸을 씻고(浴川)>에서 이렇게 읊는다. "온몸에 사십 년 동안의 허물이 남아 있습니다. 천 섬의 맑은 물에 남김없이 씻어냅니다. 티끌 먼지가 별안간 오장 안에 생겨난다면 지금 당장 배를 갈라 이 냇물에 흘려보낼 것입니다. ―(全身四十年前累 千斛清淵洗盡休 塵土倘能生五內 直令刳腹付歸流) ―<남명집> <냇물에 몸을 씻고(浴川)>" "두개골이 갈라지고 사지가 찢기더라도 절의를 지킨다"는 말은, "지금 당장이라도

배를 가르겠다"는 말과 그리 다르지 않다.

❸ 길인(吉人)은 성품이 바르고 선을 실행하는 사람을 가리킨다. <소학>에 길인에 대한, 다음과 같은 말이 나온다. "눈으로는 예가 아닌 색을 보지 않고 귀로는 예가 아닌 소리를 듣지 않습니다. 입으로는 예가 아닌 말을 말하지 않고 발로는 예가 아닌 곳을 밟지 않습니다. 사람이 선하지 않으면 사귀지 않고 사물이 의롭지 않으면 취하지 않습니다. 현자와 가까이하기를 향초와 난초에 나아가듯이 합니다. 악인 피하기를 뱀과 전갈을 두려워하듯이 합니다. 혹자가 이런 사람을 길인이 아니라고 말한다면 나는 믿지 않을 것입니다. ―(目不觀非禮之色 耳不聽非禮之聲 口不道非禮之言 足不踐非禮之地 人非善不交 物非義不取 親賢如就芝蘭 避惡如畏蛇蝎 或曰 不謂之吉人 則吾不信也) ―<소학> <아름다운 말(嘉言)>"

95 先生嘗謂學者曰 爲學要先使知識高明 如上東岱 萬品皆低 然後惟吾所行 自無不利

일찍이 학문하는 자들에게 이렇게 말했습니다. "먼저 식견이 높고 분명해지도록 해야 합니다.❶ 높은 태산(泰山)❷에 올라가면 만 가지 물건이 모두 낮아집니다. 학문하는 일은 이와 같이 해야 합니다. 이렇게 한 연후에는 내가 실행하는 일이 저절로 마땅하지 않은 것이 없을 것입니다.

❶ <근사록집해>에 '높고 분명해지는 일'에 대한, 다음과 같은 말이 나온다. "성인과 현자가 가르침을 남긴 것이 여러 가지입니다. 그러나 마지막에 하고자 하는 말을 찾아보면, 이 마음을 간직하는 일에 지나지 않을 뿐입니다. 마음이 바깥으로 달아나 버리지 않으면, 학문은 날마다 높고 분명한 곳으로 나아갑니다. ―(聖賢垂訓多端 求其旨歸 則不過欲存此心而已 心不外馳 則學問日進於高明矣) ―<근사록집해> <간직하고 기르는 일(存養)>"

❷ 원문의 동대(東岱)는 태산을 말한다. 중국의 오악(五嶽) 가운데 태산이 동쪽에 있기 때문에 동대라고 한다. 대(岱)는 태산의 다른 이름(別號)이다.

96 先生語宇顒述曰 汝等於出處
粗有見處 吾心許也 士君子大節
唯在出處一事而已

김우옹과 정구에게 이렇게 말했습니다.❶ "그대들은 벼슬에 나아가고 물러나는 출처(出處)에 대해 그래도 조금은 인정해 줄 만한 것이 있었습니다. 내가 마음으로 허여합니다. 사군자(士君子)가 대의를 위해 간직해야 할 원칙은 오로지 벼슬에 나아가고 물러나는 출처, 이 한 가지 일에 있을 뿐입니다."

❶ 이 절목의 내용은 정인홍의 <남명선생이 병석에 있을 때의 일(南冥先生病時事蹟)>에 나온다. 이 글에는 1571년(辛未年) 12월 21일이라는 날짜가 나와 있는데, 이 글은 대체로 1571년 12월부터 1572년 2월 사이의 일을 기록한 것으로 보인다. 또 출처에 대한 이 말은, "정인홍, 김우옹, 정구에게 함께 말한 —(語仁弘及顒述曰)" 것이다.

97 先生謂宇顒述曰 天下第一鐵門關
是花柳關也 汝等能透此關否 因戲言
此關能銷鑠金石

김우옹과 정구에게 이렇게 말했습니다. "세상에서 가장 통과하기 어려운 철통 관문은 '여색을 좋아하는 일(花柳)'과 같은 관문입니다.❶ 그대들은 이 관문을 제대로 꿰뚫어 볼 수 있습니까, 없습니까?" 이로 말미암아 다음과 같이 희롱하는 말도 했습니다.❷ "이 여색이라는 관문은 쇠와 돌도 녹일 수 있습니다."

❶ 이 절목의 말은 여색에 대한 경계의 말로 이해하는 경우가 많다. 그러나 조식은 김우옹, 정구와 함께 <대학> <성의장(誠意章)>에 대해 이야기하고 있었던 듯하다. 명나라 학자 진진성(陳眞晟 ; 1410~1473)은 <대학> <성의장>에 대해 다음과 같이 말한다. "<성의장>은 철통과도 같은 관문입니다. 통과하기가 어렵습니다. 주일(主一 ; 마음을 하나로 집중하는 경의 방법)이라는 두 글자는 이 관문을 통과하는 옥 열쇠입니다. —(誠意章 爲鐵門關 難過 主一二字 乃其玉鑰匙也) —<명나라 유학자 언행록(明儒言行錄)> <진진성(陳眞晟)>" 조식은 이 구절을 자신의 독서록(<학기유편> <성현의 일에 대하여(聖賢相傳)>)에도 적어 놓는다. 성의(誠意)란 "그 마음속에 처음 싹튼 생각을 선으로 가득 채운다"는 뜻이다. 주일(主一)은 또 경하는 일을 말한다. 그리고 이 <성의장>에는 "선을 좋아하는 일은 여색을 좋아하는 것과 같이 한다 —(如好好色)"는 말이 나온다. 곧 조식은 "마음속에 싹튼 생각을 선으로 가득 채우는 일은 철통 관문을 통과하는 일만큼이나 어렵다"고 말하고 또 "이 일은 여색을 좋아하는 일처럼 해야 한다"고 덧붙이고 있는 것이다.

❷ "이로 말미암아 희롱하는 말도 했다"는 것은 이 앞의 말은 웃음엣말이 아니라는 것이다. "여색 관문은 쇠와 돌도 녹인다"는 이 다음의 말만 웃음엣말이라는 것이다.

98 先生曰 恒居不宜 與妻孥混處 雖資質之美 因循泪溺 終不做人矣

이렇게 말했습니다. "자질이 아름다운 자는 항상 학문에 힘써야 합니다.❶ 집안에 거처할 때도 처자와 함께 아무 구분 없이 한 덩어리로 뒹굴며 지내서는 안 됩니다. 자질이 아름다운 자라 하더라도 꾸물꾸물 옛것에서 벗어나지 못하고 이 옛것에 골몰해 있다가는 끝내 스스로를 사람다운 사람으로 만들지 못합니다."❷

❶ 원문의 자질지미(資質之美)를 풀이한 것이다. '자질이 아름답다'는 말은 "자질이 아름다운 사람은 학문에 힘써야 한다"는 뜻을 함축한다. <논어> <

위령공(衛靈公)> 편 5장의 집주에 다음과 같은 정명도(程明道)의 말이 나온다. "자질이 아름다운 자는 분명하게 밝히기를 다해야 합니다. 사람은 원래 천지와 더불어 한 몸입니다. 그러므로 학문을 통해 몸속의 찌꺼기를 모두 없애 버리고 천지와 함께 해야 합니다. 그 다음으로는 오로지 장중하게 마음을 집중하고 이로써 간직하고 길러야 합니다. 사람은 천지와 그 지극함에 이르러서는 하나입니다. —(卽此是學 質美者 明得盡 査滓便渾化 却與天地同體 其次 惟莊敬以持養之 及其至則一也)"

❷ 주희(朱熹)는 <논어> <양화(陽貨)> 편 2장의 집주에서 다음과 같이 말한다. "기질에는 아름다운 것과 아름답지 못한 것의 차이가 있습니다. 그러나 그 처음을 가지고 말한다면 이 아름다운 것과 아름답지 못한 것이 서로 아주 멀리 떨어져 있지는 않습니다. 다만 선한 것을 습관으로 삼으면 선해지고 악한 것을 습관으로 삼으면 악해집니다. 이에 비로소 습관이 서로 멀어질 뿐입니다. —(氣質之性 固有美惡之不同矣 然以其初而言 則皆不甚相遠也 但習於善則善 習於惡則惡 於是始相遠耳)"

99 先生謂門人曰 吾平生有長處 抵死不肯苟從 汝尙識之

문인들에게 이렇게 말했습니다. "내가 평생을 살면서 잘한 일이 있다면, 죽음을 무릅쓰고서라도 구차하게 따르지❶ 않았다❷는 점입니다. 그대들은 또한 이를 잘 알고 있을 것입니다."❸

❶ "구차하게 따른다"는 것은 자신의 정도를 버리고, 시류에 영합한다는 말이다. 정이천은 <역전> <곤괘(困卦)>에서 다음과 같이 말한다. "가난한 선비의 아내와 약한 나라의 신하는 각각 그 정도를 편안하게 여길 뿐입니다. 권세 있는 쪽을 선택해 구차하게 따른다면 죄악이 큰 것입니다. 그러므로 이는 세상에서 받아들여지지 못합니다. —(寒士之妻 弱國之臣 各安其正而已 苟擇勢而從 則惡之大者 不容於世矣)"

❷ 조식이 "구차하게 따르지 않았다"는 것은 다른 사람을 구차하게 따르지 않았을 뿐만 아니라 구차하게 침묵하지도 않았다는 말이다. 제자 정인홍은

이에 대해 다음과 같이 말한다. "선생은 구차하게 남을 따르지 않았습니다. 또 말을 해야 할 때 구차하게 침묵하고 있지도 않았습니다. 선생을 아는 이들은 이를 좋아했습니다. 그러나 알지 못하는 자들은 또한 이를 매우 싫어했습니다. 선생은 반드시 때에 맞추어 물러나고자 했고, 또 때에 맞추어 나타나고자 했습니다. 자신의 뜻을 지켰을 뿐 다른 사람을 따르려 하지 않았습니다. ─(先生不苟從 不苟默 識者雖好之 不知者亦頗惡之 隱見必欲相時 自守不欲徇人) ─<내암집> <남명 조선생 행장>"

❸ "사나이는 죽더라도 불의에 굴복해서는 안 된다"는 것이 조식의 생각이었을 터이다. 기대승(奇大升)이 쓴 <김굉필 선생 행장(金先生行狀)>에 다음과 같은 말이 나온다. "선생(김굉필)은 한유(韓愈)의 글을 읽다가 "사나이는 죽더라도 불의(不義)에 굴복해서는 안 된다"는 구절에 이르면 그때마다 세 번 반복해 읽었습니다. 그리고 이 구절을 읽으며 눈물을 흘리지 않은 적이 없었습니다. ─(男兒死耳 不可爲不義屈 未嘗不三復流涕焉) ─<속경현록(續景賢錄)>, 기대승의 <김굉필 선생 행장(金先生行狀)>"

100 李俊民奉母親 爲羅州牧時
先生嘗往省之 歸而語門人曰
州有金千鎰者 甚有名字 然每著紅衣
求見守令 殊不似學者模樣 出入官門
要見官人 非士子之行 諸君切勿爲之也

이준민(李俊民)❶의 어머니는 선생의 누이이고 이준민은 선생의 생질(甥姪)입니다. 1563년 무렵, 이준민이 어머니를 모시고 나주목사(羅州牧使)로 나갔을 때입니다. 선생이 이들이 사는 모습을 살피기 위해 나주목에 다녀온 일이 있었습니다.❷ 나주목에 다녀온 후 선생은 문인들에게 이렇게 말했습니다. "나주목에 김천일(金千鎰)❸이라는 자가 있는데 이름이 꽤 유명합니다. 그런데 매번 붉은 옷(紅衣)를 입고 수령 뵙기를 청하는 모습이, 학문하는 자가 따라야 할 것은 아니었습니다. 이와 같은 모습으로 관아의 문을 드나들면서 벼슬아치 만나기를 요청하는 일은 선비의 행동이라고 할 수 없습니다. 여러분은 일절, 이렇게 하지 마십시오.❹"

❶ 이준민(李俊民 ; 1524~1590) : 명종, 선조 때의 문신 관료이다. 사리에 맞지 않으면 승복하지 않았다. 1549년 문과에 합격한 후, 사간원정언, 홍문관 수찬, 사헌부지평 등의 요직을 두루 거쳤다. 또 대사헌, 병조판서, 평안도 병마절도사(平安道兵馬節度使), 평안도관찰사, 한성부판윤, 의정부좌참찬(議政府左參贊) 등을 지냈다. 국방 문제에 관심이 많았다. 동인과 서인의 붕당이 일어나자 이를 매우 걱정했고, 당론을 조정하려던 이이(李珥)를 존경했다. 조식의 매형인 이공량(李公亮)의 아들로 조식의 생질(甥姪 ; 조카)이다. 자는 자수(子修), 호는 신암(新庵), 본관은 전의(全義)이다.

❷ 이준민이 나주목사로 있었던 것은 1563년 2월부터 1564년 3월까지이다. 이때는 조식이 지리산 동쪽 덕산동에 산천재를 짓고 학문에 몰두하고 있을 무렵이다.

❸ 김천일(金千鎰 ; 1537~1593) : 임진왜란 때의 의병장이다. 1573년 경서에 밝다는 평가와 함께 천거를 받아 관직에 나아갔다. 군기시주부(軍器寺主簿), 용안현감(龍安縣監), 강원도도사, 경상도도사, 수원부사 등을 역임했다. 임진왜란이 일어나자 의병을 일으켰고 왜군에게 점령당한 서울에 결사대를 잠입시키는 등 크게 활약했다. 1593년 이차진주성전투에서 분전하다가 성이 함락되자 남강에 투신해 순절했다. 본관은 언양(彦陽)이다. 자는 사중(士重)이고 호는 건재(健齋), 극념당(克念堂)이다. 시호는 문열(文烈)이다.

❹ 선비는 공적인 행사나 부득이한 사유가 있을 경우가 아니면 관청에 드나들어서는 안 된다. 선비의 사사로운 관청 출입은 청탁을 위한 것일 가능성이 높은 까닭이다. <연산군일기> 1500년 1월 기사에 다음과 같은 기록이 나온다. "성종 때의 <경국대전>에서는 "사사로이 관부(官府)에 출입하는 자는 참(斬)한다"라고 규정하고 있었습니다. 지금은 다만 형장 100대에 노역형 3년입니다. 그러나 이런 법이 있는데도 고을 수령들이 제대로 실행하지 않아 갖가지 폐단을 낳고 있습니다. —(甲午年大典云 私出入官府者斬 今則只杖一百徒三年 雖有此法 守令等專不奉行 以致其弊)" 사사로운 관청 출입은 법적으로도 금지되어 있었던 것이다.

101 先生被召時 與一齋諸先生幷在都下
　　　 一齋以師道自居 接引後學 門庭塡溢
　　　 先生獨杜門掃軌 或有求教者
　　　 至以戲言答之

此下記 先生沈冥韜晦之事

1566년 선생이 명종 임금의 부름을 받고 서울로 갔을 때❶입니다.
이항(李恒)❷ 선생과 여러 선생들 또한 아울러 서울에 와 있었습니
다. 그런데 이때 이항 선생은 사도(師道)를 자처하며❸ 후학들을 접
견하고 이끌었습니다. 이에 이항 선생이 머무는 집의 앞마당이 사
람들로 가득했습니다. 그러나 선생은 홀로 문을 닫아걸고 두문불출
(杜門不出)하며 수레바퀴 자국을 비로 쓸었습니다. 이로써 사람들
과 왕래하고자 하지 않았습니다.❹ 간혹 가르침을 구하는 자가 있으
면 웃음엣소리로 대답할 뿐이었습니다.❺

이 아래로는 선생이 몸을 숨겨 학문과 덕을 감춘 일에 대해 기록했습니다.

❶ 원문의 피소(被召)는 임금의 소명(召命 ; 벼슬을 제수하기 위해 부르는 명
　령)을 받는다는 뜻이다. 조식은 당대의 임금들로부터 여러 차례 벼슬을 제
　수받았다. 헌릉참봉(獻陵參奉), 전생서주부(典牲署主簿), 예빈시주부(禮
　賓寺主簿), 단성현감(丹城縣監), 조지서사지(造紙署司紙), 상서원판관(尙
　瑞院判官), 종친부전첨(宗親府典籤) 등 기록으로 확인할 수 있는 것만도
　여남은 번이 넘는다. 그러나 조식은 단 한 번도 벼슬에 나아가지 않았다.
　임금을 직접 만나 숙배한 것도 명종이 상서원판관을 제수했을 때인 1566
　년뿐이었다.

❷ 이항(李恒 ; 1499~1576) : 중종, 명종 때의 학자이다. <대학>을 읽은 이후
　일생 동안 이 책을 공부의 바탕으로 삼았다. 심성(心性)의 문제에 대해 당
　대의 학자들과 활발하게 토론함으로써 성리학 발전에 기여했다. 조식, 기
　대승(奇大升), 김인후(金麟厚) 등과 교유했다. 말년에 천거를 받아 임천군
　수(林川郡守), 사헌부장령, 장악원정(掌樂院正) 등을 지냈다. 자는 항지(恒

之), 호는 일재(一齋)이다. 본관은 성주(星州)이다.

❸ 사도(師道)란 '스승의 자격을 갖춘 사람'을 뜻한다. 유종원(柳宗元)은 스승의 자격과 관련하여 다음과 같이 말한 일이 있다. "보내온 편지에 나를 스승으로 삼고자 한다고 말했습니다. 나는 도가 독실하지 못하고 학업 또한 매우 얄팍합니다. 나에게는 스승으로 삼을 만한 구석이 없습니다. ―(辱書 云欲相師 僕道不篤 業甚淺近 環顧其中 未見可師者) ―<당송팔대가문초> <위중립(韋中立)에게 답장하면서 사도를 논한 글(答韋中立論師道書)>" 곧 덕과 학문을 갖춘 사람이라야 사도라고 할 수 있다는 것이다. 그리고 이 사도는 스스로 자처하는 것이 아니라 다른 사람들이 인정해 주는 것이라야 했다. 사도를 자처하는 일은 다른 사람들의 손가락질을 받을 일이었다. <맹자> <이루상(離婁上)> 편에 다음과 같은 맹자의 말이 나온다. "사람의 병통은 다른 사람의 스승 되는 일을 좋아하는 데 있습니다. ―(人之患 在好 爲人師)"

❹ 소궤(掃軌)를 풀이한 것이다. 소궤는 "수레바퀴 자국을 비로 쓸었다"는 뜻이다. 이는 곧 사람들과 왕래하지 않기 위해 자신이 머물고 있는 곳의 자취를 숨기는 것이다. 이로써 사람들이 아예 찾아올 수 없도록 하는 것이다.

❺ 제자 정인홍은 1566년 조식과 이항이 서울에서 만났을 때의 일에 대해 다음과 같이 전술한다. "이항은 사도를 자처하며 후학들과 의리에 대해 강론했습니다. 선생(조식)은 술잔을 주고받다가 문득 이항을 희롱하며 이렇게 말했습니다. "그대와 나는 모두 도둑놈입니다. 명성을 훔쳤고 벼슬자리를 훔쳤습니다. 그런데 어찌 감히 다른 사람을 향해 학문에 대해 논하겠습니까? 이는 명성이 알려지기를 바라며 쇠뿔을 두들기는 일과 다를 바 없습니다. 그대는 어찌 그대의 쇠뿔을 굽히지 않는 것입니까? 이는 경건하지도 못하고 신중하지도 못한 일입니다." 선비들 가운데 괴이하게 여겨 말하는 사람이 많았습니다. 선생은, "이항이 세상의 풍습(風習)에 휩쓸려 엄연하게 자신을 현자로 생각하지만 나는 인정할 수 없다"고 말했습니다. ―(一齋以 師道自任 與後輩講論義理 先生因杯勺 遽爲之戲日 君與我儘是盜 盜名字 竊官爵 乃敢向人論學 爲胡不彎君牛角 不甚敬重 士子多怪議 先生謂一齋 滾同世習 儼然以賢者自當 吾所不服也) ―<내암집> <남명 조선생 행장>"

102 ① 先生與吳御史書日 性與天道
孔門所罕言 和靜有說

程先生止以莫要輕說 君不察時士耶
手不知灑掃之節 而口談天上之理
夷考其行 則反不如無知之人
此必有人譴無疑也 當此時
果儼然冒居賢者之位 以作虛僞之首耶

<어사 오건에게 주는 글>에서 이렇게 말했습니다. "<논어>에는 "공자가 성(性)과 천도(天道)에 대해 말하는 것은 들어볼 수 없었다"❶는 말이 나옵니다. 과연 성과 천도는 공자와 공자의 제자들도 거의 언급하지 않았던 것입니다. 정이천의 제자 윤돈(尹焞)이 성과 천도에 대해 설명한 일이 있었습니다. 이때 정이천은 경박한 논설을 함부로 내뱉지 말라며 막았습니다. 그런데 그대는 요즘 선비들의 학문하는 모습을 살펴보지 않은 것입니까? 요즘 선비들은 손으로는 물 뿌리고 비질하는 방법도 알지 못하면서 입으로는 천리(天理)에 대해 열심히 말합니다. 그러나 평소에 그 행실을 살펴보면 도리어 아는 것이 아무것도 없는 사람보다도 못합니다. 여기에 대해서는 반드시 다른 사람의 질책이 있어야 할 것입니다. 의심할 것도 없습니다. 이와 같은 시대라면 겉으로 장엄한 척하면서❷ 겁도 없이 현자의 자리를 차지하고 있을 수는 없습니다. 과연 그대는 스스로도 아직 알지 못하는 것들에 대해 이미 알고 있는 것처럼 말하면서 '거짓말하고 속이는 허깨비들(虛僞)'❸의 우두머리 노릇을 할 수 있겠습니까?"

❶ <논어> <공야장(公冶長)> 편에 다음과 같은 자공(子貢)의 말이 나온다. "겉으로 드러나는 선생의 위의와 문사(文辭)는 배우는 자들이 함께 들을 수 있었습니다. 그러나 선생이 성과 천도에 대해 말하는 것은 들을 수 없었습니다. —(夫子之文章 可得而聞也 夫子之言性與天道 不可得而聞也)"

❷ 원문의 엄연(儼然)은 "멀리서 바라볼 때 엄숙하다"는 뜻으로, '겉으로 나타
나는 장엄한 모습'을 형용하는 말이다. 이 절목에서는 "가까운 곳에서 보면
장엄하지 않은데 멀리서 보면 장엄한 것처럼 보이도록 한다"는 뜻을 나타
낸다. 곧 실제로는 현자라고 할 수 없는데 현자인 척한다는 것이다.

❸ 허위(虛僞)를 풀이한 것이다. 허위는 '진실이 아닌 것을 진실인 것처럼 꾸
미는 일', '자기가 진실이라고 믿지 않은 것을 다른 사람에게 진실인 것처럼
믿도록 하기 위해 꾸며내는 말과 행동'을 말한다.

102 ⑪ 僕平生不執他技 只自觀書而已
口欲談理 豈下於衆人乎
猶不肯屑有辭 焉君每不察

<어사 오건에게 주는 글>에서 또 이렇게 말했습니다. "나는 평생
동안 다른 기예(技藝)를 갈고 닦지 않았습니다. 다만 책을 자세히
보았을 뿐입니다. 책을 읽으며 내 의문을 풀고 아직 알지 못하는 부
분을 분명히 하고자 했습니다.❶ 입으로 이치에 대해 열정적으로 말
하고자 한다면 어찌 뭇사람들보다 못하겠습니까? 그렇지만 오히려
말하는 일을 즐거워하지도 않았고 달갑게 여기지도 않았습니다. 어
찌 그대는 매양 낌새❷를 살피지 못하는 것입니까?❸"

❶ 원문의 관서(觀書)를 풀이한 것이다. 관서는 독서(讀書)보다는 훨씬 더 깊
고 넓게 읽는 일이다. 곧 책을 자세하게 읽으며 자신의 의문에 대한 답을
얻고 새로운 질문을 던지는 일이다. <근사록>에 다음과 같은 장횡거(張橫
渠)의 말이 나온다. "책을 자세히 보는 일은 자신의 의문을 풀고 자신이 아
직 알지 못하는 부분을 밝히기 위해서입니다. 매번 볼 때마다 매번 새롭고
유익한 것을 안다면 학문이 진보할 것입니다. 의심스럽지 않았던 곳에서
의문이 생겨나야 비로소 진보가 있을 것입니다. ―(所以觀書者 釋己之疑
明己之未達 每見 每知新益 則學進矣 於不疑處 有疑 方是進矣) ―<근사
록> <지식을 확실하게 만드는 일(致知)>"

❷ 조식은 독서록 <학기>에 다음과 같은 <주역>의 말을 적어 놓는다. "군자는

낌새를 보고 일어납니다. 하루 종일 기다리지 않고 떠납니다. ㅡ(君子見幾 而作 不俟終日) ㅡ<학기유편> <벼슬에 나아가고 물러나는 일(出處)> ㅡ< 주역> <계사전하(繫辭傳下)>"

❸ 조식은 <어사 오건에게 주는 글(與吳御史書)>에서 이 절목에서와 같이 말한다. 같은 글에서 조식은 또 다음과 같이 말한다. "지금 세상에서 일어나는 일들은 두렵고 두려운 것입니다. 이는 평범한 아녀자도 오히려 알고 있습니다. 그대(오건)는 본래 식견이 높지 않은데 지금 막 이 두려운 판국 안에 나아가 있으니 소견이 이미 어두워졌을 것입니다. ㅡ(時事倪倪 愚婦猶 知之 先生本不見高 方在局中 所見已昧) ㅡ<남명집> <어사 오건에게 주는 글(與吳御史書)>" 조식이 이 글을 쓴 것은 1566년이었다. 이때는 그 이전까지 약 20년 동안 폭정을 펼치던 문정왕후와 윤원형이 죽고, 조정에 새로운 정치에 대한 기대와 희망이 움틀 때였다. 그러나 조식은 이럴 때일수록 조금 더 치명적인 위험이 숨어 있을 것이라고 여겼다. 이에 오건에게 좀 더 낌새를 잘 살펴야 한다고 경계했던 것이다.

103 先生語門弟子曰 此何等時也
何等地也 虛僞之徒 盡是麟楦
於此而儼然冒處賢者之位 若宗匠然
可乎 吾欲渾渾處世 無異於杯酒間人也
亦何叫呶 使氣若妄物者然乎
今吾只是自守其身 邁邁逃走重名之下
老夫非無所見而然也

<정인홍에게 답하는 글>에서 이렇게 말했습니다.❶ "지금이 어떤 때입니까? 여기는 어떤 곳입니까? 거짓말하고 속이는 허깨비들이 떼거리로 몰려다니고 있습니다.❷ 이들은 모두 당나귀 가죽을 뒤집어씌운 기린 모형과도 같습니다. 실제로는 보잘것없지만 겉으로는 장엄하게 꾸미고 있는 것입니다. 그러나 겉으로만 그럴듯하게 꾸미

고서 겁도 없이 현자의 자리를 차지하고 있을 수는 없습니다. 상황이 이와 같다고 해서 내가 만약 우리 유학의 종장(宗匠)인 것처럼 행동한다면 이것이 정말 옳은 일이겠습니까? 나는 화려하게 꾸미는 일 없이 질박하게 처신하고자 합니다. 주막집에서 술잔을 주고받는 이들과 다를 바 없이 살고자 합니다. 그렇다고 해서 또한 어찌 왁자지껄 떠들어대면서 망령 난 사람과 같이 행동하겠습니까? 지금 나는 이로써 다만 나 자신을 스스로 지킬 뿐입니다. 정이천은 <역전(易傳)>에서 "떠나는 일이 신속하여 하루를 기다리지 않는다"❸고 말합니다. 이에 나는 막중한 명성을 얻는 일에서 가능한 한 빨리, 그리고 멀리 달아나고자 합니다. 이 늙은이가 소견이 없어서 이렇게 하는 것이 아닙니다."

❶ 정인홍의 <내암집> <남명선생이 선생에게 답한 글(南冥先生答先生書)>에 이 절목에서와 같은 말이 있다. 이에 이번 번역에서는 이 출처를 밝혀 풀이한다.

❷ 정이천은 정명도의 행장에서 당대의 학문에 대해 다음과 같이 쓴다. "세상의 학문이 천박하고 고루하여 꽉 막혀 있는 것이 아니면, 반드시 이단으로 빠져들고 있었습니다. 이는 도가 밝지 않기 때문입니다. 비뚤어지고 거짓되고 요사스럽고 괴이한 학설이 다투어 일어나 '살아갈 방도가 필요한 백성'의 눈과 귀를 막고 세상을 더러운 구정물 속에 빠뜨리고 있었습니다. 비록 재주가 뛰어나고 지혜가 밝은 경우라 하더라도 견문이 한곳에 달라붙어 취한 듯이 살다가 꿈꾸듯이 죽을 뿐 스스로 깨닫지는 못했습니다. ─(天下之學 非淺陋固滯 則必入於此 自道之不明也 邪誕妖異之說 競起 塗生民之耳目 溺天下於汙濁 雖高才明智 膠於見聞 醉生夢死 不自覺也) ─<명도선생 행장(明道先生行狀)> ─<근사록> <성현의 진면목(觀聖賢)>" "거짓말하고 속이는 허깨비들이 떼거리로 몰려다닌다"는 말은, 조식이 본 조선의 모습 또한 정이천이 본 송나라의 모습과 크게 다르지 않았다는 것이다.

❸ <주역> <고괘(蠱卦)>에 "임금을 섬기지 않으면서 자신의 일을 고결하게 높인다 ─(不事王侯 高尙其事)"는 말이 나온다. 정이천은 <역전(易傳)>에서 이 말에 대해 다음과 같이 부연한다. "선비는 자신의 도를 굽혀서 시류를 따르지 않습니다. 세상에 자신의 도를 실행할 기회를 얻을 수 없으면 스스로 그 자신의 몸을 선하게 할 뿐입니다. 자신의 일을 귀하게 높이고 숭

상하여 마디마디 자신의 뜻을 지킬 뿐입니다. ―(不屈道以徇時 旣不得施設於天下 則自善其身 尊高敦尙其事 守其志節而已)" 정이천은 <역전(易傳)> <예괘(豫卦)>에서 또 다음과 같이 말한다. "군자는 중도의 바른 자리에서 스스로를 지키는데 그 절도가 돌과 같습니다. 떠나는 일이 신속하여 하루를 기다리지 않습니다. 이런 까닭에 굳세고 올바르고 길합니다. ―(以中正自守 其介如石 其去之速 不俟終日 故貞正而吉也)"

十二

학문하는 자의 길

암울한 시대,

정여창(鄭汝昌),
김굉필(金宏弼),
조광조(趙光祖)
등을 우리나라의
현자로
여겼습니다.

104 先生 尙論古人 不拘前言
更求一段新意

此下記 先生論古今君子行事得失

옛사람의 말과 행동을 평론할 때는 이전의 평가에 구속당하지 않았습니다.❶ 암벽에서 큰 바위 덩어리를 새로 떼어낼 때처럼, 다시 한 덩어리의 새로운 뜻을 구하고자 했습니다. 마음속의 의심을 풀어주는 새로운 해석❷을 찾고자 했습니다.

이 아래로는 고금의 군자들이 실행한 일과 그 잘잘못에 대해 선생이 논한 것을 기록했습니다.

❶ <근사록집해> <도의 본체(道體)> 편에 다음과 같은 말이 나온다. "사람이 제대로 도를 체득하고 위반하지 않으면 도가 자신에게 있습니다. 그러므로 남과 나, 옛날과 지금의 시기에 얽매이지 않고 가는 곳마다 부합하지 않는 경우가 없습니다. ―(人能體道而不違 則道在我矣 不拘人己古今 無往而不合)"

❷ <근사록집해> <지식을 확실하게 만드는 일(致知)> 편에 다음과 같은 말이 나온다. "마음에 의심스러운 것이 있는데 옛 견해에 얽매여 있으면 고집을 피우며 머뭇거릴 수밖에 없습니다. 새로운 해석이 무엇을 따라 생겨나겠습니까? 옛것에 대한 의심스러움이 어떻게 저절로 풀릴 수 있겠습니까? ―(心有所疑而滯於舊見 則偏執固吝 新意何從而生 舊疑何自而釋)"

105 先生曰 寒暄先生爲部參奉時
鬼服百戲 一依上官所指
後生以其苟從合汚爲嫌
先生當時自知名重 不欲自別於庸人
非大賢以上 固不及此矣

이렇게 말했습니다. "김굉필(金宏弼) 선생이 남부참봉(南部參奉)❶으로 출사했을 때의 일입니다. 선생은 아무 말 없이, 밤에 귀복(鬼服)을 입고❷ 상관(上官)들을 찾아다니며 신참례(新參禮)를 치렀습니다. 출근 허락을 받기 위해 상관들이 지시하는 일을 어김없이 실행하며 온갖 희롱을 당했습니다. 선생의 후배들은, 선생이 잘못된 풍습을 따르며 스스로를 더럽힌다고 생각해 이 일에 대해 크게 불평했습니다. 선생은 당시에 이미 학자로서의 명성이 높았고 선생 또한 이를 인식하고 있었습니다. 그러나 자신을 평범한 사람들과 구별하고자 하지는 않았습니다.❸ 현자(賢者) 중의 현자가 아니라면 진실로 이와 같은 경지에 이르지는 못했을 것입니다."❹

❶ 남부참봉(南部參奉)은 서울 남부(南部)의 종구품 관원이다. 서울에는 오부(五部)의 행정 구획이 있었는데 각각의 부는 관내 주민들의 위법 사항, 도로 관리, 화재 예방, 집터 측량, 검시(檢屍) 등을 담당했다. 오부는 동부, 서부, 남부, 북부 등과 중부(中部)를 말한다.

❷ 귀복(鬼服)을 입었다는 것은, 부서진 모자에 찢어진 옷을 입고 귀신과도 같은 복장을 갖추었다는 것이다.

❸ 기대승(奇大升)이 쓴 <김굉필 선생 행장(金先生行狀)>에 다음과 같은 말이 나온다. "선생이 그 관청의 일에 대응하고 세속의 일을 처리할 때는 남보다 심하게 다른 행동을 하려고 하지 않았습니다. ―(其應官處俗 不求甚異於人) ―<속경현록(續景賢錄)>, 기대승의 <김굉필 선생 행장(金先生行狀)>"

❹ 모든 일에 자신의 고집만을 지키고자 했다면 오히려 위태로웠을 것이라는 말이다. 정이천의 <역전> <간괘(艮卦)>에 다음과 같은 말이 나온다. "실행하고 멈추는 일은 시의적절해야 합니다. 한 가지를 정해 강하게만 실행하고 멈춘다면 세상에 대처하는 일이 괴리되고 포악해질 것입니다. 다른 사람과 반목하면서 끊어져서 그 위태로움이 매우 심할 것입니다. ―(行止 不能以時而定於一 其堅强如此 則處世乖戾 與物暌絶 其危甚矣)"

106 先生曰 寒暄先生始號爲簑翁曰
雖逢大雨 外濕而內不濡 旣而改之曰
爲名以露 非處世渾然之道也
觀此兩事 則先生德器謹厚
出於天性 人禍所不及者
而終不免者天也

이렇게 말했습니다. "김굉필 선생은 처음에 자신의 호를 사옹(簑翁)❶이라고 지었습니다. 사옹은 짚 도롱이를 걸친 노인이라는 말입니다. 그리고 이 호를 지으며 "비록 큰 비를 만나더라도 겉은 젖지만 안은 젖지 않을 것"이라고 말했습니다. 그런데 얼마 후 이 호를 고쳐 지으면서는 다시 이렇게 말했습니다. "호를 지어 세상에 자신을 드러내는 것은❷ 처세할 때 두루 쓸 수 있는, 혼연(渾然)한 도❸가 아닙니다." 이 두 가지 일을 관찰해보면 근엄하고 중후한 선생의 덕성과 재능이 천성(天性)에서 비롯된 것이라는 사실을 알 수 있습니다. 선생은 사람이 일으킨 재앙으로부터 해를 입을 사람이 아니었습니다. 그러나 끝내 연산군(燕山君) 때 일어난 사화로, 죽임을 당하는 재앙(禍)를 면치 못했습니다.❹ 그렇다면 이는 천명(天命)이라고 할 수밖에 없습니다."

❶ 사옹(簑翁)은 짚 도롱이를 걸친 노인이라는 뜻이다. 벼슬에 대한 뜻을 버리고 자연 속에서 살아가는 은자(隱者)의 모습을 묘사하는 말이다.

❷ '도롱이 노인(簑翁)'이라는 표현은 이전부터 익히 알려져 있었던 것이다. 유종원(柳宗元)의 시 <눈 내리는 강(江雪)>에 나오는, '도롱이 노인'이 유명하다. "세상 모든 산에 새의 날갯짓이 끊어졌습니다. 세상 모든 길에 사람의 자취가 사라졌습니다. 외로운 조각배 한 척, 도롱이에 삿갓을 걸친 노인 한 명, 눈 내리는 강에서 홀로 추위를 낚고 있습니다. ―(千山鳥飛絶 萬徑人蹤滅 孤舟蓑笠翁 獨釣寒江雪)" 김굉필은, 사옹이라는 호가 또한 은자

라는 명성을 얻으려는 말일 수 있다고 여긴 것이다.

❸ 혼연(渾然)하다는 것은 마땅히 머뭇거리거나 두려워할 상황에서도 태도가 아무렇지도 않고 예사롭다는 말이다. <논어집주> <이인(里仁)> 편에 다음과 같은 말이 나온다. "성인의 마음은 혼연한 하나의 이치를 가지고 있습니다. 이에 두루 응대하고 곡진하게 감당할 수 있으니 그 쓰임이 각각 동일하지 않습니다. ―(聖人之心 渾然一理 而泛應曲當 用各不同)"

❹ 연산군 때의 사화는 무오사화(戊午士禍)와 갑자사화(甲子士禍)를 말한다. 무오사화는 1498년 유자광(柳子光) 등의 훈구파(勳舊派)가 사림파를 크게 해친 사건이다. 훈구파는 김종직(金宗直)이 <조의제문(弔義帝文)>을 짓고 김일손(金馹孫)이 이를 사초에 기재한 일을 빌미로 삼았다. 갑자사화는 1504년 연산군이, 어머니 윤씨(尹氏)의 죽음에 연루된 신하들을 학살한 사건이다. 김굉필은 무오사화 때 평안도 희천(熙川)으로 귀양갔다가, 갑자사화 때 '무오의 당인(戊午黨人)'이라는 죄목으로 죽임을 당했다.

---

107 先生曰 復古學聖賢之道
而致知之見不明 當時大小尹之禍
朝夕必發 國勢抏揑 愚婦所知
猶不早退於官卑之日
以至於負重而不可解 流死異域
恐虧於明哲之見也

이렇게 말했습니다. "이언적(李彦迪)❶은 우리 유학의 이상을 배운 사람입니다. 그러나 <대학>에서 말하는, '지식을 확실하게 만드는 일(致知)'에 대한 견해는 분명하지 못했습니다. 이언적이 대신의 자리에 있을 때는 나라의 형세가 위태롭기 그지없었습니다. 윤임(尹任)이 이끄는 대윤파(大尹派)와 윤원형(尹元衡)이 이끄는 소윤파(小尹派)가 암투를 벌이고 있었습니다.❷ 오늘 저녁일지 다음 날 아침일지는 알 수 없었지만, 재앙은 반드시 일어날 수밖에 없는 상황

이었습니다. 이는 평범한 아녀자도 알 수 있는 일이었습니다. 그런데도 이언적은 관직이 낮을 때 재빨리 물러나지 못했습니다. 그리고 이후 막중한 책임을 지고 있어 관직에서 놓여날 수 없는 지경에 이르렀다가, 결국은 북쪽 국경 지대의 낯선 땅에서 죽고 말았습니다.❸ 이언적은 아마도 명철보신(明哲保身)❹에 대한 식견은 모자랐던 듯합니다.”

❶ 이언적(李彦迪 ; 1491~1553) : 중종, 인종, 명종 때의 문신 관료이다. 홍문관직제학, 대사헌, 형조판서, 이조판서, 우참찬, 경상도관찰사, 좌찬성 등을 지냈다. 1545년 을사사화 때 사림과 권력층 사이에서 억울한 사림의 희생을 막으려고 노력했다. 학자로서 기(氣)보다 이(理)를 중시하는 주리론(主理論)을 주장했는데 이로써 이황의 학문에도 영향을 미쳤다. 자는 복고(復古)이다. 호는 회재(晦齋)·자계옹(紫溪翁)이다. 본관은 여강(驪江; 여주)이다.

❷ 1544년 11월 중종이 훙서(薨逝)하자 인종이 왕위를 물려받았다. 그런데 인종은 1545년 6월 명종에게 왕위를 물려주고 그 다음 달에 세상을 떠났다. 그리고 이 과정에서 윤임(尹任)이 이끄는 대윤파와 윤원형(尹元衡)이 이끄는 소윤파가 치열한 권력 다툼을 벌였다. 윤임은 인종의 외숙부이고 윤원형은 명종의 외숙부인데 이들은 중종이 죽기 이전부터 각각 자신의 생질(甥姪)을 왕위에 올리기 위해 경쟁했다. 인종이 즉위하면서 윤임의 대윤파가 먼저 권력을 잡았다. 이들은 윤원형을 탄핵하는 등 소윤파를 견제했다. 그러나 명종이 즉위하자 이번에는 윤원형의 소윤파가 권력을 잡았다. 이들은 을사사화(乙巳士禍)을 일으켜 윤임 등의 대윤파를 죽였다.

❸ 이언적은 1545년의 을사사화 때 파직당해 고향인 경주부로 돌아왔는데, 1547년의 양재역벽서사건(良才驛壁書事件)에 연루되어 북쪽 국경의 강계부(江界府 ; 현재의 자강도 강계시 일대)로 유배되었다. 그리고 7년 후인 1553년 강계부에서 세상을 떠난다.

❹ 명철보신(明哲保身)은 총명하고 사리에 밝아 자신의 몸을 온전히 지키는 일을 말한다.

108

先生在山天齋
有一文士入雙溪訪靑鶴洞 歷五臺寺
來謁先生 因言䃺山爲田 山容濯濯
此其欠也 先生曰 渠實自取
嶷然截然 孰能犯之

선생이 지리산 덕산동 산천재(山天齋)❶에서 학문에 몰두하고 있을 때입니다. 학문하는 선비 한 사람이 쌍계사(雙溪寺)❷에 들어갔다가 청학동(靑鶴洞)을 방문하고, 오대사(五臺寺)❸를 거쳐 선생을 뵈러 왔습니다. 그리고 이렇게 말했습니다. "산을 붉게 파헤쳐 밭으로 개간해 쓰고 있었습니다. 이에 산의 모습이 민둥민둥했습니다. 이것이 이 산의 흠결입니다."❹ 이에 선생이 이렇게 말했습니다. "이 자가 실제로, 그리고 스스로 취한 것이 높은 산처럼 우뚝합니다. 칼로 끊은 것처럼 분명합니다.❺ 누가 이 사람을 뛰어넘을 수 있겠습니까?"

❶ 산천재(山天齋)는 조식의 서재이다. 1561년 삼가현에서 지리산 동쪽 덕산동(현재의 산청군 시천면)으로 거처를 옮긴 조식은 산천재를 짓고, 이곳에서 학문을 연구하고 제자들을 가르쳤다. '산천(山天)'이라는 말은, <주역> <대축괘(大畜卦)>에서 가져온 것이다. 대축괘의 괘상(䷙)은 산을 나타내는 간괘(艮卦 ; ☶)와 하늘을 나타내는 건괘(乾卦 ; ☰)가 합쳐진 것이다. <대축괘>의 상전(象傳)에 다음과 같은 말이 나온다. "하늘 가운데 산이 있는 것이 대축괘의 모습이니 군자는 이를 본받습니다. 앞선 시대 성인들의 말과 행동을 많이 공부해서 이로써 덕을 쌓습니다. ―(天在山中 大畜 君子多識前言往行 以畜其德)" 조식은 '산천'이라는 말을 통해 하늘 위의 산처럼 큰 덕을 쌓고자 하는 자신의 의지를 나타낸 것이다.

❷ 쌍계사(雙溪寺)는 하동군 화개면 지리산 기슭에 자리잡고 있는 절이다. 신라의 승려 삼법(三法)과 대비(大悲)가 724년에 처음 산문(山門)을 열었고, 진감선사(眞鑑禪師)가 840년에 절을 크게 확장하여 선(禪)과 범패(梵唄)를 가르쳤다. 임진왜란 때 소실된 것을 승려 벽암(碧巖)이 1632년에 중건했

다. 대한불교조계종 제13교구 본사이다.

❸ 오대사(五臺寺)는 현재의 하동군 청암면 주산(主山) 기슭에 있었던 절이다. <신증동국여지승람> <진주목> 편에 다음과 같은 기록이 나온다. "살천(薩川) 남쪽으로부터 고개 하나를 넘으면, 다섯 개의 봉우리가 나란히 솟아올라 있습니다. 이 봉우리의 모습은 돈대(墩臺 ; 조금 높은 평지)와 같은데 이 가운데 절이 있습니다. 이런 까닭에 오대사라고 불렀습니다. ―(自薩川縣南踰一嶺 有五峯列立 其狀如臺 寺在其中 故名)"

❹ 이 선비는 민둥산에 대해, 지리산에서 본 것인 듯 조식에게 말하고 있다. 하지만 마음속으로는 '우산(牛山)의 나무' 이야기를 건네고 있는 것이다. <맹자> <고자상(告子上)> 편에 다음과 같은 내용이 나온다. "우산의 나무들은 밤과 낮이 키워주고 비와 이슬이 적셔 줍니다. 그러므로 싹이 움트지 않을 수 없습니다. 하지만 또 사람들이 이 산에 소와 양을 방목하고 소와 양은 이 싹들이 자라는 대로 뜯어 먹습니다. 이 때문에 우산은 민둥민둥한 벌거숭이산으로 변하고 말았습니다. 사람들은 이 민둥민둥한 모습을 보고 일찍이 이곳에 아름다운 재목이 있었다는 사실조차 잊고 맙니다. 그러나 이 민둥민둥한 것이 어찌 우산의 본성이겠습니까? ―(其日夜之所息 雨露之所潤 非無萌蘗之生焉 牛羊又從而牧之 是以若彼濯濯也 人見其濯濯也 以爲未嘗有材焉 此豈山之性也哉)" 이 이야기에서 민둥산은 사람의 선한 본성이 탐욕으로 인해 파괴된 상황을 비유한다. 조식을 찾아온 선비가 '이 산의 흠결'을 말하는 것은 이런 이유에서이다.

❺ 절연(截然)은 맺고 끊는 것이 칼로 잘라낸 것처럼 확실하고 분명하다는 뜻이다. 조식은 사람의 본성을 파괴하는 탐욕에 대해 이 선비가 분명하게 인식하고 있다고 보고, 절연이라는 말로써 이 선비를 칭찬한 것이다.

109 門人有論人之長短 政之得失 先生日論人 非君子自治之急務 時政亦非學者之所豫 諸君姑舍是

다른 사람의 장단점과 당대 정치의 잘잘못을 논평하는 일은 위험합니다.❶ 그런데 선생의 문인 중에 이와 같은 일을 논평하는 이가 있었습니다. 이에 선생이 이렇게 말했습니다. "다른 사람에 대한 논평은 군자가 자신을 다스릴 때 급한 일이 아닙니다.❷ 당대 정치 또한 학문하는 자가 함부로 예단할 것이 아닙니다. 여러분들은 이런 문제에 대해서는 논평하지 말고 내버려 두십시오.❸"

❶ 송나라 학자 범충(范沖 ; 1067~1141)의 좌우명(座右戒) 중에 다음과 같은 내용이 있다. "첫째 조정의 이해나 변방의 보고 및 관원의 임명에 대해 말하지 말라. 둘째 고을 관원의 장단점과 잘잘못을 말하지 말라. 셋째 뭇 사람들의 과실과 악행을 말하지 말라. 넷째 관직에 나아가는 일이나 시류에 편승하여 권력자에게 아부하는 일에 대해 말하지 말라. 다섯째 재물과 이익의 많고 적음, 가난을 싫어하거나 부(富)를 구하는 일에 대해 말하지 말라. ─(一 不言朝廷利害邊報差除 二 不言州縣官員長短得失 三 不言衆人所作過惡 四 不言仕進官職趨時附勢 五 不言財利多少厭貧求富) ─<소학> <아름다운 말(嘉言)>"

❷ <근사록집해> <학문하는 일(爲學)> 편에 다음과 같은 말이 나온다. "스스로를 닦는 일이 급박하면 어찌 바깥일에 힘쓸 겨를이 있겠습니까? 자신을 반성하는 일이 두터우면 어찌 다른 사람을 비난할 겨를이 있겠습니까? ─(急於自治 何暇務外 厚於反躬 何暇議人)"

❸ 원문의 고사시(姑舍是)를 풀이한 것이다. 이는 "잠시 거론하지 말고 그냥 놓아두라"는 뜻이다. <맹자> <공손추상(公孫丑上)> 편에 나오는 표현이다. 자하(子夏), 안연(顔淵) 등과 비교할 때 맹자(孟子) 자신은 어떠하냐는 질문을 받자, 맹자가 "거론하지 말고 놓아두라"고 대답한다. 또 <소학> <아름다운 말(嘉言)> '6장 집해(集解)'에는 다음과 같은 말이 나온다. "다른 사람의 장단점에 대해 논평하기를 좋아하면 원망과 증오를 부릅니다. 정치와 법의 잘잘못에 대해 함부로 따지면 옛 법도를 침범합니다. ─(好議論人長短 則招怨惡矣 妄是非政法 則犯憲章矣)"

110　先生常患世之學者 舍人事而談天理
河公沆柳公宗智諸人 天資高敏
每談性命之理 亹亹不厭
先生曰下學上達 自有階梯 諸君知未

세속의 학자들이 사람의 일을 버리고 천리에 대해 열심히 말하는 일이 있었습니다. 선생은 항상 이런 일을 걱정했습니다. 하항(河沆)❶, 유종지(柳宗智)❷와 같은 문인들은 타고난 자질이 뛰어나고 영민했습니다. 매번 사람의 본성(本性)과 천명(天命)의 이치에 대해 말했는데, 이렇게 말하는 일에 힘쓰며 싫증조차 내지 않았습니다. 이에 선생이 이렇게 말했습니다. "<논어>에 하학이상달(下學而上達)이라는 말이 나옵니다. 이미 여러 차례 말했던 것처럼, 이 말은 "아래에서 사람의 일을 배우고 위로 천리를 깨닫는다"❸는 뜻입니다. 학문하는 일에는 섬돌이 있고 사다리가 있습니다. 순서에 따라 차근차근 밟아 나가야 합니다. 이것을, 여러분은 아는 것입니까, 모르는 것입니까?"

❶ 하항(河沆 ; 1538~1590) : 명종, 선조 때의 학자이다. 조식의 문인으로 문익성(文益成 ; 1526~1584), 오건, 최영경(崔永慶 ; 1529~1590) 등과 교유했다. 천거로 참봉(參奉) 벼슬을 제수받았으나 출사하지 않았다. 진주목 수곡(水谷) 사람이다. 본관은 진주(晉州), 자는 호원(灝源), 호는 각재(覺齋)이다.

❷ 유종지(柳宗智 ; 1546~1589) : 명종, 선조 때의 학자이다. 조식과 정구(鄭逑)의 문인이다. 학문과 덕행으로 천거되어 참봉 벼슬을 두 번 받았으나 출사하지 않았다. 1589년의 정여립 사건에 연루되어 옥중에서 죽었다. 진주목 수곡(水谷)에 살았다. 자는 명중(明仲), 호는 조계(潮溪), 본관은 문화(文化)이다.

❸ 조식에게 학문이란 구체적인 삶과 분리할 수 없는 것이었다. 일상생활에서 직접 경험하고 자신의 몸으로 실천하는 것이었다. 조식의 이와 같은 생각은 구체적인 삶과 동떨어진 당시의 형이상학적 학풍에 대한 반성에서 나온 것이다. 조식은 당시의 학자들이 '입으로만 나불거리고' 행동으로는 옮기지 않는다고 생각했다. 조식은 1568년 선조에게 올린 <무진봉사>에서 다음과 같이 말한다. "아래로 사람의 일을 배우고 이를 통해 위로 천리(天理)를 깨달아야 합니다. 이것이 학문에 나아가는 순서입니다. 사람의 일을 버리고 천리를 떠들어대는 것은 곧 입술로만 나불대는 이치일 뿐입니다. 자신에게 돌이켜 반성해 보지 않고 많이 듣고 기억하는 것은 곧 귓구멍 속의 학문일 뿐입니다. ―(由下學人事 上達天理 又其進學之序也 捨人事而談

天理 乃口上之理也 不反諸己而多聞識 乃耳底之學也) ―<남명집> <무진 봉사(戊辰封事)>"

111 先生在免洞雷龍舍時 嘗養白鴨一雙
　　　方其汨沒淤泥 緇汚可惡
　　　及其沐浴淸波 鶴鶴其質
　　　先生感而興喟曰 凡爲自養 不可不愼

선생이 삼가현(三嘉縣) 토동(免洞)❶ 뇌룡사(雷龍舍)❷에 있을 때입니다. 흰오리 한 쌍을 키웠는데 진흙탕 속에서 무자맥질하며 놀기를 좋아했습니다. 녀석들이 한창 놀고 있을 때는 깃털이 얼룩덜룩 시커멓고 더러웠습니다. 싫어할 수밖에 없었습니다. 그러나 맑은 물에 깃털을 씻고 난 후에는 녀석들의 깃털이 학(鶴)처럼 희고 깨끗했습니다. 녀석들의 본바탕은 바로 이것이라는 사실을 누구나 알 수 있었습니다.❸ 이를 본 선생은, 학문을 하는 일 또한 이와 같다고 느꼈습니다. 이에 나지막하게 한숨을 쉬며 말했습니다. "무릇 스스로를 기르기 위해서는 삼가지 않을 수가 없는 것입니다."❹

❶ 삼가현(三嘉縣) 토동(兎洞)은 1501년 조식이 태어난 곳이다. 청년기와 장년기를 서울 장의동, 김해부 등지에서 보냈던 조식은, 1547년 김해부에서 삼가현으로 거처를 옮긴다. 삼가현 토동은 현재의 합천군 삼가면 외토리이다.

❷ 뇌룡사(雷龍舍)는 삼가현 토동에 있던 조식의 서재이다. 1547년 김해부에서 삼가현으로 거처를 옮긴 조식이 이 뇌룡사를 짓고, 이곳에서 학문을 연구하고 제자들을 가르쳤다. '뇌룡(雷龍)'은, <장자(莊子)> <재유(在宥)> 편에 나오는 다음과 같은 말을 줄인 것이다. "시동(尸童)처럼 앉았다가 용처럼 나타납니다. 깊은 물처럼 묵묵하다가 우레처럼 울립니다. ―(尸居而龍見 淵黙而雷聲)" <장자>에서 이 말은 '군자가 자신의 직무를 내버려 두는 일'에 대해 은유한 것이다. 그러나 조식이 말하고자 하는 것은 <장자>에서

말하고자 하는 내용과는 다르다. 조식은 이 말을 통해 '시동처럼 묵묵히 앉아 수양에 몰두하는 군자의 모습'을 나타내고자 한다. 그리고 이것이 곧 하늘에 가 닿는 일이라고 말하고자 한다. 정자(程子)는 이 말에 대해 다음과 같이 말한다. "시동처럼 앉았다가 용처럼 나타납니다. 깊은 물처럼 묵묵하다가 우레처럼 울립니다. 모름지기 이 일은, <중용>에서 말하는 '안과 밖을 합치는 도'와 다르지 않습니다. 이는 하늘과 사람을 하나로 여기고 위와 아래를 가지런히 하는 일입니다. 아래에서 배우고 위로 통달한다는 '하학이상달(下學而上達)도 이 일과 통합니다. ㅡ(尸居卻龍見 淵黙卻雷聲 須是合內外之道 一天人齊上下 下學而上達) ㅡ<하남정씨유서(河南程氏遺書)> <이선생어(二先生語)>"

❸ 흰 털을 더럽히는 오리 이야기는 곧 인간의 본성에 대한 비유이다. 유학자들은, 사람의 본성은 선하다고 생각한다. 문제는 이 선한 본성이 선하지 못한 욕심에 의해 가려지는 것일 뿐이다. 그러므로 스스로를 '희고 깨끗하게' 기르지 않을 수가 없는 것이다.

❹ '스스로를 기른다'는 것은 존심양성(存心養性)을 말하고, '삼가지 않을 수 없다'는 것은 신독(愼獨)을 말한다. 조식은 독서록 <학기>에 다음과 같은, 요쌍봉(饒雙峯)의 말을 적어 놓는다. "도리가 내 마음을 관리하고 섭정합니다. 이것을 안다면 존심양성(存心養性) 공부를 다하지 않을 수 없습니다. 존심양성은 선한 심성을 간직하고 기르는 일입니다. 또한 스스로를 성찰하는 공부를 극진하게 하지 않을 수 없습니다. 이런 까닭에 계구신독(戒懼謹獨)을 말하는 것입니다. 계구는 경계하고 두려워한다는 뜻이고 신독은 홀로 있을 때 삼간다는 말입니다. ㅡ(知道之管攝於吾心 則存養省察之功 不可以不盡 故以戒懼謹獨言之) ㅡ<학기유편> <학문하는 일의 요체(爲學之要)> ㅡ<중용장구(中庸章句)> <비은장(費隱章)> 대전본 소주" 요쌍봉(饒雙峯 ; 1193~1264)은 송나라 유학자 요로(饒魯)를 말한다. 흔히 쌍봉요씨(雙峯饒氏)라고 한다.

112 ① 先生嘗論圃隱出處曰 禑昌之是辛是王
不容辨說 其時 辛旽穢亂朝家
崔瑩侵犯上國 非君子仕宦之時
而猶不去 是甚可疑

일찍이 정몽주(鄭夢周)❶의 출처를 논하면서 이렇게 말했습니다. "고려의 우왕(禑王)과 창왕(昌王)은 신씨(辛氏)입니까, 왕씨(王氏) 입니까?❷ 그러나 성씨 분별에 대한, 이와 같은 논설은 사실 따져볼 필요도 없습니다. 정몽주가 대신으로 있었던 시대는 군자가 벼슬에 나아갈 만한 때가 아니었습니다. 요사스러운 승려 신돈(辛旽)❸이 조정의 일을 어지럽히고 있었습니다. 또 장수 최영(崔瑩)❹이 군사 를 일으켜 명(明)나라를 침범하고자 했습니다. 정몽주가 군자라면 당연히 이때 벼슬에서 물러나야 했는데도 정몽주는 오히려 물러나 지 않았습니다. 이는 대단히 의심스러운 일입니다."

❶ 정몽주(鄭夢周 ; 1337~1392) : 고려 말의 정치가이자 학자이다. 고려의 법 률 체제를 정비하고 의창(義倉)을 설치해 빈민을 구제하는 데 앞장섰다. 개 성에 오부학당을 두고 지방에 향교를 세워 후진을 가르치고, 유학을 진흥 하여 성리학의 기초를 닦았다. <주자가례>를 따라 사회 윤리의 기반을 확 립하고자 했다. 1360년 문과에 합격했다. 이후 예문검열(藝文檢閱), 성균 대사성(成均大司成), 정당문학(政堂文學), 동지공거(同知貢擧), 삼사좌사 (三司左使), 예문관대제학(藝文館大提學) 등을 지냈다. 1392년 선죽교에 서 이방원의 부하에게 살해당했다. 학자로서 '우리나라 성리학의 문을 연 사람(東方理學之祖)'으로 일컬어졌다. 시문과 서화에도 뛰어났다. 자는 달 가(達可), 호는 포은(圃隱)이다. 시호는 문충(文忠)이다. 문집으로 <포은집 (圃隱集)>이 있다.

❷ 고려 말 이성계(李成桂) 세력은 이른바 '우창비왕설(禑昌非王說)'을 내세 웠다. 고려의 우왕(禑王)과 창왕(昌王)은 승려 신돈(辛旽)의 핏줄이므로 왕 씨가 아니라는 것이다. 조선 초기에 나온 <고려사절요(高麗史節要)>에서 는 이에 대해 다음과 같이 기록하고 있다. "공민왕이 아들을 두지 못한 채 세상을 떠났습니다. 적신 이인임이 나라의 정치를 제멋대로 하고자 했습니 다. 이에 신돈(辛旽)의 비첩 반야(般若)가 낳은 우(禑)를 세워 왕으로 삼았 습니다. ―(恭愍王 無子而上賓 賊臣李仁任 圖擅國政 乃以辛旽婢妻般若 所生禑 立以爲君) ―<고려사절요> <공양왕> 1389년"

❸ 신돈(辛旽 ; ?~1371) : 고려 공민왕(恭愍王)때의 승려이다. 공민왕에게 발 탁되어 권력을 잡았다. 토지 제도 정비, 노비 해방, 신진사대부 등용 등의 개혁 정책을 펼쳤다. 이로써 권문세족을 몰아내고자 했다. 성은 신(辛), 자 는 요공(耀空)이다. 법명은 편조(遍照)이고 법호는 청한거사(淸閑居士)이

다. 돈(旽)은 속명이다.

❹ 최영(崔瑩 ; 1316~1388) : 고려의 장수이다. 강직하고 용맹했으며, 또한 청렴했다. 일평생 왜구와 홍건적을 토벌하는 데 수많은 공을 세웠다. 1388년 팔도도통사(八道都統使)로서 명나라 요동(遼東)을 정벌하고자 출병했다. 본관은 창원(昌原), 시호는 무민(武愍)이다.

112 ⑪ 鄭寒岡曰 南冥先生 嘗以鄭圃隱出處爲疑
　　　　鄙意圃隱一死頗可疑
　　　　爲恭愍王朝大臣三十年 於不可則止之道
　　　　已爲可愧 又事辛禑父子
　　　　謂以辛爲王出歟 則他日放出
　　　　己亦預焉 何也 十年服事 一朝放殺
　　　　是可乎 如非王出 則呂政之立
　　　　嬴氏已亡 而乃尙無恙 又從而食其祿
　　　　如是而有後日之死 深所未曉

제자 정구(鄭逑)는 이렇게 말했습니다. "조식 선생은 일찍이 정몽주의 출처에 대해 의문을 가졌습니다. 내가 생각하기에도 정몽주가 고려를 위해 죽었다는 말은 자못 의심스러운 점이 있습니다. <논어>에서는 "대신이라고 말할 수 있는 자는 자신의 도(道)를 가지고 임금을 섬기다가 할 수 없으면 그만둔다"❶고 말합니다. 정몽주는 공민왕의 고려 조정에서 대신으로서 30년 동안❷ 일했는데, '할 수 없으면 그만두는 도리'를 실행하지 못했습니다. 이는 매우 부끄러운 일입니다. 또한 우왕(禑王)과 창왕(昌王) 부자를 섬기면서 이들을 신돈의 핏줄(辛氏)이 아니라 공민왕(王氏)의 핏줄이라고 말했습니다. 그렇다면 훗날 자신 또한 이들 부자를 내쫓는 일에 참여한 것은 또 무슨 이유에서였습니까? 10년 동안 복종하며 섬겼으면서 하루아침에 쫓아내 죽였습니다. 이것이 옳은 일입니까?" 정구는 계속 해서 이렇게 말했습니다. "진(秦)나라 진시황(秦始皇)의 아버지는 영씨(嬴氏)인 장양왕(莊襄王)이 아니라 여불위(呂不韋)였습니다.❸ 그러므로 진시황이 왕이 되었을 때 영씨의 진나라는 이미 망한 것 입니다. 우왕과 창왕이 공민왕의 핏줄이 아니라면 왕씨의 고려 또 한 망한 것입니다. 그런데도 정몽주는 아무 근심이 없었습니다. 또 한 우왕과 창왕에게 복종하여 그 식록(食祿)❹을 받았습니다. 이와 같이 하고서 나중에 왕씨의 고려를 위해 죽었다고 말하는 것은 정 말 이해할 수 없는 일입니다."

❶ <논어> <선진(先進)> 편에 이와 같은 공자의 말이 나온다. "―(所謂大臣者 以道事君 不可則止)" 이 말에 대해 주희는 집주에서 다음과 같이 풀이한 다. "자신의 도를 가지고 임금을 섬긴다는 말은 임금의 욕망을 따르지 않는 다는 것입니다. 할 수 없으면 그만둔다는 말은 자신의 뜻을 반드시 실행한 다는 것입니다. ―(以道事君者 不從君之欲 不可則止者 必行己之志)"

❷ 정몽주는 1362년 예문검열(藝文檢閱)에 임명되었다. 이후 1392년 선죽교 에서 죽임을 당하기 전까지 약 30년 동안 공민왕, 우왕, 창왕, 공양왕의 조 정에서 일했다.

❸ 여정지립(呂政之立)을 풀이한 것이다. 진시황의 아버지는 진나라 장양왕 영자초(嬴子楚)이고 진시황의 성명은 영정(嬴政)이다. 그러나 진시황이 영 자초의 아들이 아니라 상인 여불위(呂不韋)의 아들이라고 보기 때문에 여 정(呂政)이라고 한 것이다. <사기(史記)> <여불위열전(呂不韋列傳)>에, 여 불위가 장양왕 영자초에게 임신한 미인을 바쳐서 진시황이 태어났고 진시 황이 즉위한 이후에도 여불위가 이 여인과 계속 사통했다는 기록이 보인다.

❹ 식록(食祿)은 벼슬아치가 나라에서 받는 금품을 통틀어 이르는 말이다. 쌀, 보리, 명주, 베, 돈 따위이다.

113 先生曰 一蠹天嶺之儒宗也 學問淵篤 吾道有依 不幸爲燕山所殺

이렇게 말했습니다. "정여창(鄭汝昌) 선생은 자신의 호를 일두(一蠹)라고 했는데 이는 곧 '한 마리의 좀벌레❶'라는 뜻입니다. 그러나 선생의 학문은 이와 같지 않았습니다. 선생은 유학의 종장(宗匠)으로서 학문이 깊고 두터웠습니다.❷ 선생은 옛날에 천령(天嶺)이라고 불렀던 함양군(咸陽郡)❸에서 태어났습니다. 천령은 '하늘에 맞닿은 큰 봉우리'를 뜻합니다. 선생의 학문은 이와 같이 높고 우뚝했습니다. 덕분에 우리 유학은 의지할 곳을 가질 수 있었습니다. 그러나 불행하게도 선생은 연산군(燕山君)에게 죽임을 당하고 말았습니다.❹"

❶ 일두(一蠹)라는 호는 정이천의 말에서 가져온 것이다. 정이천은 다음과 같이 말한 일이 있다. "지금 농부들은 매서운 추위와 무더운 장맛비에도 깊이 땅을 갈아 곡식 농사를 짓습니다. 덕분에 나는 이것을 먹을 수 있습니다. 온갖 장인과 기술자들이 여러 가지 도구를 만들어 냅니다. 덕분에 나는 이것을 사용할 수 있습니다. 갑옷을 입은 무사들은 날카로운 무기를 들고 나와 나라를 지킵니다. 덕분에 나는 안전하게 생활할 수 있습니다. 그런데 나는 다른 사람에게 공로와 혜택을 주는 일도 없으면서 이러구러 세월을 보내고 있습니다. 그런데도 이와 같이 편안하기만 하니, 그렇다면 나는 하늘과 땅 사이의 '좀벌레 한 마리(一蠹)'와 다를 바 없습니다. ―(今農夫 祁寒暑雨 深耕易耨 播種五穀 吾得而食之 百工技藝 作爲器物 吾得而用之 介胄之士 被堅執銳 以守土宇 吾得而安之 無功澤及人 而浪度歲月 晏然爲天地間一蠹) ―<송사(宋史)> <정이전(程頤傳)>"

❷ 원문의 유종(儒宗)은 사유종장(師儒宗匠)을 줄인 말이다. 곧 당대 유학자들의 사표(師表)로서 유학의 도를 가르치는 인물을 말한다. 조식은 정여창을 우리나라 현자 가운데 가장 앞자리에 있는 인물로 생각했다. 1563년 조식은 몇몇 제자들과 함께 정여창의 남계서원(灆溪書院)을 참배한 후 제자들에게 다음과 같이 말한다. "우리나라 여러 현자들 가운데 오직 이 정여창 선생만이 거의 흠이 없는 인물에 가까울 것입니다. ―(東國諸賢中 唯此先生庶幾無疵累矣) ―박인의 <남명선생연보> 63세(1563년) 조" 이황(李滉) 또한 정여창에 대해 "옛 도를 믿고 의리를 좋아했으며 학문은 실천에 힘썼다 ―(信古好義 學務踐履) ―<일두집(一蠹集)> <찬술(讚述)>, 이황의 <퇴계집(退溪集)>"고 말했다.

❸ 천령(天嶺)은 함양군(咸陽郡)의 옛 이름이다. 신라 경덕왕 때(757년) 천령
군(天嶺郡)으로 불렀고, 고려 현종 때(1018년) 함양군(咸陽郡)으로 개칭했
다. 함양군은 현재의 함양읍·백전면·병곡면·수동면·유림면·지곡면·휴천
면을 포함하는 고을이었다. 현재의 안의면·서상면·서하면은 안음현(安陰
縣)에 속해 있었다.

❹ 정여창은 1490년 예문관검열로 벼슬에 나아갔고, 곧 세자를 가르치는 시
강원설서(侍講院說書)를 제수받았다. 이때의 세자는 훗날의 연산군이었는
데, 정여창은 정도(正道)로 세자를 보좌하다가 세자의 미움을 샀다. 그리고
갑자사화 때 귀양 간 땅에서 죽임을 당하고 말았다.

114 先生日 寒暄孝直 皆不足於先見之明 況如我者乎

<정인홍에게 답하는 글>에서 선생은 이렇게 말했습니다. "김굉필
(金宏弼)과 조광조(趙光祖)❶는 모두 앞날을 내다보는 선견지명(先
見之明)이 부족했습니다.❷ 하물며 나와 같은 사람이야 어찌 알겠습
니까?"❸

❶ 원문의 한훤(寒暄)은 김굉필(金宏弼)을 말한다. 김굉필은 무오사화 때 귀
양을 갔고 갑자사화 때 죽임을 당했다. 원문의 효직(孝直)은 조광조(趙光
祖)의 자이다. 조광조는 1519년의 기묘사화 때 죽임을 당했다.

❷ 부족했다는 말은 충분하지 못했다는 것이지 전혀 알지 못했다는 것이 아니
다. 조식은 <'경현록' 뒤에 붙인 글(書景賢錄後)>에, 김굉필이 형조좌랑(刑
曹佐郎)으로 있을 때 이미 다음과 같이 말했다고 적어 놓는다. "지금 선비
들의 기풍(氣風)을 보면 정치가 타락했던 후한(後漢) 말기와 유사합니다.
조만간 재앙이 일어나고 말 것입니다. 재앙이 이미 임박했지만 나와 같은
경우는 좌랑으로 일하고 있으니 나아가지도 물러나지도 못하는 상황에 처
해 있습니다. —(觀今士氣 且類東漢之末 朝夕禍起 如我則禍已迫矣 進退
無及矣) —<남명집> <'경현록' 뒤에 붙인 글(書景賢錄後)>" 이황은 또 <정
암 조선생 행장(靜庵趙先生行狀)>에서 조광조가 벼슬에서 물러나고자 했

으나 물러나지 못했다고 말한다. "선생(조광조)은 화합하지 못하여 물러나기를 꾀했습니다. 낌새를 보아 일어나 떠나고자 했습니다. 하지만 한번 조정에 서면 병이 나거나 죄를 짓는 경우가 아니면 나랏일에서 벗어날 방법이 없습니다. 그렇다면 선생이 떠나고자 하는 뜻을 어찌 이룰 수 있었겠습니까? 이미 물러나려는 뜻을 이루지 못했으니 재앙이 다가오는 것을 또 어찌 지혜와 꾀로써 면할 수 있었겠습니까? —(一立于朝 自病棄罪斥之外 無從而去國 則雖先生不合而圖退 見幾而欲作 其能遂其志乎 旣不能遂其退 則禍患之來 又烏可以智計求免) —<정암집>, 이황의 <정암 조선생 행장(靜庵趙先生行狀)>"

❸ 정인홍의 <내암집> <남명선생이 정인홍에게 답하는 글(南冥先生答先生書)>에 이 절목에서와 같은 말이 나온다. 조식의 이 글에는 또 다음과 같은 말이 나온다. "기자(箕子)는 무도한 은(殷)나라 주왕(紂王)이 자신의 간쟁을 듣지 않자 거짓으로 미치광이 짓을 했습니다. 그런데 이 일은 은나라 왕실의 흥망과는 관련이 없습니다. 다만 자신이 암군(暗君)의 시대에 처했음을 알고 성인이나 현자로 자처하지 않으려고 한 것일 뿐입니다. 최근의 김굉필과 조광조는 모두 선견지명이 부족했습니다. 사화가 일어나 선비들이 참혹한 화를 당하기 전에 그 낌새를 알아채고 화를 피하는 식견이 분명하지 못했다는 것입니다. 하물며 나와 같은 사람이야 어찌 이를 분명하게 알겠습니까? —(箕子之佯狂 非關商室之興亡 身處明夷 欲不以聖賢自居也 近日之寒暄 孝直 皆不足於先見之明 況如我者乎)"

●
책에는 진실이 가득한데, 현실에는 왜 거짓이 가득한가?

절목별 출처,
번역 원본 수정 사항

이 <조식 언행록>은 박인(朴絪)이 편찬한 <남명선생 언행총록>을 번역한 것입니다. <남명별집>에 실려 있는 <남명선생 언행총록>을 번역 원본으로 하고, <무민당집(无悶堂集)>의 <남명선생 언행총록>을 참조했습니다.

박인은 조식의 <남명집(南冥集)>, 성운(成運)의 <남명선생 묘갈문(南溟先生墓碣)>, 정인홍(鄭仁弘)의 <남명 조선생 행장(南冥曺先生行狀)>, 김우옹(金宇顒)의 <남명선생 행장(南冥先生行狀)>과 <남명선생 언행록(南冥先生言行錄)> 등 이전의 여러 전기 기록을 바탕으로 이 언행록을 편찬했습니다. 당연히 이 언행록에는 이전의 전기 기록과 거의 같거나 유사한 구절이 적지 않습니다. 또 <남명별집>의 <남명선생 언행총록>과 <무민당집(无悶堂集)>의 <남명선생 언행총록>에는 서로 다른 곳이 있습니다. 이에 이와 같은 내용을 다음과 같이 밝힙니다. 그리고 번역자는 경우에 따라 박인 이전의 전기 기록을 바탕으로 번역 원본을 수정한 경우도 있습니다. 이 부분에 대해서도 밝힙니다.

박인의 <남명선생 언행총록>은 아직 이렇다 할 정본화(定本化) 작업이 이루어지지 않았습니다. 미진하지만 절목별 출처를 확인하고 일부 구절을 수정함으로써 독자의 이해를 돕고자 했습니다.

● 무엇에도 구애받지 않았던 젊은 시절

1 정인홍(鄭仁弘)의 <내암집(來庵集)> <남명 조선생 행장(南冥曺先生行狀)>에 이와 거의 같은 말이 있다.

2 정인홍의 <내암집> <남명 조선생 행장>에 이와 흡사한 말이 있다. 박인(朴絪)의 <무민당집(无悶堂集)> <남명선생 언행총록>에는 누첩(累捷)이 누첩(屢捷)으로 나온다.

3 <남명집(南冥集)> <송인수가 선물한 '대학'의 책가위 안에(書圭菴所贈大學冊衣下)>에 이와 같은 말이 있다. 우무사우지규(又無師友之規)라는 구절은 박인(朴絪)의 <남명선생 언행총록(南冥先生言行總錄)>에는 나오지 않는다. 이번 번역에서는 <남명집> <송인수가 선물한 '대학'의 책가위 안에(書圭菴所贈大學冊衣下)>을 기준으로 이 구절을 추가하여 풀이한다.

4 ― (출처라고 볼 만한 이전의 전기 기록을 확인하지 못한 경우, ―로 표시한다.)

5 성운(成運)의 <대곡집(大谷集)> <남명선생 묘갈문(南溟先生墓碣)>에 이와 같은 말이 있다.

6 성운의 <대곡집> <남명선생 묘갈문>에 이와 같은 말이 있다.

7 성운의 <대곡집> <남명선생 묘갈문>에 이와 거의 같은 말이 있다. 다만 성운의 <남명선생 묘갈문>에는 경요지간(驚擾之間)이 경요지제(驚擾之際)로 나온다.

● 경(敬)하는 공부를 위주로 한 까닭

8 성운의 <대곡집> <남명선생 묘갈문>에 이와 같은 말이 있다.

9 김우옹(金宇顒)의 <동강집(東岡集)> <남명선생 행장(南冥先生行狀)>에 이와 같은 말이 있다.

10 성운의 <대곡집> <남명선생 묘갈문>에 이와 같은 말이 있다. 상잠거유실(常潛居幽室)이라는 구절은 박인의 <남명선생 언행총록>에는 나오지 않는다. 이번 번역에서는 성운의 <남명선생 묘갈문>을 기준으로 이 구절을 추가하여 풀이한다.

11 정인홍의 <내암집> <남명 조선생 행장>에 이와 같은 말이 있다.

12   성운의 <대곡집> <남명선생 묘갈문>에 이와 같은 말이 있다.

13   정인홍의 <내암집> <남명 조선생 행장>에 이와 같은 말이 있다.

14   성운의 <대곡집> <남명선생 묘갈문>에 이와 흡사한 내용이 있다. ※ 이 절목
     은 <남명선생 언행총록>에는 하나의 단락으로 나오는데, 번역자가 두 개의
     단락으로 나누었다.

15   성운의 <대곡집(大谷集)> <남명선생 묘갈문(南溟先生墓碣)>에 이와 거의 같
     은 말이 있다. 다만 성운의 <남명선생 묘갈문>에는 계신호(戒愼乎)가 계구호
     (戒懼乎)로 나온다.

16   정인홍의 <내암집(來庵集)> <남명 조선생 행장(南冥曺先生行狀)>에 이와 거
     의 같은 말이 있다. 다만 정인홍의 <남명 조선생 행장>에는 차이자(此二字)가
     차양개자(此兩箇字)로 나온다.

17   <남명집> <송파자에게 보이는 글(示松坡子)>에 이와 거의 같은 말이 있다.

⓷ 삶의 원칙으로 삼은 경계의 말들

18   정인홍의 <내암집> <남명 조선생 행장>에 이와 같은 말이 있다.

19   정인홍의 <내암집> <남명 조선생 행장>에 이와 같은 말이 있다.

20   정인홍의 <내암집> <남명 조선생 행장>에 이와 같은 말이 있다.

21   김우옹의 <동강집> <남명선생 행장>에 이와 같은 말이 있다. 박인의 <남명선
     생 언행총록(南冥先生言行總錄)>에는 이자경성(以自警省)이라는 구절이 나오
     지 않는다. 또 개환성지공야(蓋喚醒之工也)라는 구절은 소주(小註)로 나온다.
     김우옹의 <남명선생 행장>을 기준으로 풀이한다.

22   <남명집> <혁대명(革帶銘)> 전문이다.

23   <남명집> <패검명(佩劍銘)> 전문이다.

24   김우옹의 <동강집> <남명선생 행장>에 이와 같은 말이 있다. 박인의 <남명선
     생 언행총록(南冥先生言行總錄)>에는 개지지지사야(蓋持志之事也)라는 구
     절이 소주(小註)로 나온다. 이번 번역에서는 김우옹의 <남명선생 행장>을 기
     준으로 풀이한다.

25   성운의 <대곡집> <남명선생 묘갈문>에 이와 거의 같은 말이 있다. 다만 성운
     의 <남명선생 묘갈문>에는 장재좌우(張在左右)가 장재좌우(張在座隅)로 나
     온다. 좌우(座隅)는 '자리 모퉁이'를 뜻한다.

26 김우옹의 <동강집> <남명선생 행장>에 이와 같은 말이 있다.

27 정인홍의 <내암집> <남명선생 시집의 서문(南冥先生詩集序)>에 이와 같은
    말이 있다.

28 정인홍의 <내암집> <남명선생 시집의 서문(南冥先生詩集序)>에 이와 거의
    같은 말이 있다. 다만 정인홍의 <남명선생 시집의 서문>에는 고불희술작(故
    不喜述作)이 고기불희술작(故旣不喜述作)으로 나온다. 기(旣) 자는 '이윽고'
    라는 뜻으로 풀이할 수 있다.

29 <남명집> <성수침에게 답하는 글(答成聽松書)>에 이와 거의 같은 말이 있다.
    다만 <남명집> <성수침에게 답하는 글>에는 상이아시(常以哦詩)가 상이아시
    (嘗以哦詩)로, 어모(於某)가 어식(於植)으로 나온다.

30 김우옹의 <동강집> <남명선생 언행록(南冥先生言行錄)>에 이와 같은 말이
    있다. 박인의 <무민당집>에 실려 있는 <남명선생 언행총록>에는 이 절목이
    보이지 않는다.

㉣ <소학>, 집안에 거처할 때의 도리

31 성운의 <대곡집> <남명선생 묘갈문>에 이와 거의 같은 말이 있다. 다만 성운
    의 <남명선생 묘갈문>에는 필유완용(必有婉容)이 필유완용(必有惋容)으로,
    의난선감(衣煖膳甘)이 의유선감(衣柔膳甘)으로 나온다.

32 성운의 <대곡집> <남명선생 묘갈문>에 이와 거의 같은 말이 있다. 다만 성운
    의 <남명선생 묘갈문>에는 계동복(戒僮僕)이 과동복(戈僮僕)으로 나온다. 그
    런데 <대곡집>의 과(戈) 자에는 획 탈락이 있는 듯하다. (戒 자에서 廾 자가
    빠져서 戈 자만 남았다는 것이다.)

33 성운의 <대곡집(大谷集)> <남명선생 묘갈문(南溟先生墓碣)>에 이와 같은 말
    이 있다. 이위지체불가해야(以爲支體不可解也)라는 구절은 박인의 <남명선
    생 언행총록>에는 나오지 않는다. 이번 번역에서는 성운의 <남명선생 묘갈문
    >을 기준으로 이 구절을 추가하여 풀이한다.

34 <남명집>, 김우옹의 <남명선생 행록(行錄)>에 이와 흡사한 내용이 있다. 그런
    데 <남명집>, 김우옹 <남명선생 행록>에는 극기위의(克己爲義)와 분가산시
    (分家産時) 사이에 '형자제매(兄姊弟妹) 우애독지(友愛篤至)'라는 구절이 더
    있다.

35 <남명집>, 정인홍의 <남명집 행장(行狀)>에 이와 같은 말이 있다. 이 절목의

두 번째 단락은 박인의 <무민당집> <남명선생 언행총록>에는 보이지 않는다.

36 성운의 <대곡집> <남명선생 묘갈문>에 이와 같은 말이 있다.

37 —

38 김우옹의 <동강집> <남명선생 언행록>에 첫 번째 단락과 같은 말이 있다. 이황(李滉)의 <퇴계집(退溪集)> <정구의 질문에 답하는 글(答鄭道可問目)>에 두 번째 단락과 같은 말이 있다. 이 절목의 두 번째 단락은 박인의 <무민당집> <남명선생 언행총록>에는 보이지 않는다.

39 —

五 때를 만나지 못한 은자(隱者)

40 정인홍(鄭仁弘)의 <내암집(來庵集)> <남명 조선생 행장(南冥曺先生行狀)>에 이와 같은 말이 있다.

41 정인홍의 <내암집> <남명 조선생 행장>에 이와 거의 같은 말이 있다. 다만 <내암집>에는 미면(未免)이 고미면(顧未免)으로 나온다. 여기서 고(顧) 자는 '생각건대'로 풀이할 수 있다.

42 <남명집> <엄광론(嚴光論)>에 이와 같은 말이 있다. 다만 <남명집> <엄광론>에는 자탁(自託)이 자탁(自托)으로 나온다. ※ 이 절목은 <남명선생 언행총록>에는 하나의 단락으로 나오는데, 번역자가 세 개의 단락으로 나누었다.

43 <남명집> <을묘사직소(乙卯辭職疏)>에 이와 같은 말이 있다. 박인(朴絪)의 <무민당집> <남명선생 언행총록>에는 누제(累除)가 누제(屢除)로 나온다.

44 김우옹의 <동강집> <남명선생 언행록>에 이와 같은 말이 있다. 비지(譬之)라는 구절은 박인의 <남명선생 언행록>에는 나오지 않는다. 이번 번역에서는 김우옹의 <남명선생 언행록>을 기준으로 이 구절을 추가하여 풀이한다. <무민당집> <남명선생 언행총록>에는 어우옹왈(語宇顒曰)이 어김동강왈(語金東岡曰)로 나온다.

45 <남명집>, 배신(裵紳)의 <남명선생 행록(南冥行錄)>에 이와 같은 말이 있다.

㈅ 백성의 고통을 잊을 수 없었던 뜻

46 성운의 <대곡집> <남명선생 묘갈문>에 이와 같은 말이 있다. 박인의 <남명선생 언행총록>에는 방인수미능지지야(傍人殊未能知之也)라는 구절이 나오지 않는다. 이번 번역에서는 성운의 <남명선생 묘갈문>을 기준으로 이 구절을 추가하여 풀이한다.

47 정인홍의 <내암집> <남명 조선생 행장>에 이와 같은 말이 있다.

48 정인홍의 <내암집> <남명 조선생 행장>에 이와 거의 같은 말이 있다. 다만 정인홍의 <남명 조선생 행장>에는 다소현재(多少賢才)가 대소현재(大小賢材)로 나온다.

49 정인홍의 <내암집> <남명 조선생 행장>에 이와 같은 말이 있다.

50 정인홍의 <내암집> <남명 조선생 행장>에 이와 같은 말이 있다.

㈎ 사람을 사랑하고 선비를 좋아하여

51 정인홍의 <내암집> <남명 조선생 행장>에 이와 거의 같은 말이 있다.

52 정인홍의 <내암집> <남명 조선생 행장>에 이와 거의 같은 말이 있다. 다만 정인홍의 <남명 조선생 행장>에는 이욕(利欲)이 이욕(利慾)으로 나온다.

53 김우옹의 <동강집> <남명선생 언행록>에 이와 거의 같은 말이 있다. 다만 김우옹의 <남명선생 언행록>에는 장어비유(長於譬喩)가 장어비유(長於譬諭)로 나온다.

54 성운의 <대곡집(大谷集)> <남명선생 묘갈문(南溟先生墓碣)>에 이와 거의 같은 말이 있다. 다만 성운의 <남명선생 묘갈문>에는 송연(悚然)이 율연(慄然)으로, 종막여지(終莫與之)가 종막감여지(終莫敢與之)로 나온다.

55 정인홍의 <내암집> <남명 조선생 행장>에 이와 같은 말이 있다.

56 김우옹(金宇顒)의 <동강집(東岡集)> <남명선생 언행록(南冥先生言行錄)>에 이와 같은 말이 있다.

57 정인홍의 <내암집> <남명 조선생 행장>에 이와 같은 말이 있다.

58 성운의 <대곡집> <남명선생 묘갈문>에 이와 같은 말이 있다.

59 성운의 <대곡집> <남명선생 묘갈문>에 이와 거의 같은 말이 있다. 다만 성운

의 <남명선생 묘갈문>에는 구지(救之)가 광분진기(狂奔盡氣)로 나온다. "황급하게 달려가 힘을 쓴다"는 뜻으로 풀이할 수 있다.

60 　성운의 <대곡집> <남명선생 묘갈문>에 이와 같은 말이 있다.

61 　성여신(成汝信)의 <부사집(浮查集)> <부사선생 연보(浮査先生年譜)> 23세 (1568년) 조에 이와 관련된 내용이 나온다.

62 　—

63 　—

64 　—

65 　— ※ 이 절목은 <남명선생 언행총록>에는 하나의 단락으로 나오는데, 번역자가 두 개의 단락으로 나누었다.

⑧ 부귀가 아니라 학문과 덕을 기준으로

66 　<남명집> <신계성에게 주는 글(與申松溪書)>에 이와 관련된 내용이 나온다.

67 　<남명집> <관서문답에 대한 해설(解關西問答)>에 이와 같은 내용이 나온다.

68 　김우옹의 <동강집> <남명선생 언행록>에 이와 같은 말이 있다. 다만 박인의 <남명선생 언행총록>에는 유도원(柳道原)이 유도원(柳道源)으로 나온다. 이번 번역에서는 <남명선생 언행록>을 기준으로 수정하여 풀이한다

69 　성운의 <대곡집> <남명선생 묘갈문>에 이와 같은 내용이 있다.

70 　성운의 <대곡집> <남명선생 묘갈문>에 이와 거의 같은 말이 있다. 다만 성운의 <남명선생 묘갈문>에는 문예(文藝)가 문재(文才)로 나온다.

71 　정인홍의 <내암집> <남명 조선생 행장>에 이와 같은 내용이 있다. <무민당집> <남명선생 언행총록>에는 한정(閑靜)이 한정(閒靜)으로 나온다.

72 　성운의 <대곡집> <남명선생 묘갈문>에 이와 같은 말이 있다.

73 　김우옹의 <동강집> <남명선생 언행록>에 이와 비슷한 내용이 있다.

74 　<남명집> <이림이 선물한 '심경' 끝에(題李君所贈心經後)>에 이와 같은 말이 있다.

🔟 공부란 오직, 스스로 터득하는 것

75 성운의 <대곡집> <남명선생 묘갈문>에 이와 같은 말이 있다.

76 정인홍의 <내암집> <남명 조선생 행장>에 이와 같은 말이 있다.

77 성운의 <대곡집> <남명선생 묘갈문>에 이와 같은 말이 있다. 박인의 <남명선생 언행총록>에는 '금지학자(今之學者) 사절근추고원(捨切近趣高遠)'이라는 구절이 나오지 않는다. 이번 번역에서는 성운의 <남명선생 묘갈문>을 기준으로 이 구절을 추가하여 풀이한다.

78 김우옹의 <동강집> <남명선생 언행록>에 첫 번째 단락과 같은 조식의 말이 나온다. 또 <남명집> <김효원에게 답장하는 글(答仁伯書)>에 두 번째 단락과 같은 내용이 나온다.

79 김우옹의 <동강집> <남명선생 행장>에 이와 같은 조식의 말이 있다.

80 <남명집> <송파자에게 보이는 글(示松坡子)>에 이와 거의 같은 말이 있다. 다만 <송파자에게 보이는 글>에는 신심(身心)이 차심(此心)으로 나온다.

81 김우옹의 <동강집> <남명선생 행장>에 이와 같은 말이 있다.

82 <남명집> <김우옹에게 사례하며 보내는 글(奉謝金進士肅夫)>에 이와 같은 말이 있다. 다만 <남명집> <김우옹에게 사례하며 보내는 글>에는 정주입언(程朱立言)이 주정입언(周程立言)으로 나온다. 주정(周程)은 '주돈이(周敦頤), 정명도, 정이천'을 말한다. <무민당집> <남명선생 언행총록>에는 한어(閑語)가 한어(閒語)로 나온다.

83 정인홍의 <내암집> <남명 조선생 행장>에 이와 거의 같은 말이 있다. 다만 정인홍의 <남명 조선생 행장>에는 어맹(語孟)이 논맹(論孟)으로, 절기처(切己處)가 우절기처(尤切己處)로, 완미(玩味)가 완미(翫味)로 나온다.

84 <남명집> <김효원에게 답하는 글(答仁伯書)>에 이와 거의 같은 말이 있다. 박인의 <남명선생 언행총록>에는 '답인백서(答仁伯書)'가 '여김효원서(與金孝元書)'로 나온다. 하지만 이번 번역에서는 <남명집>을 기준으로 수정하여 풀이한다.

85 <남명집> <송파자에게 보이는 글>에 이와 같은 말이 있다.

86 정인홍의 <내암집> <남명 조선생 행장>에 이와 거의 같은 말이 있다. 박인의 <남명선생 언행총록>에는 '왈(曰)' 자가 '자득위귀(自得爲貴)' 다음이 아니라 '선생(先生)' 다음에 나온다. 그런데 정인홍의 <남명 조선생 행장>에는 '왈

(曰)' 자가 '자득위귀(自得爲貴)' 다음에 나온다. 이번 번역에서는 정인홍의 <남명 조선생 행장>을 기준으로 수정하여 풀이한다.

87 정인홍의 <내암집> <남명 조선생 행장>에 이와 거의 같은 조식의 말이 있다. 또 김우옹의 <동강집> <남명선생 행장>에 이와 흡사한 조식의 말이 있다. 박인의 <남명선생 언행총록>에는 지시설타가사이(只是說他家事爾)라는 구절이 나오지 않는다. 이번 번역에서는 김우옹의 <남명선생 행장>에 나오는 것을 추가하여 풀이한다. <무민당집> <남명선생 언행총록>에는 일필(一匹)이 일필(一疋)로 나온다.

✚ 아래에서 사람의 일을 배우는 하학

88 <남명집> <송파자에게 보이는 글>에 이와 같은 말이 있다. 박인의 <남명선생 언행총록>에는 부지도체이이(不知道體而已)가 부지도체이(不知道體而)로 나온다.

89 <남명집> <오건에게 주는 글(與吳子强書)>에 이와 같은 말이 있다. <남명선생 언행총록>에는 증여지왕복논란(曾與之往復論難) 이불긍회두(而不肯回頭)라는 구절이 나오지 않는다. 이번 번역에서는 <남명집> <오건에게 주는 글>에 나오는 것을 추가하여 풀이한다.

90 <남명집>, 배신(裵紳)의 <남명선생 행록(南冥先生行錄)>에 이와 거의 같은 말이 있다. 다만 배신의 <남명선생 행록>에는 경약(經約)이 경약(徑約)으로, 이이야(而已也)가 이지야(而止也)로 나온다.

91 정인홍의 <내암집> <남명 조선생 행장>에 이와 거의 같은 말이 있다. 다만 <내암집>에는 성가통야(誠可痛也)가 초가통야(初可痛也)로 나온다. ※ 이 절목은 <남명선생 언행총록>에는 하나의 단락으로 나오는데, 번역자가 두 개의 단락으로 나누었다.

92 김우옹의 <동강집> <남명선생 언행록>에 이와 같은 조식의 말이 있다. <무민당집> <남명선생 언행총록>에는 우옹(宇顒)이 동강(東岡)으로 나온다.

93 김우옹의 <동강집> <남명선생 언행록>에 이와 거의 같은 조식의 말이 있다. 다만 김우옹의 <남명선생 언행록>에는 회지왈(誨之曰)이 회우옹왈(誨宇顒曰)로 나온다. <무민당집> <남명선생 언행총록>에는 우옹(宇顒)이 동강(東岡)으로 나온다.

94 <남명집> <김효원에게 답하는 글(答仁伯書)>에 이와 같은 말이 있다. 답인백
서(答仁伯書)는, 박인의 <남명선생 언행총록>에는 여김효원서(與金孝元書)
로 나온다. 이번 번역에서는 <남명집>을 기준으로 수정하여 풀이한다.

95 정인홍의 <내암집> <남명 조선생 행장>에 이와 같은 말이 있다.

96 정인홍의 <내암집> <남명선생이 병석에 있을 때의 일(南冥先生病時事蹟)>에
이와 거의 같은 말이 있다. 다만 정인홍의 <남명선생이 병석에 있을 때의 일>
에는 어우옹구왈(語宇顒逑曰)이 어인홍급옹구왈(語仁弘及顒逑曰)로 나온다.
또 <무민당집> <남명선생 언행총록>에는 우옹(宇顒)이 김동강(金東岡)으로,
구(逑)가 정한강(鄭寒岡)으로 나온다.

97 김우옹의 <동강집> <남명선생 언행록>에 이와 같은 말이 있다. <무민당집>
<남명선생 언행총록>에는 이 절목이 보이지 않는다.

98 정인홍의 <남명 조선생 행장>에 이와 같은 말이 있다.

99 정인홍의 <내암집> <남명선생이 병석에 있을 때의 일(南冥先生病時事蹟)>에
이와 같은 말이 있다. 다만 정인홍의 <남명선생이 병석에 있을 때의 일>에는
위문인왈(謂門人曰)이 위우옹왈(謂宇顒曰)로 나온다. 또 유장처(有長處)가
유일장처(有一長處)로 나온다. <무민당집> <남명선생 언행총록>에는 이 절
목이 보이지 않는다.

100 ―

101 김우옹의 <동강집> <남명선생 언행록>에 이와 거의 같은 말이 있다. 다만 김
우옹의 <남명선생 언행록>에는 재도하(在都下)가 재도(在都)로 나온다. 또 희
언(戲言)이 희어(戲語)로 나온다. <무민당집> <남명선생 언행총록>에는 이
절목이 보이지 않는다

102 <남명집> <어사 오건에게 주는 글(與吳御史書)>에 이와 같은 말이 있다. 박
인의 <남명선생 언행총록>에는 '여오어사서(與吳御史書)'가 '여오자강서(與
吳子强書)'로 나온다. 또 화정(和靜)이 화정(和靖)으로, 시사(時士)가 시사(時
事)로 나온다. 하지만 이번 번역에서는 <남명집>을 기준으로 수정해 풀이한
다. <무민당집> <남명선생 언행총록>에는 이 절목이 보이지 않는다. ※ 이 절
목은 <남명선생 언행총록>에는 하나의 단락으로 나오는데, 번역자가 두 개의
단락으로 나누었다.

103 정인홍의 <내암집> <남명선생이 선생에게 답한 글(南冥先生答先生書)>에 이와 같은 말이 있다. <무민당집> <남명선생 언행총록>에는 이 절목이 보이지 않는다.

➕➋ 암울한 시대, 학문하는 자의 길

104 정인홍의 <남명 조선생 행장>에 이와 같은 말이 있다.

105 <남명집> <'경현록' 뒤에 붙인 글(書景賢錄後)>에 이와 같은 말이 있다.

106 <남명집> <'경현록' 뒤에 붙인 글(書景賢錄後)>에 이와 같은 말이 있다.

107 <남명집> <관서문답에 대한 해명(解關西問答)>에 이와 같은 말이 있다. <무민당집> <남명선생 언행총록>에는 이 절목이 보이지 않는다.

108 —

109 —

110 —

111 —

112 — <무민당집> <남명선생 언행총록>에는 이 절목이 보이지 않는다.

113 <남명집> <지리산 유람기(遊頭流錄)>에 이와 흡사한 말이 있다. 다만 <남명집> <지리산 유람기>에는 오도유의(吾道有依)가 오도유서(吾道有緒)로 나온다.

114 정인홍의 <내암집> <남명선생이 정인홍에게 답하는 글(南冥先生答先生書)>에 이와 같은 말이 있다. 박인의 <남명선생 언행총록>에는 황여아자호(況如我者乎)라는 구절이 나오지 않는다. 이번 번역에서는 정인홍의 <남명선생이 정인홍에게 답하는 글(南冥先生答先生書)>을 기준으로 이 구절을 추가하여 풀이한다.

이 언행록의 편찬자
박인(朴絪)에 대하여

박인(1583~1640)은 광해군, 인조 때의 학자이다. 일생 동안 벼슬에 뜻을 두지 않고 합천군 용강(龍岡 ; 현재의 용주면 손목리)의 향리에 머물며 학문에 몰두했다. '바르고 큰(正大)' 학문으로 이름이 났다. 조식의 재전제자(제자의 제자)이다. 조식의 제자 중 첫손가락에 꼽히는 정인홍(鄭仁弘)에게서 배웠다. 젊은 시절 "티끌 먼지가 별안간 오장 안에 생겨난다면 지금 당장 배를 갈라 이 냇물에 흘려보낼 것 —(塵土倘能生五內 直令刳腹付歸流)"이라는, 조식의 칠언시 구절을 읽고 깊은 감명을 받았다. 1628년 조식의 아들 조차마(曺次磨)로부터 조식의 연보와 사우록 편찬을 부탁받았다. 이후 관련 자료 수집과 편찬 작업에 혼신의 힘을 기울였고, 1636년 <남명선생 연보>, <산해사우연원록(山海師友淵源綠)>과 함께 <남명선생 언행총록(南冥先生言行總錄)>을 완성했다. 1637년의 병자호란 직후 호를 무민당(无悶堂)이라고 바꾸었다. 무민(无悶)은 "자신의 생각이 옳다고 여겨지지 않아도 근심하지 않는다 —(不見是而无悶)"는, <주역> <건괘(乾卦)>의 말에서 가져온 것이다. 자는 백화(伯和)이다. 본관은 고령(高靈)이다. <무민당집(无悶堂集)>이 있다.

조식
언행록
曹植 言行錄

발행일	2024년 10월 2일
원본 편찬	박인
주해하여 옮김	이상영
발행인	이지순
편집	이상영, 이남우
디자인	BESTSELLER BANANA
교정	한바다
마케팅	성윤석
발행처	뜻있는도서출판
주소	창원시 성산구 중앙대로 228번길 6 CTR빌딩 3층
전화	055-282-1457
팩스	055-283-1457
전자메일	ez9305@hanmail.net
등록번호	제567-2020-000007호

ISBN 979-11-985307-8-3

값 18,000원

ⓒ 2024. 이상영 All rights reserved.

* 이 책은 저작권법에 따라 보호를 받는 저작물입니다.
  이 책의 전부, 또는 일부를 이용하려면
  반드시 저작권자의 서면 동의를 받아야 합니다.